中学校英語科における教室談話研究
―― 文法指導とコミュニケーション活動の検討 ――

東條弘子著

風間書房

目　　次

第Ⅰ部　問題と目的 ………………………………………………………… 1
序章　問題の所在 …………………………………………………………… 3

第1章　外国語教育における教室談話研究の布置 …………………… 11
　　第1節　SLA教室研究の展望と課題 ……………………………… 11
　　第2節　英語教育研究における授業内容と教室談話の関係 …… 29
　　第3節　授業についての教師の学習に関する研究の概観 ……… 38
　　第4節　英語教育における教室談話研究の可能性と課題 ……… 41

第2章　理論的枠組みと分析概念 ……………………………………… 43
　　第1節　外国語教育研究における社会文化理論の布置 ………… 43
　　第2節　本研究における分析概念 ………………………………… 61

第3章　方法 ………………………………………………………………… 69
　　第1節　共同研究 …………………………………………………… 69
　　第2節　授業観察 …………………………………………………… 75
　　第3節　本研究の構成 ……………………………………………… 86

第Ⅱ部　社会的生活に起源を持つ発話の特徴 ………………………… 91
第4章　文法指導での生徒の発話における「声」の検討 …………… 93
　　第1節　本章の目的 ………………………………………………… 94
　　第2節　調査方法 …………………………………………………… 96
　　第3節　結果と考察 ………………………………………………… 97

第 4 節　総合考察 …………………………………………… 105

第 5 章　コミュニケーション活動での生徒による母語での
　　　　　「つぶやき」の検討 ……………………………………… 109
　　第 1 節　本章の目的 …………………………………………… 110
　　第 2 節　調査方法 ……………………………………………… 111
　　第 3 節　結果と考察 …………………………………………… 113
　　第 4 節　総合考察 …………………………………………… 123

　　第Ⅱ部　総括 ……………………………………………………… 127

第Ⅲ部　学習内容の理解を媒介する生徒の発話の特徴 ……………… 131
第 6 章　文法授業における生徒の「わからない」という
　　　　　「つぶやき」の検討 ……………………………………… 133
　　第 1 節　本章の目的 …………………………………………… 134
　　第 2 節　調査方法 ……………………………………………… 135
　　第 3 節　結果と考察 …………………………………………… 138
　　第 4 節　総合考察 …………………………………………… 151

第 7 章　文法授業における生徒間の協働的な対話の検討 …………… 157
　　第 1 節　本章の目的 …………………………………………… 157
　　第 2 節　調査方法 ……………………………………………… 160
　　第 3 節　結果と考察 …………………………………………… 163
　　第 4 節　総合考察 …………………………………………… 180

第 8 章　コミュニケーション活動での生徒による英語での
　　　　　「つぶやき」の検討 ……………………………………… 185

第1節　本章の目的 …………………………………………… 185
　　第2節　調査方法 ……………………………………………… 186
　　第3節　結果と考察 …………………………………………… 187
　　第4節　総合考察 ……………………………………………… 199

　第Ⅲ部　総括 …………………………………………………… 203

第Ⅳ部　発生的・発達的視座から捉えた生徒と教師の発話の特徴 … 209
第9章　生徒の「つぶやき」と心的変容過程の検討 …………… 211
　　第1節　本章の目的 …………………………………………… 211
　　第2節　調査方法 ……………………………………………… 212
　　第3節　結果と考察 …………………………………………… 215
　　第4節　総合考察 ……………………………………………… 244

第10章　教師の発問と意識の変容過程の検討 …………………… 251
　　第1節　本章の目的 …………………………………………… 251
　　第2節　調査方法 ……………………………………………… 253
　　第3節　結果と考察 …………………………………………… 257
　　第4節　総合考察 ……………………………………………… 267

　第Ⅳ部　総括 …………………………………………………… 273

第Ⅴ部　本研究の総括 …………………………………………… 277
第11章　中学校英語科における教室談話の特徴 ………………… 279
　　第1節　結果の総括 …………………………………………… 279
　　第2節　本研究の成果 ………………………………………… 288

終章　今後の研究課題 …………………………………………… 299

引用文献 ………………………………………………………… 303
付録 ……………………………………………………………… 321
謝辞 ……………………………………………………………… 325

第Ⅰ部　問題と目的

　中学校における英語授業では，どのような相互作用がなされているのか。本書では，授業過程のあり方を分析し検討するにあたり，授業において多大な時間が割かれている文法指導とコミュニケーション活動での教師と生徒間，ならびに生徒間でのやりとりに着目している。英語教育研究では，文法指導とコミュニケーション活動，ならびに教養と実用が，長らく対立的に捉えられてきた（平泉・渡部，1975; 斎藤，2011; Sakui, 2004）。しかし実際には，同一の教師と生徒集団によって双方が継続的に実施されることが多い。さらに，同一授業時間内に双方が行われる場合も少なくない。したがって本書では，教室談話分析（秋田，2006; Cazden, 2001）の手法を用いて現実の教室談話の様相を帰納的に捉え，社会文化理論（Lantolf, 2000; Lantolf and Thorne, 2006; Lantolf and Poehner, 2008, 2014）に即して英語の教授・学習過程を内在的視座から分析し検討する。英語授業における指導理念や教授法の提唱のみならず，一人の英語教師が担当する実際の教室における相互作用のあり方を，5年間の授業観察と共同研究を通して実証的［empirical］に捉える。従来看過されてきた教師，ならびに学習者の認識の有り様を彼らの発話と共に生態学的見地から（van Lier, 2004）包括的にふまえ，生徒が授業内容を学習・習得し理解するためには，どのような教室談話の質が求められるのかについての示唆を得る。

序章　問題の所在

　本研究は，中学校の英語科授業において文法指導，ならびにコミュニケーション活動が実施される際の教室談話の様相を考察し，教師と生徒による発話の特徴を捉え，中学校英語科における教授・学習過程を明らかにすることを目的としている。

　外国語学習を含む広義の第二言語習得［Second Language Acquisition; SLA］研究の分野では，これまで学習者の第二言語習得における原理（see R. Ellis, 2008）や，授業における教授法の系譜（see Howatt, 2005）が主として検討されてきた。中でも過去40年に亘り膨大な数の教室研究［classroom research］が蓄積され，いずれの知見（e.g., Chaudron, 1988, 2001; Spada and Fröhlich, 1995）も示唆に富む。しかし従来のSLA研究では，学習者言語［learner language］が「独白［monologue］」（Lazaraton, 2009, p. 245）とみなされ，教師と学習者の発話が別々に考察されている（e.g., teacher talk, learner language）。さらに，校外における自然な第二言語習得のあり方が想定され，教室内での各発話が目標言語によるものか，母語によるものかが明確に区別されてきた（e.g., L2/pseudo-request/minimal speech）。しかし，実際の授業においては，目標言語・母語での教師と生徒間，ならびに生徒間対話が複雑に交錯しており，これらの事象を複合的に検討する視座が必要である。したがって英語科授業における教授・学習過程を明らかにするにあたり，教室談話の全体像に着目して（Lazaraton, 2009; Thoms, 2012; Tsui, 2008），中学生による英語・母語での発話を，教師や仲間の発話と共に包括的に捉え，彼らの認識をふまえ生態学的見地から考察すること（van Lier, 2004）が求められている。

　また，SLA研究ではこれまで実証的な［empirical］研究が多くはなく，

参加者を主体とする論調を欠く傾向が主流であった（Firth & Wagner, 1997; Freeman, 2007; Spada, 2005）。その結果，理論を先行させる研究志向性が優勢となり（Block, 2003; Lantolf, 2000），教育実践に携わる教師や学習者の声が十分に反映されてこなかった（Bailey & Nunan, 1996; R. Ellis, 2008; Lightbown, 2000）。しかし近年，言語習得における社会的文脈を照射する必要性（Block, 2003; Canagarajha, 1999; Lantolf, 2000; Pennycook, 2001）が論じられ，参加者の発話や意識を知見に反映させることの重要性（Bailey and Nunan, 1996; Lantolf, 2000; Heigham and Croker, 2009; Spada, 2005）が指摘されている。そこで本研究では，一人の中学校英語科教師[1]による授業実践を，2007年〜2011年までの5年間に亘り観察し，実際の教室談話事例を参照した上で量的・質的に分析する。この試みにより，従来は看過されがちであった参加者の発話や認識を包括的に捉え，教室談話の様相を明らかにし，日本の公教育における英語科教授・学習過程についての検討が可能となろう。

　なお，既述のように，教師や学習者の視点［viewpoint］を研究に反映させて（Bailey & Nunan, 1996），各教室が置かれた社会的文脈に焦点をあてること（Canagarajah, 1993, 1999; Pennycook, 2001）が必要とされる今日，実践者の視座に即した探索的な研究のあり方（Allwright, 2003, 2005）が示され，教師と研究者間での継続的な共同研究が求められている（R. Ellis, 2010, p. 781）。加えて，外国語初級学習者を対象とした累積的なデータの収集と分析も要請されている（Ohta, 2001; Spada, 2005）。なお，一般的に縦断的な教育研究の実施は，参加者と研究者双方に多大な時間と労力を要することとなる（Spada, 2005）。したがって授業実践者自身の手によるアクション・リサーチ（Burns, 2010; 佐野，2000; 2005）を含めた，多様な研究手法に則り，日本の公教育における英語科授業過程を捉え，扱われる教育内容をふまえ，教師ならびに生徒の発話を縦断的に検討することが必要とされている。

---

1) 本研究協力者教師は，2017年度現在，教職歴33年目を迎えている。なお，本書各章においては，調査実施時点での教職歴を記すこととする。

一方，国内公教育での英語科授業内容に関する近年の主要な動向を巡っては，1989年に『中学校学習指導要領外国語』と『高等学校学習指導要領外国語・英語』で，初めて「積極的にコミュニケーションを図ろうとする態度の育成」が告示された。しかし高校英語教師を対象とするインタビュー調査で，文法指導とコミュニケーション活動の双方を志向して，「二足の草鞋を履く」教師の葛藤に焦点があてられている（Sakui, 2004）。つまりこのSakuiの論は，文法指導とコミュニケーション活動を二項対立的に捉える見解を基調としている。また，折しも2013年度施行の『高等学校学習指導要領外国語・英語』（文部科学省，2009）において，「授業は英語で実施する」という文言が付されたことも記憶に新しい。さらに，2017年3月に告示された『中学校学習指導要領外国語・英語』（文部科学省，2017）においても，「授業を外国語で行うことを基本とする」と提示されている。また，日本の英語教育界では，古くは明治期から（斎藤，2011, 2012），教養と実用は双方長らく対立するものとして捉えられてきた（平泉・渡部，1975）。このように，国内の公教育における英語科授業内容をめぐっては，文法指導とコミュニケーション活動を対極とみなす論が主流であった。その一方で，授業内容と教室談話の関係をふまえ，教師や生徒の認識と発話の傾向と特徴を精査し，英語科教授・学習のあり方に関し継続的な考察を加える必要性も指摘されている（鈴木，2010, p. 246）。つまり指導理念や教授法の提唱とならんで，公教育における授業という文脈を考慮した上で，教室での教師と生徒のやりとりの様相を明らかにすることが求められている。

　本研究においては，文法指導ならびにコミュニケーション活動を二極として捉えずに，双方を不可分なものとみなす。そして，文法指導とコミュニケーション活動実践における教師と生徒による発話の特徴を分析し，生徒による学習内容の理解過程をふまえ，英語科教授・学習過程の有り様を示すことを目的とする。異なる学習内容が扱われる際の，教師ならびに生徒による発話の特徴を明らかにすることにより，中学校英語科における教授・学習過

程の様相を包括的に捉える。

　本研究はマイクロ・エスノグラフィー（箕浦，1999）を採用し，教師の授業実践を観察し，入手した教室談話録を分析し，教師と生徒による発話の特徴を捉えている。さらに教師ならびに生徒によって生成される発話の様相を明らかにするために，インタビューや回顧的個別紙面アンケート調査を実施し，授業参加者の発話のみならず，彼らの意識や認識の一端も捉えている。また本研究は，特定の教授法のあり方と生徒の英語学習過程を照射する一方で，授業においての営みをより広く捉え，中学生による授業への参加の仕方や，授業での教え方に関する教師の学習過程にも焦点をあてている。そして当該教師による文法指導と，内容重視のコミュニケーション活動実践の有り様に注目し，教師と生徒，または生徒間での対話において構成される「多声的な」（Wertsch, 2002, p. 2/ ワーチ，2004, p. 30）教室談話の様相を検討することも企図している。

　なお，本研究は事例研究の方法を用いて，公教育における全9教科中の単一教科としての英語指導のあり方を明らかにするものである。一方，今日の英語教育研究は学際的であり，例えば，各研究者は先行する知識を，言語学，応用言語学，文学，文化人類学，社会学，歴史学，コミュニケーション学，心理学，教育学等の多岐にわたる分野に求めてきた。さらに応用言語学の領域だけをとっても，バイリンガリズムを含む母語環境や第二言語習得研究，言語政策論，翻訳論，通訳論，辞書学，言語障害学，心理言語学，社会言語学の各方面に拡大しつつある（白畑，2012）。つまり英語教育研究は内実，分散化し肥大化する中で，総体として独立した学問領域を成立させている。実際に中村（2004）が指摘するように，戦後は日本国内でも英語教育学を専攻して，学位が取得できるようにもなった。その結果，英語教育の知見が，他の教科領域（e.g., 国語教育・数学教育）における知見と乖離する傾向も否めない。ところが実際の公教育において生徒は，通常，英語科授業のみならず，他教科の授業にも並行して取り組んでいる。また教師も英語科授業を担当す

る傍ら，学級担任や生活指導，クラブ顧問や校務分掌も同時並行でこなしている。したがって英語科授業での諸事象は，授業時間割や学級成員，学校行事や家庭生活のあり方を含め，教授法や言語習得に関する側面以外の，現実における種々の要因にも規定されている。しかしながら，これまでのSLA研究は概ね，特定の内容の習得に焦点をあてる一方で，授業関与の質の背景にある，参加者の認識（Nunan, 1996; Zuengler and Miller, 2006）や社会的文脈（Canagarajah, 1993, 1999; Pennycook, 2001）を捉える視座を欠いてきた。このような論調に対し，SLA研究における社会文化理論［Sociocultural Theory, SCT］[2]の第一人者であるLantolfらは，「既存のSLA研究が概ね，非歴史的，脱文脈的，肉体化されない脳という世界観に留まる」（Thorn, 2000, p. 220）と批判し，「『生徒』や『非母語話者』より複雑な，人間の『主体［agents］』としての文脈」（p. 226）に言及する必要性を論じている。つまり生徒や教師を取り巻く社会歴史的文脈を変数として斥け，英語科授業で生起する事象を細分化して真空状態に見立て，唯一無二の存在である参加者の声を捨象する傾向に課題を見出しているのである。したがって授業に関する英語教育研究を手がける際には，日本の公教育における英語科授業という文脈をふまえ，そこでの現象を社会文化的視座に即し，検討する必要がある。さらに，授業研究のあり方をめぐって指摘される，「実践者の内側の世界を経験することなく，自らの専門領域のガラス窓から授業を参観し記録し記述［する］」（佐藤，1997, p. 33）ことを改め，「教師自身が直面している問題状況に実際に応えようとする内側からはじめられる研究」（秋田，2005b, p. 170）に着手することが，授業研究の担い手には求められよう。

　以上のように，本研究では上述した3点：(a)参加者を主体とする生態学的で実証的な教育研究の必要性；(b)外国語初級学習者を対象とした縦断的な研究の必要性；(c)授業内容と教室談話の関係をふまえた英語教授・学習過程に

---

2) 本研究では，SCTに対し社会文化理論という訳語を用いる。一方，教育学や心理学，学習科学等，より広範な分野における総称には，社会文化的アプローチの用語を採用する。

関する研究の必要性への視座に即し，実際の教室での教師と生徒，ならびに生徒間の対話の様相を考察する。その際，教育学における国内外の授業研究に関する知見に鑑み，教室談話分析（e.g., 秋田，2006; Cazden, 2001）の手法に着目する。教室談話研究は，校種や教科を問わず世界規模で着手されており，導出された知見は，教科領域を超えて横断的に共有されている。また，この教室談話分析の手法は，SLA 研究の分野においても，徐々に認知されつつある（Lazaraton, 2009）。なお，日本の教室談話研究を先導する秋田（2005a）は，1980年代当時の教育心理学における教育研究の論調が概ね，「個別独自な存在としての教師や子どもの存在と声の欠落」(p. 21)，つまり「研究における実践者の声［が］欠落」しており，教師は，「研究対象であっても，異なる立場から一緒に研究する人として位置づけられにくい状況にあった」(p. 22) と述べている。そしてこれらの課題を克服し得る教室談話研究は，「ミクロに授業の具体的な流れに沿ってより詳細にことばや行為をとらえようとする方法であ［り］…この丁寧な見方のなかで，子どもたちにとっての授業における経験の質も見えてくる。数量等で語りきれない部分を読み取ることができる。そして出来事は物語として描き出すことができる」(秋田，2006, p. 18) と論じている。したがって，教室談話分析の手法を採用することにより，教師と生徒の声を活かした参加者を主体とする実証研究への着手が可能になると考えられる。

なお本研究では，日本の中学校における英語科授業の様相を捉えるために，社会的文脈なくして，認知は成立し得ないという視座の下に，Vygotsky, Bakhtin, Wertsch の論に依拠し，SLA 研究における SCT の有用性を唱える Lantolf らによる知見（e.g., Hawkins, 2004; Johnson, 2009; Johnson and Golombek, 2016; Lantolf, 2000; Lantolf and Poehner, 2008, 2014；Lantolf and Thorne, 2006）に理論的枠組みを求める。Lantolf らは公教育等での集団的，かつ個人的な第二言語の使用や発達を検討するにあたり，言語による思考が社会歴史的な様式であるという Vygotsky（1962）の論を踏襲し，SCT の有効性を唱える。

また Tsui（2008）によれば，例えば教室談話を学習の媒介手段とみなす SCT に依拠することで，SLA 研究に教師と学習者の視点をより反映させられるという。こうして従来の SLA 研究が得意としてきた，学習者個人内の認知・心理的側面を追究する理論研究に加えて，言語習得における社会的文脈を重視する SCT に則った実証研究（e.g., Sullivan, 2000）が手がけられるようになり，系譜の研究が増加している（Lantolf & Beckett, 2009）。また，日本での外国語学習を対象とする SCT に根差した教育研究も求められている（山下，2005, p. 27; 吉田，2001, p. 48）。

　本研究では上記の議論をふまえ，SCT に依拠することにより，日本の公教育における英語科授業という社会歴史的文脈をふまえ，生徒や教師による対話の様相を談話録から累積的に捉えられる点に注目し，教室談話の特徴を時系列に即し検討する。そして文法指導とコミュニケーション活動実践時の教室談話の様相を分断せずに，SCT に依拠して共通の視座に即し，教師や生徒の認識をふまえ内在的に検討する。よってこの試みは，参加者を主体とする実証的 SLA 研究の普及と拡張に資するものであり，授業研究者と授業実践者の双方にとって，意義があると考えられよう。

第1章　外国語教育における教室談話研究の布置

　本章では，外国語教育における教室談話研究の布置を明らかにする。第1節においては，授業研究としての教室談話研究の動向を捉える。その際，参加者を主体とする研究の必要性に着目し，その主眼点と理論的枠組み，及び方法論のあり方を中心に，SLA教室研究，国内での授業研究，国内外での教室談話研究における知見を概観する。応用言語学と教育学という異なる分野の知見を比較し検討した上で，学際的に結びつけ，研究の動向と道筋を提示する。続く第2節では，授業内容と教室談話の関係をふまえ，これまでの英語教育研究の知見を概観する。第3節では，授業に関する教師の学習をめぐる知見を統括する。最後に第4節では，外国語教育における教室談話研究の可能性と本研究の論点を記す。

第1節　SLA教室研究の展望と課題

　海外における外国語としての英語［English as a Foreign Language, EFL］，ならびに第二言語としての英語［English as a Second Language, ESL］教育を主題としたSLA教室研究［classroom research］は，膨大な数に上る（e.g., Chaudron, 1988, 2001; Pawlak, Bielak &Mystkowska-Wiertelak, 2013; Spada & Fröhlich, 1995）。SLA教室研究は1960年代に成立し，様々な議論や批判にさらされながら，SLAを含む応用言語学の分野において発展を遂げてきた。しかし日本の中等外国語教育に焦点をあてたSLA教室研究は，多くはない[3]。その主たる理由として以下の3点が挙げられる：(a)日本にお

---

[3] 例えば，2008年8月に実施された国内最大の英語教育学会の一つである全国英語教育学会東京研究大会の発表予稿集を見ると，合計して207報の自由研究と実践報告の要旨が収載されてい

けるEFL環境での教育実践は，アメリカにおけるESL環境でのそれとは根本的に異なる。よって日本における外国語教育の実態を，応用言語学の枠内でSLA理論に基づき，考察することには限界がある（e.g., 中村, 2004; Pennycook, 1989, 2001）；(b) SLA研究では従来から理論が先行し，実践に携わる教師や学習者の声が十分に反映されず（Nunan, 1996; Zuengler & Miller, 2006），参加者を主体とする研究の志向性が希薄である（Bailey & Nunan, 1996; Firth & Wagner, 1997; Freeman, 2007）；(c) SLA教室研究においては，教師と学習者の発話が別々に考察され（e.g., teacher talk; learner language），研究者が既存の類型項目（e.g., L2/pseudo-request/minimal speech）を各発話にあてはめる手法をとる。しかし，教室においては多様な参加者がさまざまなやりとりを介して，目標言語の教授・学習過程に従事している。このことから，教室におけるやりとりを社会的文脈（Canagarajah, 1993, 1999; Lantolf, 2000; Pennycook, 2001）と共に，生態学的見地（van Lier, 2004）から包括的に捉える論調の必要性が指摘されている。したがって，SLA教室研究の知見をふまえ，日本の英語教育分野における教師と学習者の声を反映させた，参加者を主体とする実証的な［empirical］研究が求められている。

　一方，日本では学校の授業を対象とした教育研究が，100年以上に亘り手がけられている（稲垣, 1995; 稲垣・佐藤, 1996; 佐藤, 2008）。教師が作成した教材や実践記録が多数残されており，これらに基づき授業に関する省察を通しての，授業改善がなされてきた伝統がある（佐藤, 2008）。また最近は教室談話研究が，教育方法学と教育心理学との橋渡しを担うとも言われている

る。しかしその題目の中に「教室研究」と銘打っている論考は1つもない。同じく，2013年8月開催の同学会北海道研究大会予稿集に収められた232報にも，「教室研究」は認められない。そして個人研究におけるキーワードを含め，拙稿を含む5報が，「授業研究」または「（英語）授業（実践）」を示しているが，うち3報はフィンランドや台湾，ならびに勤務する大学の英語授業実践を照射している。さらに，2016年8月に行われた同学会埼玉研究大会予稿集における全257報のうち「教室コミュニケーション」ならびに「授業（実践）研究」の表記を，題目で網羅する研究は3報に留まる。よって，日本の公教育での英語科授業過程に関する学術的な研究は，多くはないと言える。

（村瀬，2006）。教室談話研究では，教師や生徒の談話録の実際が，事例として掲載される。そして談話録データが，分析者によって帰納的に検討され，その結果，分析と解釈の行程が明示される。したがって，SLA 研究においても授業研究や教室談話研究の知見を援用することで，教室でのやりとりをめぐる新たな地平が開かれる可能性が指摘できよう[4]。

　以上より，本節では先行する SLA 教室研究を概観し，成立の背景，ならびに種類と各々の系譜を示す。さらに，教育学での授業に関する知見の可能性と課題を明らかにするために，国内の授業研究と国内外の教室談話研究の知見を概観する。

第 1 項　SLA 教室研究の概観

(1)　SLA 教室研究の成立の背景

　14世紀まで遡って，今日までの外国語教授の歴史的変遷について述べるHowatt（2005）によれば，19世紀以降日本を含む各国で多彩な英語教授法が試される中，ロンドン大学で EFL の講義が開始されたのが1948年，アメリカで TESOL[5]が成立したのが1966年，学会誌 *Applied Linguistics* が刊行されたのが1980年である。その一方で，教室研究の芽生えに着目すると，「1960年代に世界規模で試行された教授法研究が不首尾に終わり，教室における言語学習研究への代替手法の発展が促された」（R. Ellis, 2001, p. 573）と指摘されている。すなわち教室研究の歴史は，1960年頃まで遡ることができる。

　また，Chaudron（1988）の知見を借りた Nunan（1991）によれば，教室研究における伝統が以下の 4 つの流儀に拠ると述べられている：(a)計量心理

---

[4]　SLA における classroom discourse research の動向をめぐって，例えば Ellis（2012）は "Second Language Classroom Discourse" という章を立て，従来示していた "Classroom interaction and second language acquisition"（Ellis, 1994, 2008）とは異なる名称を用いた。したがってこの領域における用語や呼称が未だ定まっておらず，現時点（2017年現在）でも研究者による議論と理解が進みつつあることが示唆される。

[5]　Teachers of English to Speakers of Other Languages のこと。

学；(b)会話分析；(c)談話分析；(d)エスノグラフィー手法。このように教室研究は多彩な研究方法・手法に拠っており，既存の教室研究は「一枚岩ではない」(R. Ellis, 2008, p. 776)。つまり採用される方法論や手法によって，理論が先行し巨視的な比較検証が中心の「解析［confirmatory］研究」と，微視的な視点から教室のやりとりの形式や機能を論ずる「記述［descriptive］研究」に，二分される現状にある（R. Ellis, 2012）。

以上をふまえ，さらに R. Ellis（2008）の視座を借りながら，SLA 教室研究で用いられている主要な4つの分析手法とその特徴を提示する。(a) Flanders（1970）に端を発して進展してきたインタラクション分析［interaction analysis］に着手するのは，Spada and Fröhlich（1995）である。事前のカテゴリーごとに教師と学習者各々の発話を量的に記録し，発問と回答の機能や特徴（e.g., L2/ pseudo-request/ minimal speech）を分類し，質問者が答えを知らない情報質問［referential question][6]や予期できない情報を含む指導を促している。(b) Bellack, Herbert, Kliebard, Hyman and Smith（1966）や Sinclair and Coulthard（1975）の知見に影響を受けて発展した談話分析［discourse analysis］に着手するのは，教師による発問を分析した Long and Sato（1984）や，教師による言い直し［recast][7]を類型化した Sheen（2004）である。(c) 文化人類学の領域から受け継がれた会話分析［conversation analysis］によって教室でのやりとりを考察する有用性が，Mori（2002）や Markee and Kasper（2004），Seedhouse（2004）へと継承されている。(d) 教室におけるやりとりをエスノグラフィーとして分析する手法［ethnography of communication］も，Hymes（1974）を経て，今日では Duff（2002）によって推奨されている。このように，様々な分析手法が開発され採用される

---

[6] 訳語は岡 in K. Johnson and H. Johnson（1998）による。なお，referential question は authentic question と同義である。

[7] 訳語は白畑・冨田・村野井・若林（2002）による。この「言い直し」とは，学習者の発話に対する「養育者（caretaker）や教師，その他の話者が与える言語的・非言語的反応」(p. 111) としての「フィードバック［feedback］」の一つである。

傍らで，SLA 研究者間での見解は収束することなく，例えば，教室でのやりとりを分析する際には，会話分析を最適とみなす研究者（Markee and Kasper, 2004）と，談話分析の有用性を示す研究者（Lazaraton, 2009）が併存している。

なお，SLA 教室研究における主題には，以下が挙げられる（R. Ellis, 2008）：(a)教師ことば［teacher talk］[8] (e. g., Chaudron, 1988l; 2001)；(b)教師の発問（e. g., Long & Sato, 1984; Lee, 2006）；(c)教師による学習者の発話の言い直し（e. g., Sheen, 2004）；(d)話者交代（e. g., Seedhouse, 1997, 2004）；(e)学習者の言語選択（e. g., Cook, 2001）；(f)学習者の授業参加（e. g., Lightbown, 1985, 2000）。これらの知見においては，(a)，(b)，(c)が授業における教師の発話を，(e)と(f)が学習者の発話を対象としており，(d)では，教師と学習者間のやりとりが話者交代の側面から検討されている。つまり，教師または学習者の発話が，別々に考察されることが多い旨が指摘できる。以下においては，各研究における知見を顧みる。

まず，「教師ことば」のあり方を精査した Chaudron（1988）は，非英語母語話者の学習者に対する，英語母語話者の教師のことばを，母語研究の結果と比較し，量的に分析している。結果として，SLA の教室では概ね「教師が教室における発言を支配する」（p. 51）傾向にあると指摘している。そして「外国人ことば［foreigner talk］」(p. 55)[9]に近いことばかけが，音韻，語彙，統語，談話の各部分において見受けられるという。またアメリカの大学の ESL 教室で，教師が発する display question[10]の果たす役割に Lee（2006）は注目している。この種の設問が真正な言語使用を妨げるので，言語習得が促進されないという主張（Long and Sato, 1984）に論駁し，Lee は意味交渉が

---

8) 訳語は山崎・高橋・佐藤・日野 in Richards, Platt and Weber（2002）による。
9) 訳語は山崎 et al. により，「ある言語の母語の話者が，その言語に堪能でない外国人に話しかける時によく使う発話」（白畑 et al., 2002, p.139）を指す。
10) Display question とは，教師が発問の時点で既に，学習者の応答内容を知っているとみなされる際の発問であり，test question と同義である。

生起し，学習者を試す機会になると述べている。さらに，異なる4つの教室環境（i. e., カナダのイマージョン教育[11]；カナダとニュージーランドのESL；韓国のEFL）における教師の間違い修正の傾向を，言い直しの頻度から導出したSheen（2004）の研究が挙げられる。この言い直しの頻度が，上述4つの各環境では大きく異なるとSheenは結論付けている。また教室における話者交代の仕組みに着目したSeedhouse（2004）は，発話交換システムの複雑性を，言語形式や正確性，意味や流暢さの諸側面から論じている。

　これらの知見を概観した上でR. Ellis（2008）は，「教師ことば」に関する研究が徐々に行なわれなくなった理由を，「教師の瞬時にわたる言語選択を形づくる，個人的な，文脈上の，社会文化的要因を説明することができない限界」（p. 796）と捉えている。同時に，「教師による学習者の間違い修正」に関する研究が数多くなされたが，示された結果が一般化されなかったのは，学習者の国や教育環境によって相違が生じるからだと述べている。よって上記の知見を日本の公教育における英語教育研究に援用する際には，教授・学習環境の相違や発話生成の文脈をふまえ，慎重を期する必要がある。同時に，日本の英語教育の実態を照射する理論の生成や，分析手法の提唱が求められているとも考えられよう。

　以上の議論は，日本の公教育に根差した教室研究が少ないことと，教室研究が教授法研究の限界を背景として成立した一方で，教師の言語選択を司る社会文化的要因が説明されず，教師と学習者のやりとりが包括的に論じられてこなかったことを示している。

　続いては年代ごとのSLA教室研究の変遷と特徴を明らかにし，近年，用いられている理論や手法を概観する。

---

11) Immersion programme のこと。山崎 et al. によると「同化プログラム」と訳される。具体的には，カナダなどにおけるバイリンガル教育として，「フランス語が教育に使用される，英語を話す生徒を対象とした学校」（p. 174）等で用いられるプログラムを指す。

⑵　SLA 教室研究の系譜と特徴

　Chaudron（2001）は一貫して教室研究に携わり，*The Modern Language Journal* 誌上の1916年～2000年までの教室研究を概観し，その動向を年代ごとにまとめている。それらを総括すると，以下の3点に集約される：(a)教授法の比較が相当数なされた一方；(b)研究の主眼点が徐々に移行しており；(c)方法論が細分化しつつある。また，過去25年間に亘る主要な50の教室研究を概観した Nunan（1991）は，現実の教室からデータを掲載している研究が15に満たないことを指摘した上で，実験室環境による研究で得た知見を教室研究に適用する"classroom-oriented research"（p. 249）を，教室における社会的文脈を捨象する点から批判している。さらに，主要な4つの学会誌における過去7年間の研究をデータベース化した Lazaraton（2000）は，全論考の88パーセントが計量的に分析され，部分的にでも質的な手法を含むものが，全体の12パーセントを占める旨を指摘している。したがって2000年以前の教室研究においては，量的検証が主流であったと言えるが，1990年頃からは教師と学習者の声に注目が集まるようになった。SLA 研究において質的な手法を用いた初めての著作（Bailey and Nunan, 1996）が上梓される運びとなったのもこの頃である。こうして SLA 研究でも，学習者による言語習得の側面に加えて，教師による言語教授の様相に関する質的な考察がなされるようになり，教室におけるやりとりがより包括的に捉えられようになっていった（Ells, 2008, p. 781）。また，Benson, Chick, Gao, Hung and Wang（2009）によれば，1997年～2006年までの主要な学会誌上では，多彩なアプローチに基づく質的研究が増加の一途を辿っており，全体の約22パーセントを占めるようになったという。さらに Tojo and Takagi（2017）は，外国語教授・学習を扱う2006年～2015年の主要な国際誌3種における傾向と特徴を捉え，全781論考のうち，質的研究が226論考（29％）であると述べている。こうして教室におけるやりとりを，質的に分析する有用性が徐々に唱えられるようになり（Duff, 2008），各種学会誌におけるアクション・リサーチ[12]の報告数も増

加している（Burns, 1999, 2010; 佐野, 2000, 2005）。このように多様な手法に則って研究がなされてきた経緯を，1950年以降10年ごとに区切った上で，以下では本研究の論旨に照らして，1990年代以後の研究動向を提示する[13]。

① **質的手法の拡大期（1990年代）**

1990年代には，教室でのIRE構造（Mehan, 1979）やIRF構造（Mercer, 2001）を含むやりとりにおける，第二言語習得の契機が質的に検討されるようになり（van Lier, 1996），教師の設問をカテゴリーに分別する限界が指摘された。そして設問を理解への足場かけと協同性構築の道具と捉える論（McCormick and Donato, 2000）や，やりとりを意味の交渉へと発展させる重要性（Nassaji and Wells, 2000）が言及され，質的研究の一環として社会文化理論［Sociocultural Theory; SCT］に基づく研究（e. g., Lantolf, 2000）も手がけられるようになった。

② **多様な方法論・分析手法による混在期（2000年以降）**

The Modern Language Journal 誌上で，SLA研究の方向性に言及したFirth and Wagner（1997）による論考は，多数の研究者を論争に巻き込んだ。その趣旨は，SLA研究はより「存在論的で［ontological］実証的な」（p. 285）方向性を辿るべきであり，現状では認知的で心理主義的な側面が優位だが，「言語に対する社会的，文脈的な志向性が欠落し，不均衡が生じている」。したがって伝統的SLA理論をより拡張していく，「参加者を主体とする内側からの［"emic"（i. e., participant-relevant）］」研究の必要性が論じられている。そこで近年の動向をより詳細に明らかにするために，以下においては2000年前後のSLA研究における主たる8つの分析手法や方法論に関し，Zuengler and Mori（2002）の知見に鑑み(i)エスノグラフィー手法；(ii)会話分析；(iii)選択体系機能言語学について，Zuengler and Miller（2006）に手が

---

12) 「外国語教育におけるアクション・リサーチとは，指導上の問題点を特定したり，問題の解決策を探ることを目的として，教師自らが行う調査・研究を意味する」（白畑 et al., 2002, p. 9）。なお教育学におけるアクション・リサーチの定義は，本書注17を参照のこと。

13) さらなる詳細は，東條（2009）を参照のこと。

かりを得て (iv)批判的教室談話分析；(v)生態学的手法；(vi)社会文化理論［SCT］について[14]，さらには(vii)インタラクション分析（Walsh, 2006）と，(viii)アクション・リサーチ（Burns, 1999, 2010）の各々について提示する。

(i) **エスノグラフィー手法,** (ii) **会話分析,** (iii) **選択体系機能言語学**

　エスノグラフィー手法，会話分析，及び選択体系機能言語学を用いた 3 つの知見を提示し，Zuengler and Mori（2002）はいずれも扱いやすい分析手法として紹介している。そして，「社会文化理論［SCT］による談話分析と批判的談話分析は…両者とも明確な研究手法を保持していない」（p. 287）という批判を展開している。なお，Benson et al.（2009）は，近年の質的研究の動向を広範に概観した結果，Lazaraton（2003）による主張に共感を示し，エスノグラフィー手法と会話分析より，むしろ事例研究と談話分析という呼称の採用を提案している。実際に，エスノグラフィー手法を用いた自らによる一連の研究を，Duff（2008）は，事例研究と位置づけていることから，研究者の見方や分類法によっては，分析手法や方法論が異なる名称の下で総括されている可能性も示唆される[15]。

　一方，SLA 研究における会話分析の効用を論ずるのは Markee and Kasper（2004）である。その長所は言語的，文化的な構造を内部から探索でき，研究者が参加者に接することなく分析できる点にあり，言語以外の要因を考慮しないで，会話の機能を追究できる点にあるという。またこの手法は，参加者の内面的心情を描出する際に限界を伴う一方で，複数の発話者によるやりとりを分析できる利点が挙げられている。

---

14) Cole and Zuengler（2008）では，調査対象となる授業が ESL/EFL ではないものの，高校の生物の授業における同一の教室談話の様相を，研究者 5 名が 5 通りの異なる手法を用いて分析し検討しており，示唆に富む。

15) なお，各研究手法に対する呼称が一元化されない現象の背景には，応用言語学における質的研究手法のあり方が，比較的近年になって確立されつつあり，情報が徐々に整理され共有される中で，上述のような齟齬が生じるようになったと解釈できる。しかし今日では，応用言語学における質的方法に関する情報が，Heigham and Croker（2009）の「質的研究用語の一覧［glossary of qualitative research terms］」（pp. 306-323）で提示されている。したがって統一的な用語の使用に向けた理解が進む途上にあると考えられる。

(iv) 批判的教室談話分析，(v) 生態学的手法，(vi) 社会文化理論

　批判的応用言語学に依拠する領域では，教室談話分析を介し，ESL/EFL を批判的に捉える視座の有効性が唱えられている（Kumaravadivelu, 1999）。学校の教室を，権力が介在する「支配と抵抗のドラマ」（p. 475）の場と捉えた上で，学習者による談話を批判的エスノグラフィー手法に則り分析する重要性が主張されている。また，文化人類学的見地から批判的教室談話分析に着手した上で，教師として自身の教育実践のあり方について批判的に省察する方法も示されている（Rymes, 2009, 2016）。

　生態学的［ecological］な見地から，教室観察の実施を提唱するのは van Lier（1997, 2004）である。「コンテキストの中における行為，認知，言語」（van Lier, 1997, p. 784）を捉える重要性を指摘し，習得は「入力と出力にまつわる因果関係を立証することにより，深まるわけではない」（p. 786）と論じている。

　また，SLA における SCT の有用性について初めて著作を上梓した研究者が，Lantolf（2000）である。西側諸国においてもヴィゴツキー研究に慣れ親しむ環境が整う中，SLA 研究は自然科学研究として発展してきた故に，「きわめて量的手法研究の伝統に重きを置くようになった」（Lantolf & Appel, 1994, p. 27）。さらにその研究の過程で明るみに出てきたことを，SCT によってより発展させられると述べる Lantolf らは，足場かけ，活動理論，学習者による内言等の概念を援用し，実際の談話録を分析している。またヴィゴツキーやワーチの論のみならず，言語を生きる道具として捉えるバフチンの論をひもとき，SLA 研究に援用した初めての著作が，Hall, Vitanova and Marachenkova（2005）によって記されている。

(vii) インタラクション分析

　既述した Spada and Fröhlich（1995）以外にも，例えば Walsh（2006）は，教師ことばに対する自己評価［SETT］をインタラクション分析の一環として紹介している。SETT は「その場限りの手法［'ad hoc approaches'］」（p.

44）であり，コーディングを用いたシステム・ベースのインタラクション分析ほど，厳密な所作を必要としない点に特徴がある。なお，Walsh（2013）は後日，社会文化理論に則った教師教育のあり方をめぐり，談話分析ならびに会話分析［conversation analysis］の有用性を説いており，このことも，同一の研究者が異なる用語を使って，多角的に理論化を図る動向の一環にあるといえよう。

(viii) アクション・リサーチ

　SLA 研究においてのアクション・リサーチの重要性を一貫して論ずる Burns（1999）は，教師が自らの教室においてどのように研究を遂行し得るかを具体的な手順と共に記述している。さらに，実践者としての教師による研究事例が，国際比較に基づき検討されている（Burns, 2010）。また，アクション・リサーチほど厳密な研究手法を採用せずに，よりゆるやかに教室における生活の質の向上を企図する実践と研究の融合の可能性が，Allwright（2003, 2005）によって提示されている。

　近年の教室研究に見られる傾向について R. Ellis（2008）は，質的方法論の増加と混成的な成り立ちを指摘し，歴史的に教室研究が理論先行型を辿った結果，実践者による研究が求められていることに言及している（p. 781）。また，過去15年間にわたる SLA 研究を概観した Lightbown（2000）も，学習者言語以上に教授の側面に関心を寄せる研究者が増加していること，ならびに幅広い分析手法がとられていることを指摘している。研究手法の多様性をめぐっては Lafford（2007）も，2007年時点での研究土壌が依然として，「種々雑多な手法や理論，方法論や概念，そして特に討論から成る肥沃なアリーナ」（p. 746）であると表現している。したがって，英語の授業におけるやりとりを分析する際の理論的枠組みと手法については，あらゆる可能性が混在しており，研究者間における意見の一致が認められない現状にある。

　本項においては，教室研究の系譜，ならびに採用されている分析手法や方法論とこれらの特徴を明らかにしてきた。言語習得に関する理論の追究が先

行する一方で，実践者を含む参加者を主体とする研究が要請されている。また，1990年代頃からは質的研究も着手されるようになり，多様な研究手法と方法論が交錯している。一方で，教育学でも教室におけるやりとりに注目した研究が数多く手がけられており，教室研究で課題とされている方法論，ならびに実践者による研究の必要性に関する議論が展開されている。したがって，次項では教室研究において指摘された課題を念頭に置き，日本の授業研究と国内外における教室談話研究の知見を概観する。

第2項　日本の授業研究と国内外における教室談話研究の概観

日本では教師の省察を通して授業の進行や内容を吟味し，教授のあり方を考える教育実践が行なわれてきた伝統がある。また公教育での教室における学習は，主として教育方法学や教授学の領域で扱われてきた一方で，近年は教室談話分析を通して教授・学習に関する検討が進められている。本項では最初に，教育史や教育方法学を背景に国内で発展してきた授業研究[16]の系譜を概観し，続いて教育心理学や教育社会学の分野で展開されてきた，国内外の教室談話研究の知見に触れることとする。

(1) 日本の授業研究における系譜

日本における学校の授業を対象とした研究の歴史は，明治時代まで遡る（稲垣，1995；稲垣・佐藤，1996；佐藤，2008）。村瀬（2005）は，多くの知見の中から授業分析の方法論と事例が並行して取り上げられ，「日本の授業研究の伝統のある部分をよく代表している」（p. 125）好例として，重松（1961）に

---

[16] 稲垣（1995）の著作における「解説」において，佐藤は，授業研究に関し以下のように論ずる。授業の事例研究に基づき教師の専門性を開発しようと試みる授業研究は，「［学校］教師文化のインフォーマルな伝統に支えられていた」（p. 446）。なお，学術分野における授業研究は元来，「教育心理学を基礎とする学習と認知とコミュニケーションの研究か，あるいは，認識論の哲学を基礎とする教授原理の研究に二分されて」（p. 443）いた経緯があり，「『授業研究』が，教育研究の専門領域として確立するのは，一九六〇年代の初頭であった」（p. 445）。

よる『授業分析の方法』を挙げている。上掲書では授業の構造が描出され，理論が帰納的に形成され，実践と理論の二元論の克服が図られている（村瀬，2005）。なお，重松の方法論への寄与のみならず，斎藤喜博による教授学への貢献も言及に値すると考えられよう。終生，授業を愛してやまなかった斎藤（1964a, 1964b）は，戦後民主主義教育の原点に立ち，授業で子どもの可能性が創造され，教師の成長が刻まれる過程を，多くの著書に残している。斎藤によるこの試みは，教育実践から生まれた授業研究の一環にあるとみなされており（三橋，2003），日本の授業研究は，このように連綿と独自の発展を遂げてきたのである。

　稲垣（1995），及び稲垣・佐藤（1996）を参照した秋田（2006）は，日本の授業研究の歴史的変遷を図表化している（p. 28）。1960年代～1970年代は，教員研修の制度化や研究授業の定型化，ならびに教師の多忙化により，授業研究が形骸化した一方で，1980年代には認知心理学の知見が援用され，教師の知識や思考，学習過程がより多角的に議論されるようになったという。また，1990年代以降は米国でBrown他により，教室の事実に即して教師や学校と研究者が協働で研究を実施する「学習者共同体［communities of learners］」が提唱され，日本でも佐伯・佐藤他による「学びの共同体」において，授業と授業研究を核に据えた学校の改革が進んでいると言及されている。そしてこの「学習者共同体」は，共同での知識を促進することにより，個々人の知識の伸長を支えることを目的としている（Collins, 2006）。また，教師と研究者間でのアクション・リサーチ[17]が実施されるようになり（秋田，2005b；恒吉・秋田，2005），質的手法に拠る教室談話分析も手がけられている（秋田，2006）。

17）　教育学におけるアクション・リサーチは，「教師たちとともに，あるいは，教師たちの手によって，教師自身が直面している問題状況に実際に応えようとする内側からはじめられる研究」（秋田，2005b, p. 170）である。「教師自らが探究する研究，あるいは教育が実際に行われる実践の場に外部研究者もともに参加し探究する研究，先生や子どもや親「について，に関して，を対象として」（on）研究するのではなく，その人たち「と共に」（with），その人たち

なお，上記において秋田（2006）が指摘する，1990年代以降の「学習者共同体」という思想は，例えば外国語教育研究においては，学習が協働的知識構築としての社会的過程であり，話者間での協働的対話を意味生成の道具とみなす主張（Lyle, 2008）に相通ずる。そしてこの流れは，教育研究の分野では，いかに生徒間における発達の最近接領域を担保するかが教師の専門性の鍵となるという主張（Darling-Hammond and Bransford, 2005）に通ずるものである。また，伝達・獲得を主眼に置く伝統的な教授・学習様式とは異なり，新たな授業様式では，教師と生徒が協働的に知識を構築するため，教師が対話における主導権を生徒に委ね，傍らで生徒間の活発な議論を見守ることも多い（Sawyer, 2006, p. 187）とする，近年の学習科学における知見とも関連している。つまり参加者を主体とする（Firth and Wagner, 1997）研究，換言すれば，参加者の声を反映させた研究や方法論のあり方が問われる（Bailey and Nunan, 1996; R. Ellis, 2008, p. 781）外国語教育研究において，この「学習者共同体」，または教室の事実に即して教師や学校と研究者が共同研究に着手する試みは，今後の外国語教育研究の課題と展望を見極める上で示唆に富む。続いては，国内外における教室談話研究の知見を概観し，SLA 教室研究をめぐって提示された課題について検討する。

(2) 国内外における教室談話研究の系譜

教育方法学や教授学，教育心理学のいわば「接点のようなところで，教室談話研究は…双方の弱点を補いつつ，教室の現実に立脚した新しい教育研究の可能性を広げる」（村瀬，2006, p. 73）と表現されるように，教育談話研究は学際的である。ここでは，前項から引き継いだ論点を含む3点：(a)学習と

の「ために，ための」（for）研究をしていきたいと考える人にとってのひとつの研究の方法」（pp. 171-172）なのである。「特に教育のアクション・リサーチでは，教育研究を行う研究者だけではなく，教育実践の専門家である教師が自らの実践を同僚とともに研究することで，専門性の開発を図ることが…大きな意味をもち歴史的に評価されてきた」（p. 180）経緯があり，恒吉・秋田（2005）は，このような「調査される側のエンパワーメントの視点をもつ」（p. 89）アクション・リサーチを，「学校参加型マインド」と関係づけて説明している。

談話の関係；(b)研究における主眼と方法論；(c)実践者による研究の必要性，を中心に，先行研究を概観した上で，考察を加える。

教室における談話がいかに成立し，どのような影響を受けるかについて，秋田（2002）は以下の側面から考察している：(a)教室談話の固有性；(b)発話の連鎖構造；(c)談話への参加構造；(d)教師の談話理解と思考；(e)談話と学習。教室談話研究の初期には，相互作用の量的分析がなされたが，「1970年以後カテゴリ内容や分析単位の改善や批判が進められ…問題関心に沿った量的・質的アプローチ」(p. 182)が採用されるようになった。なお，教室特有の談話構造のあり方を考察する知見の一例として，Sinclair and Coulthard（1975）によるIRF構造の指摘，ならびにMehan（1979）によるIRE構造への言及が挙げられる。

また，発達的視座に基づき「談話」について論ずる秋田（1998）は，論考後半で学校を舞台とした学びに関わる談話を以下の4つの側面から検討する：(a)教室談話における参加構造（e. g., 藤江, 1999; 宮崎, 1991）；(b)社会的相互作用による学習（e. g., Mehan, 1993; Lampert, 1990; Hicks, 1996; Wells, 1996）；(c)テキストからの学習；(d)テキスト産出。そして教室における談話のあり方を再考することが，生徒の学びの機会を改善すると述べるHicks（1996）と，Wells（1996）の知見を紹介している。それでは次に，前項から引き継がれてきたSLA教室研究における課題が，教室談話研究ではどのように論じられているかに着目し，双方の研究領域における知見を比較し検討する。

① 学習と談話のあり方―「知的営為としての談話」

近年の教室談話研究の基層をなす問題関心について，藤江（2006）は以下の3つ：(a)学習活動の社会文化性；(b)教室における規範；(c)知的営為としての談話，に分類し，各々を検討している。この藤江の指摘を，個別のSLA研究に当てはめてみると，(a)がKumaravadivelu（1999），(b)がSullivan（2000），(c)がLin and Luk（2005）とみなすことができよう。なお，ここでは主として中等教育での英語科授業を照射しており，(c)を含み，部分的に(a)

と(b)の観点も網羅する，Lin and Luk の論を取り上げる。

　Lin and Luk (2005) は，香港の中等教育における英語の授業での，学習者によるユーモアを含む発話の質に注目している。Lin らは，バフチンの「カーニバル創造性」に依拠しながら，男子生徒によるローカルな知を反映させた発話を歓迎している。一例を挙げれば，男子生徒と英語母語話者である教師間で生起した，香港で有名なラブホテルについての対話が転載，分析されている。しかし教師による教室規範の維持や教室統制のあり方を考慮した場合には，この「ユーモアを含む対話」が「知的営為としての談話」（藤江，2006）の一環にないのではないかとも指摘できる。つまり生徒によるラブホテルという発話には，Lin らが指摘するように「地方特有の創造性 [local creativity]」(p. 77) が認められる一方で，この発話を起点とする生徒集団による互恵的な知識構築のあり方が明らかにされているわけではない。それでは授業におけるどのような発話や対話が，「知的営為としての談話」を成立させるのであろうか。この問いに対する解答の導出に際し，以下では日本における授業の研究と教師の学習の系譜に着目する。

　日本における近代授業研究の成立基盤を佐藤 (2008) は，浅井 (2008) の知見に基づき，「教師は教師としての『私』を発見し，固有名の子どもを発見し，1人称の『私』と固有名の子どもとの対話のなかに成立する授業と学びの出来事を発見した」（佐藤，2008, p. 45）と表現している。なお，この思想は，多くの日本の教師たちの子ども観や授業観に色濃く反映されており，日本の学校教育における「知的営為としての談話」（藤江，2006）という発想の根幹を支えているとも考えられる。また，日本の学校教育のみならず，教室研究を含む世界中の学校教育研究に示唆を与えるものである。日本における子どもの学びを保証し，一人ひとりの名前が挙げられる授業研究のあり方は，英語科においての「知的営為としての談話」を具現する際にも有益となり得よう。

② 研究における主眼と方法論のあり方―社会文化的アプローチの隆盛

　知識や学びへの教室におけるやりとりの影響を，談話分析から詳察したCazden（1988, 2001）は，教室談話は関係的で，認知的情報をやりとりする場であると述べている。また，村瀬（2005）は，1990年代以降の教室談話研究における社会文化的アプローチの台頭をCazden（1988, 2001）の著作から読み取っている。そこで今一度ここで，このアプローチについて考えるにあたり，Saywer（2006）の視座を借りることとする。教室での教師主導の談話のあり方についてIRE構造の指摘（Mehan, 1979）がなされた後，学習科学の分野においても様々な知見が明らかとなり，社会文化的アプローチの視座の下，学習に貢献する協働性は，教室での相互作用により影響されると解釈されるようになった（Saywer, 2006）。そしてSLA研究においても2000年以降，SCTの有用性が指摘されている。例えば，Firth and Wagner（1997）による参加者を主体とする研究の必要性に関する指摘から10年が経ち，*The Modern Language Journal*の2007年特集号に，言語学習の社会的側面を重視する研究者たちが論考を寄せている。その11論考のうちの5論考が，SCTに言及している。またその5論考の一つであるFreeman（2007）は，現在のSLA研究の動向と教室教授に関する知見の乖離を課題として指摘する。そして，教師の仕事は教師自らの思考から解釈されるべきであり，今後の教授法研究は教師が手がけるべきであると括っている。そこで，この実践者による研究の必要性に関して，再度Cazden（2001）の著作に言及し，ここでの議論を締めくくることとしよう。

③ 実践者を含む参加者を主体とする研究のあり方―内側からの眼差し

　Cazden（2001）の著作は，実践者による主体的研究のあり方への視座からも示唆に富む。自らの知識や思想を確認するためにCazdenは，研究者となった後も小学校の教壇に立つ。同様の試みは，数学教育研究者のLampert（1990）によってもなされている。つまり研究者がいかに「内側から」（秋田, 2005b, p. 170）の眼差しをもって，内在的に授業の研究に臨むか

が問われているのである。また授業実践者がSLAにおいてアクション・リサーチを行なう際には，教師の「指導の問題点」（白畑 et al., 2002, p. 9）とその改善が志向される一方で，生徒の学びの保証という視座が欠落しやすいことが指摘できる。また教師が実践者として自らの教室で着手するアクション・リサーチは，SLA研究では未だ何ら「インパクトを与えていない」（R. Ellis, 2010, p. 189）ともみなされている。一方，教育研究では「学校参加型マインド」（see 注17）が主張され，「学びの共同体」構想の下に，茅ヶ崎市浜之郷小学校では開校以来授業研究が，佐藤他（see 佐藤 et al., 2003）により実施されている。教室での研究における内在的視座の重要性と，授業を「『見る―見られる』の権力関係」（佐藤, 2005, p. 6）の克服，換言すれば，授業実践者と研究者間の公平な人間関係の構築は，授業を対象とする研究者の誰しもに当てはまる課題である。したがってこのことを目指す佐藤他の試みは，SLA研究者にとっても有益であろう。

　本項前半では，日本における授業研究と，近年の「学習者共同体」の思想を紹介している。「共同体」への志向性は，参加者を主体とする実践者による研究が要請されているSLA研究に，示唆を与えるものである。また，本項後半では国内外の教室談話研究が概観され，1990年代の社会文化的アプローチの台頭と，「知的営為としての談話」のあり方への言及がなされている。こうした系譜は，SLA教室研究の系譜と大筋において類似している。加えて今日の教室談話研究における社会文化的アプローチへの関心の高まりは，SLA研究におけるSCTへの注目の集まり方にも匹敵するものである。授業におけるやりとりは，社会文化的に学校や教室という文脈に埋め込まれており，一人ひとりの異なる生徒と，教師によって構成されている。したがって近年の教室談話研究の動向と同様に，SLA研究においてもSCTがより拡充され，英語科授業での「知的営為としての談話」の質が追究され，教室における協働的で互恵的な対話を主題とした，内在的視座からの参加者を主体とする実証研究が望まれているのである。

本節では，日本の中学校における英語科教室談話研究への視座に基づき，教室研究，ならびに国内外の授業研究と教室談話研究の知見を検討した。各領域における研究の主眼も方法論も多彩である一方で，今日では実践者による授業の研究が求められている。なお，以下においては，今後の教室研究の展望と課題を 2 点記す。第一には，研究主題や方法論が混在する今，主眼点と理論を整理した上で，実践者を含む参加者を主体とする教室研究が手がけられる必要がある。また，「学習者共同体」の知見を援用し，研究者と教師が内在的視座の下に共同研究を手がける際に有効な方法の一つが，社会文化的アプローチである。談話を「知的営為」とみなし，個々の学習者や教師の声を手がかりに，教授・学習過程のあり方と談話の関係を探るのである。そこでは日本の教師たちが伝統的に培ってきた，子どもの名前が挙げられる授業研究の強みも発揮され，教室研究が補完されるであろう。第二には，日本の中等教育での教室研究が，より手がけられることである。SLA 理論を含む，教室研究に関する知見の殆どが海外で生み出されており，結果として理論と実践の乖離のみならず，日本の文脈においてそれらの知見を照合する際に，困難が生ずる点も否めない。したがって，今後は授業研究や教室談話研究など他領域の知見を援用し，実践を起点とする学際的な教室研究の蓄積と理論の見直しが待たれる次第である。

第 2 節　英語教育研究における授業内容と教室談話の関係

前節では，SLA 教室研究の展望と課題を明らかにしている。本節では，英語科授業についての多様な知見の中から，特に公教育での授業内容と教室談話に関する側面に焦点をあてて，先行研究を概観する。なお，英語教育研究においては，これまで教科書の読解や語彙指導，評価方法のあり方を含め，多岐に亘る事象が研究主題となっている。ここでは，これらの中でも主として授業で扱われる具体的な教育内容と教室談話の関係に着目し，本研究の目

的に鑑み，文法指導，ならびに内容重視のコミュニケーション活動に関する知見と，双方の実践を司る教師の授業に関する学習研究に的を絞り，国内外の英語教育研究を概観する。

第1項　文法指導に関する英語教育研究の概観

　中等教育での英語科授業においては，一般的に多くの時間が文法指導に割かれている。しかしSLA研究における近年の文法指導をめぐる議論は，以下のように分かれており，統一見解に達していない（N. Ellis, 2008）。すなわち文法指導での主たる関心事は次の2点：(a)暗示的知識の帰納的な教授・学習；(b)明示的知識の演繹的な教授・学習，に集約される。英語教授法史上では従来から，英語の規則に対する理解がその使用に先行するとして，伝統的な文法訳読式に則る明示的知識の育成がなされてきた（N. Ellis, 2008）。例えば，学習文法としての五文型の有用性を唱える論（e.g., 安藤，2008）や，日本人先達が親しんできた英文訳読法を支持する論（e.g., 平賀，2008; 斎藤，2007）が挙げられよう。一方，N. Ellisは明示的・暗示的知識の相互補完による「均衡のとれた教育課程」（p. 125）の必要性を主張する。また明示的知識が暗示的知識の習得を促進すると述べるR. Ellis（2006）は，文法授業での目標言語でのやりとりによって，学習者が例文から文法規則を帰納的に見出し得ると述べている。しかし上記はいずれも，文法指導のあり方を実証的に検討して得られた知見ではない。したがって，指導理念や教授法の提唱とならんで，明示的，あるいは暗示的知識の教授・学習という対立的な視座を超えて，教室での生徒による実際の学習過程を分析し，検討することが求められている。

　一方，文法授業における実際の対話の様相に焦点をあてた数少ない先行研究の一つに，大学の外国語文法授業における学習者中心の教室談話と，教師主導の教室談話を比較したAntón（1999）が挙げられる。Antónは教師による発問と応答の質が双方の差異を生むと指摘した上で，文法の授業における

学習者中心の教室談話の重要性を訴える。しかし日本の中等教育段階における英語科文法指導時の，学習者中心の教室談話がいかなるものかを検討した先行研究は，殆どない。学習者中心の授業においては，学習者同士の対話が生起し，教師主導の対話とは異なる様相が見出されよう。よって本書では，本研究協力者教師が2010年2月以降，授業での生徒間対話を重視している点に着目し，この教師による認識と発話内容の変容をふまえ，英語科文法授業での教師主導の談話のあり方，ならびに生徒主体の授業における生徒間対話の様相について検討する。

なお，日本における文法指導のあり方は，先述したように多くの場合，コミュニケーション活動に相対するものとして位置づけられ，相互排他的に論じられてきた[18]。例えば斎藤（2011）は，1990年代の『中学校・高等学校学習指導要領外国語・英語』における「実践的コミュニケーション能力の育成」の告示以降，伊村（2003）が「最近の現象」とみなす，「英文法排撃論」の記述について，修正を求めている。理由は，「英文法と『実践的英語運用』との結節点の不在を指摘する声」（斎藤，2011, p. 5）が，1903（明治36）年の時点で既に認められるからである。したがって1970年代に展開された英語学習の目的が「実用」か「教養」かをめぐる，いわゆる「平泉・渡部論争」（see 平泉・渡部，1975）も，明治期以来，連綿と日本の英語教育界でなされてきた，上記の議論の流れを汲むものと考えられる。そして2013年施行の『高等学校学習指導要領外国語・英語』（文部科学省，2009）には，「授業を実際の

---

18) しかしながら近年は，Communicative Language Teaching［CLT］を介した文法指導の具現として，フォーカス・オン・フォームによる教育実践にも注目が集まっている。フォーカス・オン・フォームとは，「意味の伝達を中心とした言語活動において，教師が必要に応じて学習者の注意を文法などの言語形式（form）に向けさせる指導…意味重視のコミュニケーション活動に文法指導を効果的に組み込もうとする指導理念であって，文法だけを集中的に教えようとするものとは異なる」（白畑 et al., 2002, p. 115）。なお，上記の説明に続いて，「文法中心の指導は focus on form と区別して，focus on forms または focus on formS と書かれて区別されている」（pp. 115-116）と記されるように，CLT 実践の一環にある focus on form は，文法中心の指導（focus on forms, focus on formS）とは，異なる指導理念に基づいている。なお，本研究協力者教師による文法指導は，文法中心の指導としての focus on forms，または focus on formS の一環にある。

コミュニケーション場面とするため，英語の授業は英語で行うことを基本とする」と記された。このことは，多くの高等学校で実施される文法訳読式授業についての見直しが，文部科学省側により求められたためと推測される。

また上述の議論の傍ら，2011年9月10日には「英語教育の元凶の代名詞であった英文法の必要性」（大津・江利川・斎藤・鳥飼・柳瀬・亘理・松井 et al., 2012, p. iii）を改めて問う，「学習英文法シンポジウム」が開催され，国内の著名な英語教育研究者が集い，意見を交わしている。このシンポジウムでの論議に基づき，編纂された『学習英文法を見直したい』（大津 et al.）には，当日の登壇者を含め20人の英語教育研究者が寄稿している。上掲書は，各々の問題関心や専門性に基づく「学習英文法」に関する見解を広範に網羅しており，示唆に富むものである。しかし，肝心の「学習英文法」が公教育においてどのように教授され，生徒がどのように「英文法」を「学習」するのかに関して，具体的な授業場面についての記載がなされていない。また，シンポジウム当日に，「中学生の約78.6％が，『英語で一番つまずきやすいポイント』として『文法が難しい』と述べている」（ベネッセ教育研究開発センター，2009, p. 9）と複数の登壇者が報告したにもかかわらず，その「わからなさ」が実際にはどのようなものであり，このことがどのように克服され得るのか，という具体的な提案が，シンポジウムでも本書でも殆ど示されていない。したがって中学生が「英文法」の何がどのようにわからないのかを，教室談話の様相から捉え，授業の質の改善に向けて教室談話の実態に即し，再考することが求められている。

既述のように，英文法とコミュニケーション活動をめぐる議論は，主として英語教授法，ならびに英語教育史や英語教育政策に関する分野を中心になされてきた。一方，前節で繰り返し指摘してきたように，授業という文脈を照射し参加者を主体とする実証研究が求められる今日においても，実際の教師や学習者による発話の傾向と特徴を精査し，教育内容と教室談話の関係をふまえ，英語教授・学習のあり方について学術的・実証的に考察した先行研

究は，概ね認められない（see 山岸・高橋・鈴木，2010）。数少ない先行研究の一つとして，例えば Sakui（2004）は，先述したように一人の高等学校英語科教師を対象としたインタビュー調査を実施し，当該教師が授業で文法とコミュニケーション活動双方を実施する際の葛藤の様相を明らかにしている。しかし Sakui の論は，授業に対する教師の認知を明らかにする一方で，実際の授業がこの教師によりどのようになされているか，さらには授業における参加者としての生徒の認知や発話については言及していない。また藤森（2014）は，中等教育における英語科授業での生徒による話しことばの学習過程について，広範に検討している。生徒による発話を，「正確さ・流暢さ・複雑さ」に関する各指標に即し量的・質的に分析した藤森は，教室談話の傾向と様相，ならびに教室内での発言権をめぐる参加構造のあり方に着目し，英語の話しことばの熟達に向けた学習過程を明らかにしている。結果，発話をモノローグと捉える「個人」視点に則った分析により，生徒は発話において「正確さ」を優先させ，後に「流暢さ」や「複雑さ」に注意を向けており，各々の通時的変化の有り様が，英語基礎学力と関連することが示されている。そして対話機能に即した「個人間」の視点からは，話しことばは相手の言葉を自分の言葉で「言い換える」際や，対話における意味のずれへの気づきと意味の共有がなされる際に，話者間で協働的に学習されることが論じられている。さらに「共同体」の視点により，各教室談話における IRF 構造が異なる様相と，グループ学習を介した言語学習の実態が捉えられている。なお，この論では，教室での多様な場面における対話の様相が検討される一方で，授業内容と教室談話の関係には触れられておらず，知見には参加者の認識が反映されていない。つまり，日本の公教育における学習内容と教室談話の関係をふまえ，教師や生徒の認識と発話の傾向及び特徴を捉え，議論を展開する先行研究は，殆ど認められない。続いては，文法指導の対極とみなされることの多かった，コミュニケーション活動に関する知見を概観する。

第2項　内容重視のコミュニケーション活動に関する英語教育研究の概観

本項においては，最初に英語教育史上における Communicative Language Teaching ［CLT］に関する議論を概括する。さらに CLT の一環にある content-based instruction ［CBI］，ならびに content and language integrated learning ［CLIL］に関する近年の動向を捉えた上で，国内におけるコミュニケーション活動実践についての知見を考察する。最後に，本研究協力者教師による内容重視のコミュニケーション活動実践と CBI, CLIL との関係について記す。

1970年代以降の CLT の台頭は，Howatt (2005) によると，現実の世界で展開される言語のやりとりと，学習者による言語習得の双方に，より焦点があてられるようになった結果，もたらされたものである (p. 327) という。なお，CLT は「コミュニケーション能力 (communicative competence) の養成を中心目標にした教授法の総称」(白畑 et al., 2002, p. 65) であり，主な指導原理として以下の3点が挙げられる：「① 教室活動の目標はバランスのとれたコミュニケーション能力を発達させることであって，文法能力などの特定の能力だけを伸ばすものではない。② 学習者に教室で目標言語を積極的に使用（受信および発信）させることが授業の中心であり，言語構造に関わる知識の習得それ自体を学習対象の中心にすることはない。③ 正確さ (accuracy) より流暢さ (fluency) を重視する」(p. 66)。また，近年は既述したように，「意味中心の言語理解・産出活動において，特定の言語形式（語彙・文法）の習得を促すこと」(村野井, 2006, p. 88) を奨励するフォーカス・オン・フォーム ［focus on form］の提言もなされている。

なお，CLT の一環にあって言語形式よりむしろ，意味内容や題材内容に焦点をあてた英語指導法として，content-based instruction ［CBI］と content and language integrated learning ［CLIL］が挙げられる。CBI は，目

標言語を使用しながら，教科内容を理解することに主眼を置いており，1970年代に欧米のバイリンガル教育やイマージョン教育の分野に端を発した指導法の一つである。また今日，東アジアの外国語としての英語教育［English as a Foreign Language: EFL］環境下においても，CBI に対する関心が徐々に高まりつつある（Goto Butler, 2005）。村野井（2007）は，CBI の効果に対するさらなる実証的な調査の必要性をふまえた上で，日本の英語教育界における今後の CBI の可能性について以下のように述べる：「さまざまな指導技術や言語活動を組み合わせることによって，教科書の題材内容（content）を大切にしながら，生徒がインプットした事柄をアウトプットできるところまで持っていくことが段階的にできるようになる」(p. 66)。また，村野井（2006）は，教科書の題材を用いた CBI の一環にある pre-reading activities としての oral introduction［O. I.］の有用性に言及している（pp. 18-19）。なお，O. I. とは通常，「教師がその日に扱う教材の意味内容を既習の語彙や表現を使って，わかりやすく語って聞かせるもの」（白畑 et al., 2002, p. 215）とみなされている。本研究では，O. I. を，「研究協力者教師が検定英語教科書の題材を批判的に読み，目前の生徒の実情に即した内容を英語で語り，生徒との双方向的なやりとりを経る oral interaction としての口頭導入」と定義する。また，近年はこの CBI に類似する CLIL の有効性がヨーロッパ諸国を中心に，提唱されている。ヨーロッパ諸国における複言語主義を具現する言語教授法の一環にある CLIL は，CEFR（the Common European Framework of Reference for Languages: ヨーロッパ言語共通参照枠）の理念と実践の提言ともあいまって，日本においても，近年注目を集めている（池田・渡部・和泉, 2016; 和泉・池田・渡部, 2012; 笹島, 2011; 渡部・池田・和泉, 2011）。

しかし，日本の公教育においての CBI や CLIL 実践について照射する論考は，決して多くはない。例えば，高等学校での CBI 実践事例として Kato (2005) は，テーマ中心指導法に基づき「世界平和と核問題」に関する英語科授業指導案を提示している。Kato は教科書の記述を分析し，教師が授業

でいかに"authentic content material"（p. 1013）を提供するかが鍵であると述べている。しかしこの研究においては，実際の教室談話を分析して，CBIの効果が実証され論じられているわけではない。また，CLIL実践に関しても，笹島（2011）が，中等教育における複数の授業案を掲載している。しかしここでも，授業における実際のやりとりについて，学術的・実証的な分析や考察はなされていない。なお，Kumaravadivelu（2001）は，英語教育における教授法研究全般が依然として，実証的な研究成果を導出せずにイデオロギー論争に終始しており，実用性・現実性・可能性を伴った「教授法とは教師によって生成される理論の充実が意図されるものである」（p. 54）と述べている。このことが示唆するように，CBIやCLIL実践に関する研究の限界として，その効果のほどを明示する実証研究の乏しさ（村野井，2007）が指摘できよう。

　一方，CBIやCLILの出現やその進化の過程に連動することなく，日本の中等教育段階において教科書の題材を通して英語の学習を生徒に促す取り組みは，むしろ独自の形式の下に発展してきた経緯がある。1977年以来，25年間にわたり中学校検定英語教科書の代表著者を務めた中村（2004）は，一貫して「題材は教科書の命である」と主張し，「『戦後民主主義』の理念」（p. 167）を教科書の題材に反映させることで，その重要性を世に問うてきた。中村は日本の英語教科書及び英語教育の抱える諸問題に関して，言語帝国主義論（三浦・糟谷，2000；大石，1997, 2005；Phillipson, 1992；Phillipson and Skutnabb-Kangas, 1995；津田，1990, 1993, 2003）や批判的応用言語学（Pennycook, 1989, 1994a, 1994b, 1996, 1998, 2001）に依拠し，考察を加えている（中村，1985, 1989, 1993, 2001, 2002, 2004; 中村・峯村，2004）。そして，過去1世紀に亘る日本においての英語教科書の書名，題材論や記述，及び英語教育政策に対する批評を展開し（中村，2004），日本において英語教育を介し「再生産される『植民地主義』」（p. 124）を批判している。また，「日本の英語教育・教科書の今日における一つの歴史的総括と歴史的到達点の記録」（中村・峯村・髙柴，

2014, p. 3）を示す目的で，初級英語教科書の実作として『「英語教育神話」の解体：今なぜこの教科書か』を，上梓している。

　このように，英語科授業における内容重視のコミュニケーション活動に関する実証研究は，決して多くはない。一方，CBI や CLIL に関連する教育実践には該当しないながらも，松井（2012）は，中学校の熟練英語教師によるコミュニケーション活動主体の 3 年間の授業実践を，質的に分析している。長期のエスノグラフィーによる授業観察記録を基に，松井は教室談話録を丹念に書き起こした上で，当該教師がどのように教室空間を移動し，どのような音声言語を用いて，英語を教授しているかを検討している。しかし，当時大学院生であった観察者の松井は，この教師による教育実践を，名人芸としてあるがままに切り取り，再現し，学術的な考察を加えることに終始している。その結果，生徒による発話の様相や学習内容の理解構築過程を含む，この教室での生態と社会的文脈が捨象されている。加えて，読者は当該教師の授業実践における技の一部を知ることができる一方で，談話録全体が事例として掲載されておらず，教師発話における諸要素が切り取られ，個別に考察されている。したがって授業実践者が当該教師による教育実践に自らの授業過程を重ね合わせ，臨場感をもって追体験することが難しい。つまりこの論を通して，質的研究の強みである「転用可能性［transferability］」（Heigham and Croker, 2009, p. 322）が，読者に対し機能しない可能性が示唆される。

　上述の議論をふまえ，本研究は教科書の題材を批判的に考察し，O. I. に普遍的な思想を込め，図書館教育における story-telling の手法を援用し，目標言語表現を網羅しながら即興で生徒との双方向的なやりとりを実現するという，研究協力者教師の授業実践に着目する。そしてこの教師の英知により編み出された，内容重視のコミュニケーション活動の一環にあり，oral interaction を含む O. I. 実践における教室談話の様相を検討する。この O. I. 実践は広義に解釈すれば，村野井（2006, 2007）や笹島（2011）が指摘するように，日本の中学校英語科におけるテーマ指導中心法に基づく CBI・CLIL

実践の端緒を成すと考えられよう。なぜなら授業者は例えば,「先住民としてのアイヌ」(2008年度1学期),「インドの多言語主義」(同年度2学期),「世界平和と地雷問題」(同年度3学期) という,教科書が提示する題材に基づいた O. I. を作成し,実施している。なお,本研究では,生徒の発話の特徴と教師の発問や意識過程を明らかにし,教室談話のあり方を検討するにあたり,上述のような教科書の題材の昇華を文法指導と並行して志向する,教師の信条と授業観,ならびに認識も参照する。

第3節　授業についての教師の学習[19]に関する研究の概観

SLA 研究においては,SLA 理論,教師教育と言語教授の関係をふまえ,相互の隔たりを埋める手立てとして,教室研究と教師教育の従事者に,理論と実践の架橋を担うことが求められている (R. Ellis, 2010)。また近年では,教師教育という見解自体が教師の成長への視座を損なうとして,教師の学習という概念が提唱されている (Freeman & Richards, 1996; Johnson & Golombek, 2011, 2016)。教師トレーニングに代わり,反省的実践家としての現職教師による成長を描出する Richards and Farrell (2005) は,教師の学習が4領域:(a)スキル学習;(b)認知過程;(c)自己構築;(d)リフレクティブ・プラクティス,に及ぶと指摘する。また社会文化理論［SCT］に依拠する Hawkins (2004) は,教師個々人によって異なる具体的経験を照射する重要性を訴える。

日本でも教師教育から,実践化と省察との関連に焦点化した教師の学習過

---

19) 授業に関する教師の学習過程をめぐっては,多岐に亘る知見が認められる。例えば,日本の公教育で伝統的に培われてきた研究授業のあり方が,今日では国際的に注目され,「レッスンスタディ」として各国で展開されている (秋田・ルイス, 2008)。なお,本研究では,協力者教師が校内研修で,他の同僚教師と共にどのように授業について学習していたかについては,扱っていない。一方,この教師が自身の英語科授業において生徒を目前に,どのように教えることを学ぶのかに焦点をあてており,教室談話分析に拠る事例研究として本知見は提示されている。

程へと，視座を転換させる必要性が指摘されている（秋田，2009b, 2017; 佐藤，2016; 髙井良，2016）。例えば，現職教師各人の特性に鑑み，自己の専門性を向上させる研修制度のあり方が問われており（清田，2011, p. 107），自己成長を遂げる教師主体の協働的課題研究型アクション・リサーチや，リフレクティブ・プラクティスの有用性も紹介されている（吉田・玉井・横溝・今井・柳瀬，2009）。玉井（2009）は，リフレクティブ・プラクティスの特徴を，「教師が自分自身を観察対象として考え，学習者と同様に自分自身に対しての理解を深めることによって教師の成長を目指そうとする点」(p. 125) にあると主張する。また，秋田（2009b）は「現職教師がいかに教えることの学びにつまづ［sic］いたり，どのように学んでいるのかという授業における教える行為と教えることを学ぶことの関連性を他者の目から研究として記述し捉えること」(p. 47) の重要性に言及する。そして教えることが複雑である故に，教師の学習においての3段階：(a)信念・知識や思考の段階；(b)これらを具体的な行動に移す実践の段階；(c)これら全てを省察する段階があり，わかっているが行動できないなど，「レベル間の変化の時間のずれ（デカラージュ）」(p. 56) を考慮した上で，教師の学習過程を明らかにすることの必要性を論じている。また日本では，公教育におけるベテラン教師（e.g., 斎藤喜博；大村はま）による多くの授業論が伝統的に蓄積されており，ライフ・ヒストリー研究による国語教師の学習過程も検討されている（藤原・遠藤・松崎，2006）。しかしこれらの知見の多くは，退職した教師が過去の授業実践を振り返ることから導出されており，実時間に即した現職教師の学習過程には殆ど焦点があてられていない（秋田，2009b）。秋田（2017）は，「筆者は同じ学校の授業研究に五年，一〇年，一五年と立ち会う経験の中で，教師たちが必ず成長し変わっていく学校やそこでの教師たちのゆっくりと確実に変化する姿に数多く出会ってきた」(p. 102) と述べる。そして，小学校一年生の担任を何回も経験してきた一人のベテラン教師による国語の授業に関する語りに注目している。公立学校の人事異動制度の下，「力のある教師が苦労してもこのよう

にならざるをえない現実があるという時期の授業も見せてもらった」(p. 82)ことも記されている。しかしながら、ここでは当該教師による長期の変容過程が、実際の授業実践録と共に示されているわけではない。したがって様々な校種や教科における現職教師の授業に関する学習過程について、多角的かつ実証的に示すことが求められている。

　一方、教育学研究の分野では教師の専門性として、生徒間における発達の最近接領域を担保することの重要性が論じられている (Darling-Hammond & Bransford, 2005)。Sawyer (2006) によれば、新たな授業様式では、教師と生徒が協働的に知識を構築するという。また、授業における教師の発話に関しては、数多の知見が蓄積されている (e.g., Cazden, 2001; Juzwik, Borsheim-Black, Caughlan & Heintz, 2013; Mehan, 1979; Nasaaji & Wells, 2000; Nystrand, Wu, Gamoran, Zeiser & Long, 2001; Wells, 1999)。Nystrand et al. は大規模調査を実施して教室談話を精査し、授業中の教師による発問には生徒の応答を予測せずに発する真正な発問と、生徒の理解を試すためのテスト発問があると主張し、双方を区別している。そして対話的な教室談話における特徴として以下3点：(a)教師による真正な発問；(b)生徒による質問；(c)生徒間対話を、見出している。教師が真正な問いを発することにより、生徒の思考を反映する発話や対話が生起し、学級集団成員による協働的な知識の構築がなされるのである。

　なお、本書では、研究協力者教師が生徒間対話の有効性に留意し、新たな授業様式を模索するようになった事実をふまえ、この間の意識と発話の変容過程を教師の授業に関する学習過程とみなした上で、生徒による発話の様相と併せて検討する。授業実践をめぐって、現職教師が何をどのように学び、その学びにつまずく中で、どのように思考を深化させ、その結果、教室談話がどのように変容するかを縦断的に捉える。

第4節　英語教育における教室談話研究の可能性と課題

　ここでは，第1章全体の基底をなす3つの視座：(a)研究における主眼点と理論的枠組み，及び方法論のあり方；(b)実践者を含む参加者を主体とする研究の志向性；(c)授業内容と教室談話の関係と様相，に着目し，第1～3節で指摘してきた，英語教育における教室談話研究の可能性と課題を総括する。
　既述のように，国内外の外国語教育研究においては，その主眼点と理論的枠組みが多岐にわたり，その結果，採用される方法論が研究者によって異なる現状にある（R. Ellis, 2008; Lafford, 2007）。また，SLA 研究においては，参加者を主体とする実証研究が要請されており（Bailey & Nunan, 1996; Firth & Wagner, 1997; Freeman, 2007），教室における実際のやりとりを精査すること（Lazaraton, 2009; Thoms, 2012; Tsui, 2008）が求められている。加えて，外国語初級学習者の発話を縦断的に考察し（Ohta, 2002; Spada, 2005），教師や学習者の発話や認識を社会的文脈と共に捉え（Canagarajah, 1993, 1999; Pennycook, 2001），生態学的見地から検討すること（van Lier, 2004）が要請されている。なお，本研究では教室における現実を照射し，教師や生徒の発話や認識を記述して考察するために，教室談話研究の手法を用い，長期のマイクロ・エスノグラフィー（箕浦，1999）に基づく事例研究（Hood, 2009, p. 67; イン，2011, p. 10; メリアム，2004, p. 40）の方法を採用する。この方法により，一人の中学校英語教師による5年間の教育実践を詳細に捉え，教師と生徒，ならびに生徒間での母語・英語でのやりとりを，包括的に検討する。また，参加者の発話のみならず，彼らの認識と共に，教室における社会的文脈を描出し，複数の事例を時系列に沿って考察することにより，参加者の発話や意識の変容過程も明らかにする。そして，「子どもたち［や教師］にとっての授業における経験の質」（秋田，2006, p. 18）を捉え，「出来事［を］物語として描き出す」ことにより，参加者を主体とする実証的な英語教育研究の具現を企図してい

る。

　さらに既述のように，国内の英語教育の分野においては，授業内容と教室談話の関係をふまえた，英語科教授・学習のあり方に関する学術的な考察が求められている（山岸・髙橋・鈴木，2011）。また，文法指導とコミュニケーション活動は，長らく対立するものとして捉えられており（斎藤，2011），双方の教授・学習過程に従事する，教師と生徒の発話や認識を実証的［empirical］に捉える視座が看過されてきた。そこで本研究では，研究協力者教師による文法指導とコミュニケーション活動実践を観察し，得られた知見に基づき，中学校英語科授業の教授・学習過程を描出する。なお，学問領域においては，しばしば二項対立的に捉えられてきた文法指導とコミュニケーション活動も，教室においては，同一の45分または50分以内に相前後して実施されることが少なくない。実際に公立中学校では，授業時間割上で通常，文法指導とコミュニケーション活動が区別されることは少なく，同一の教師と学級生徒集団により，双方の課題や取り組みが連続して行われる場面も多く見られる。したがって，異なる授業内容が扱われる際の，教師ならびに生徒による発話の特徴を明らかにすることにより，従来の研究においては明らかにされてこなかった英語科教授・学習過程の様相が捉えられると言えよう。

　本研究では，教室談話研究の可能性と課題を念頭に置き，中学校英語科授業における実際の教師と生徒，ならびに生徒間でのやりとりの様相を明らかにする。また，既述の通り，SLA 研究においては多様な理論的枠組みと研究手法が交錯する現状にあり，本研究ではこれらの中でも，教室における「生きている現実」（Lantolf, 2000, p. 18）を照射し得る，社会文化理論［SCT］に理論的根拠を求める。次章では，この SCT の系譜と特徴について考察を加え，本研究における理論上の枠組みと分析概念を明らかにする。

第2章　理論的枠組みと分析概念

　本章の目的は，外国語学習を含む広義の第二言語習得［Second Language Acquisition, SLA］研究における社会文化理論［Sociocultural Theory, SCT］の布置を捉え，本研究の理論的枠組みとして採用するSCTの有用性を明らかにすることである。なお，本研究では，Wertsch（1985／ワーチ，2004）の述べるヴィゴツキー心理学における3つのテーゼ：(a)個人の精神機能は社会的生活に起源を持つという主張；(b)人間の行為は道具や記号によって媒介されるという主張；(c)発生的・発達的分析により歴史を変化過程から捉えるという主張，に鑑み，後掲の第4章～第10章で示す各章の実証的な［empirical］知見を，第Ⅱ部「社会的生活に起源を持つ発話の特徴」（4章・5章），第Ⅲ部「学習内容の理解を媒介する生徒の発話の特徴」（6章・7章・8章），第Ⅳ部「発生的・発達的視座から捉えた生徒と教師の発話の特徴」（9章・10章），として提示する手順をとる。したがって以下の第1節では，上記ワーチによる(a), (b), (c)の3つの視座に即して，SCTに依拠する先行研究を概観し，外国語教育研究におけるSCTの布置を明らかにする。次に第2節においては，SCTに依拠する際に，主として具体的にどのような説明概念を採用して，談話の様相を検討するかについて論ずる。

第1節　外国語教育研究における社会文化理論の布置

　本節の目的は，SLA研究における社会文化理論［Sociocultural Theory: SCT］の布置を明らかにすることである。既述のように，SCTはSLAの分野において，主としてVygotskyによる思想と諸概念に基づき，Lantolfらによって提唱されてきた。また様々な議論と批判にさらされながら，SCT

は今日まで発展の一途を辿っている (R. Ellis, 2008, pp. 553-554)。しかし日本の外国語教育を視野に入れ，SCT の可能性と課題を包括的に論じた研究は，殆どない。SCT においては，言語習得における社会的文脈が重視され，「『生きている現実』の豊かさと複雑さの維持」(Lantolf, 2000, p. 18) が可能になるという。したがって SCT の興隆と特徴をふまえ，各教室環境の様相を捉えて外国語教授・学習過程に関する知見を顧みることは，実証研究の進展，ならびに理論構築と拡張に資する試みとなろう。そこで本節では，国内外における SCT 系譜の外国語教育研究に焦点をあてて，何がどのように明らかにされ何が課題であるのかを描出する。このことにより，日本における参加者を主体とする外国語教育研究のあり方への示唆を得ることを企図している。

Lantolf and Appel (1994) によれば，西側諸国でもようやく旧ソビエト連邦における Vygotsky や後継者による知見に接近できるようになり，量的な実験手法が主流の SLA 研究を補強し得る SCT に，多くの関心が寄せられている (p. 27) という。Vygotsky (1978) は，個人が環境を操作する際に道具を使用するのと同様に，人間は言語を始めとする道具を「媒介」して労働活動に従事すると考えた。よって例えば，言語教授・学習における言語使用の有り様や教材，教師の役割を「媒介」とみなすことも可能になる。さらに Vygotsky による発達観をふまえ，Ellis (2008) は従来の SLA 研究における動向と比較し，周囲の社会的・談話的文脈から学習者言語を孤立させずに，産出結果としての学力や言語能力だけではなく，産出過程として新たな機能の生起を捉えられる点を SCT の特徴とみなしている (p. 521)。つまり SCT 系譜の知見では，動的な教授・学習過程における参加者の認知的可変性が，言語習得時の社会的文脈と共に捉えられ，実際の教室でのやりとりや使用教材が，いかに支援として機能するかが論じられるのである。加えて，SCT に根差した日本の外国語学習を対象とする教育研究も求められている (山下, 2005, p. 27; 吉田, 2001, p. 48)。したがって SCT への依拠により，授業環境と発話生成の文脈を担保する縦断的で (Ohta, 2001; Spada, 2005)，参加者を主体

とする実証研究（Bailey and Nunan, 1996; Firth and Wagner, 1997）の端緒が開かれよう。

　本節では，外国語教育研究における SCT の布置を明らかにするにあたり，教室における社会的文脈と参加者の発話や認識と教材，ならびに言語教授・学習過程の有り様に焦点をあてて，先行研究の知見を概観しその動向を捉える。なお，このことに際し，できる限り幅広い見地から SCT の可能性と課題を導出するために，中等教育のみならず高等教育での実践や研究も，考察対象とみなす。

第1項　社会文化理論の系譜と特徴

　上述したように，日本の英語教育界では授業内容をめぐる議論が，長らく二項対立的に展開されてきた（e.g., 平泉・渡部, 1975）。またこの間，授業内容と教室談話の関係をふまえ，教師や学習者による発話の傾向と特徴を精査し，英語科教授と学習のあり方を学術的・実証的に考察した先行研究は，多くはない（see 山岸・高橋・鈴木, 2010）。したがって日本における英語科授業という文脈を照射し，教師と学習者，または学習者間における対話の様相と彼らの認識のあり方を，学問的視座から明らかにすることが求められている。

　一方，SLA 研究においても理論モデルと方法論の多様化に伴い，二項対立的な議論がなされることが少なくない（see Block, 1996, 2003; Firth & Wager, 1997）。加えて，教師と学習者の発話を別々に考察し，発話の機能を使用言語ごとに分類する SLA 教室研究も数多手がけられてきた（e.g., Chaudron, 1988, 2001）。そして今日では，教室談話（Lazaraton, 2009; Thoms, 2012; Tsui, 2008）への視座の下，各教室の置かれた社会的文脈（Canagarajah, 1993, 1999; Pennycook, 2001）や，教師と学習者の認識（Nunan, 1996; Zuengler and Miller, 2006）と共に目標言語・母語での対話の様相を包括的に捉えることが望まれている。教室特有の社会的環境が厚く記述され，教師や学習者の生の声を反映させた臨場感あふれる研究が待たれているのである。

上述の流れの中，SLA 研究が以前より得意としてきた学習者個人内の認知・心理的側面を追究する傾向に加え，認知発達を支える社会的文脈を重視し，Vygotsky の思想を起点とする SCT が1985年以降，Lantolf らによって提唱されるようになった。Lantolf らは，学習者の言語発達を捉える際に，言語による思考が社会歴史的な様式であるという Vygotsky（1962）の論を踏襲しており，近年は SCT 系譜の知見も増加している（see Lantolf & Beckett, 2009）。なお，SCT の普及と発展に伴い，Vygotsky による着想のみならず，Bakhtin による対話論に依拠する論者（Hall, Vitanova and Marachenkova, 2005; Johnson, 2004）や，状況論（Lave and Wenger, 1991）に理論的根拠を求める者（Toohey, 2000），さらには批判的言語学の流れを汲む者（Canagarajah, 1993, 1999; Pennycook, 2001）も含め，これら4つの論調を全て SCT とみなす向き（Swain and Deters, 2007; Zuengler and Miller, 2006）もあり，今日の SCT は混成的な成立ちを示している。また欧米に先駆け，1960年代から日本国内において Vygotsky の著作に直接親しんできた伝統に倣い，Vygotsky による知見を原書や日本語訳から丹念に読み取り，多角的な視座から外国語教育のあり方を追究する試み（e.g., 伊藤，2010; 西口，2005, 2006; 西本，2002, 2003, 2004）もなされている。本研究ではこれらの知見もふまえ，主として Vygotsky の諸概念に基づき Lantolf らが提唱する，SCT（Hawkins, 2004; Johnson, 2004; Johnson, 2009, Johnson and Golombek, 2011, 2016; Lantolf, 2000; Lantolf and Appel, 1994; Lantolf and Poehner, 2008, 2014; Lantolf and Thorne, 2006; Swain, Kinnear and Steiman, 2010）に焦点をあてる。このことにより，SLA 研究で明らかにされてきた多くの知見に目を配りつつ，Vygotsky の思想に通底する諸概念をふまえ，外国語教授・学習の諸相を捉えることが可能になる。

　なお SCT の最大の特長は，Lantolf（2000）によると，「『生きている現実』の豊かさと複雑さの維持」（p. 18）が可能であり，「事象の特徴を消し去った抽象モデルの構築よりも，参加者の多面的な豊かさが損なわれないように配慮した理論に導かれ，観察や記述，解釈がなされること」にあるという。ま

た一般には，多岐に亘る理論的枠組みに基づく，変数を統制する実験デザインに拠るSLA研究が少なくない（Lantolf and Thorne, 2006, p. 25）中，SCTにおいては理論と方法論が密接に関連しており，「方法論とは，研究の成果と道具，ならびに結果なのであり，同時に必要前提条件なのである」（Vygotsky, 1978, p. 65）。しかし，SCTで多用される「概念と専門用語」（R. Ellis, 2008, p. 553）に馴染みがない者にとっては，SCTの理解は困難だとする見解や，松井（2012）が指摘するように，記述言語が社会文化的アプローチの理論に拠っているため，「研究者が『学習』という現象を考察することが目指されており，現象の認識可能性は，研究者の側にある」（五十嵐，2004, p. 344）との指摘もある。つまり事象を観察し解釈する研究者の自由裁量が担保される反面，専門用語による記述主義に陥りやすいSCTに対し，警鐘が鳴らされているのである。

本研究では上記の議論をふまえ，既述した英語教育界での多局面に亘る二項対立の克服，ならびに参加者を主体とする縦断的な実証研究を志向して，日本における外国語教育研究と実践を念頭に置き，SCTの布置を捉える。参加者を主体とする実証研究においては，教室での詳細な社会的文脈と参加者の発話や認識が広範に描出され，読者は臨場感あふれる記述を介し，自らの心情や経験を重ね合わせ，思考を深化させることが可能となろう。続く第2項では，国内外の外国語教育研究における知見を，Wertsch（1985/ワーチ，2004）が導出した3つの主題に沿って考察する。

第2項　社会文化理論に依拠する外国語教育研究

本項では，Vygotsky心理学における3つの主題：(a)個人の精神機能は社会的生活に起源を持つ；(b)人間の行為は道具や記号によって媒介されている；(c)発生的・発達的分析に依拠する（Wertsch, 1985, pp. 14-15/ワーチ，2004, p. 37）に沿って，国内外の外国語教育研究を概観する。Wertschによると，これら3つの主題は相互に分かち難く結びついており（p. 15），(a)の「個人

の精神機能における社会的生活［の］起源」を捉えるという視座は，個人が埋め込まれている社会的な文脈を把握して，はじめてその個人が理解される，という仮定の下に論じられている（ワーチ，2004, p. 44）。よって言語教授・学習における参加者の発話を検討する際には，発話生成の文脈を明らかにする必要がある。また，「人間の行為ならびに高次精神機能は，道具や記号に媒介されている」(p. 47) という(b)の主題は，元来，人間が自然界の支配を試みて道具を産み出し，他者と協力して自然への接近を図った，というVygotskyの洞察を基点とする (Lantolf, & Appel, 1994, p. 7)。この「媒介」の概念の援用は，言語教授・学習過程での学習者への支援や仲立ちのあり方について検討することを可能にする。さらに，授業での文法指導とコミュニケーション活動，教師と学習者の発話，ならびに母語と英語の使用等を各々隔てることなく，包括的に考察する道筋 (Lantolf and Poehner, 2008, p. 4) を示し得る。続く(c)の「発生的・発達的分析」は，「精神機能の多くの側面は，その起源と変化の道筋がわかったときにはじめて理解できる」（ワーチ，2004, p. 38）との趣旨を含意している。つまり縦断的な研究志向性に加えて，変化・変容を捉えることが重要なのである。したがってSCT系譜の各知見は，参加者による発話生成の文脈をふまえ，目標言語・母語での教師と学習者の発話を乖離させることなく，これらをめぐる支援や仲立ちの様相について論じ，言語教授・学習過程における変化・変容を示すと考えられよう。以下では，Lantolf and Beckett (2009) の注釈を手がかりに，上記3つの主題に即し統括し得る，SCTに依拠する国内外の実証研究の具体例を提示し，その動向を顧みる。

(1) 「個人の精神機能における社会的生活の起源」への視座

「個人の精神機能における社会的生活の起源」を示す実証研究例として，最初にSullivan (2000) を取り上げる。Sullivanは，ベトナムにおける女子大学生を対象としたCommunicative Language Teaching [CLT] の実践を，

"play"（Vygotsky, 1978, p. 95）の概念に即し，考察している。父親の禁煙をめぐる失敗談が，教室でひしめくように肩を並べ一列で英語学習に勤しむ学生により披露され，彼らと対峙する教師との間で，即興的な相互作用を伴うCLT実践が成立した。そしてこの時に生起した，ベトナムの伝統的なことば遊びである *hat doi* を網羅する談話事例が検討されている。なおCLTは元来，アングロ・サクソン文化の下で育まれた理念を表象している（p. 116）。しかしSullivanは，CLTでこれまで当然視されてきたペアやグループワーク，インフォメーション・ギャップ課題[20]や真正な教材を用いることなく，一人のベトナム人教師による一対多の授業でCLTが実施された点に言及し，CLTの再定義を求めている（pp. 129-130）。Sullivanは，「社会的生活に起源」を持つ学習者の発話と思考の一端を捉え，発話者の置かれた談話的文脈と共に，学習者と教師間で構築された「歴史的・文化的」（p.116）CLT実践のあり方を論じている。

なお，ベトナムにおけるCLT実践を巨視的な観点に基づき国家や文化のレベルで照射する論調以外にも，地域や学校，ならびに一人の教師による授業を分析の単位として，より微視的に「社会的生活に起源」を持つ教師・学習者の発話や精神活動に焦点をあてる試みもあろう。また，授業を対象とする研究者は，教師と学習者ならびに学習者間で共有される，教室特有の雰囲気や文脈の再現を企図する。よって実験的条件下では変数とみなされる事象が，SCTの下では，文脈に埋め込まれた個人を浮き彫りにし，結果として各知見に参加者の声（Nunan, 1996）を反映させられる。このように地域や学校・教室文化を詳述し，教師や学習者の認識と発話を包括的に捉え，言語の教授・学習過程を多角的に考察する折に，SCTは有効に機能すると考えら

20）インフォメーション・ギャップ課題（information-gap task）とは，コミュニケーション・タスク（communication task）の1つである。対話者の間に情報のずれ（information gap）を作り，そのずれを埋めなければ解決できない課題を設定して，学習者の活発な言語活動を引き出すタスク（task）のことを指す。情報の格差がコミュニケーションを生み出すと考えられており，コミュニケーションを自然に発生させようとするのが，インフォメーション・ギャップ・タスクである（白畑 et al., 2002, p. 141）。

れる。

　一方，日本人女子大学生3人の英語学習時の発話に認められる，感情表出の有り様を注視した Imai（2010）は，学習者の抱く感情が「精神内現象」（p. 280）として個人に回帰される従来の論調に疑問を呈した。そして感情に関する議論について，多くの SLA 研究では社会的側面への考慮を欠いていると主張し，言語学習者の感情を「対人間のコミュニケーション次元」で捉える必要性を論ずる。具体的には実際の談話録と事後のインタビュー，及び感情の動きを巡る参加者による自己申告の結果をふまえ，学習者が教師や学習課題に対する不満を相互に語り合い，感情を共有する過程において，「特定状況に埋め込まれた」（p. 288）学習活動への参加がもたらす，共同的思考を捉えた。つまり学習者間で共有される感情は，発話生成の文脈としての授業に端を発しているのである。

　このように SCT に依拠し，参加者の「社会的生活の起源」を網羅する知見においては，これまで等閑視されたり看過されてきた事象を，深く理解し再解釈する過程を経て，各々の社会的文脈の有り様を基軸とする，独自の知見や新たな理論を生成し得る。また，授業における特定の内容の習得という側面だけではなく，授業関与の質に影響を及ぼす，学習者による個人・集団としての心的変容や社会的文脈の一端を考察することが可能となる。そして読者は，「社会的生活の起源」に根差した研究者による所定の問題意識をふまえ，自身の思想や教室環境との類似点や相違を見出した上で，改めて自らの社会的文脈や授業経験について再考できる。したがって，既存の理論や知見に則り，表象レベルでの問いと解釈が，研究者により展開され結論へ至る学識とは異なり，SCT では現実の具体に即して，帰納的に導出された問いが探究されていく過程が提示される。そこでは，参加者一人ひとりの息遣いが感じられる臨場感豊かな記載と共に，当事者の声が十全に反映され，最終的にこれらの記述は研究者と読者間で共有される運びとなる。またこのことに先立ち，参加者の「社会的生活の起源」への接近を研究者が真摯に働きか

ければ，SCTの用語や概念を駆使した教条主義的な論理の展開は避けられよう。さらに，続く「媒介」の概念の援用により，英語と母語，教師と生徒，文法指導とコミュニケーション活動，理論と実践のように従来から分け隔てられてきた事象が，包括的に捉えられる可能性がある。

(2) 「人間の行為における道具や記号による媒介」への視座

　近年のSLA研究で頻繁に援用され，普及と拡張が著しいZPD概念（Kinginger, 2002; 佐藤，2006）についてLantolf（2000）は，「媒介という重要成分を見落とさないこと」（p. 17）を前提条件に挙げている。実際に，ZPD概念に基づくSCT系譜の代表的な16の実証研究（see Lantolf and Beckett, 2009）においては，教師と学習者間のZPDが6論考，学習者間でのZPDが10論考で扱われ，16論考中8論考ずつで，第二言語と外国語学習におけるZPDが紹介されている。しかしイマージョン教育に関する1論考を除く15論考が，成人学習者を対象としており，若年層による外国語学習においてのZPDに関する知見は多くはない。また，教室談話におけるZPDの有り様を明らかにすることも求められている（佐藤，2006）。例えばLantolf（2000）において，ZPDと「媒介」の概念を援用する4論考のうち3論考が，ペア・ワークの事例を示しており，教師を介した学級全体におけるやりとりへの言及は，先述したSullivan（2000）のみに留まる。また，仲間とのペア・ワークにおける，水平的で協働的な学習者間の理解構築過程に着目したSwain（2000）を除き，他の論考は全てペア・ワークでの熟達者による垂直的な「足場かけ」（Wood, Bruner and Ross, 1976）に焦点をあてている。したがって，ZPDを包含する教室談話の特徴を捉えるには，小集団活動における学習者間の協働的な対話の特徴だけでなく，学級単位での協働的な対話を保障する，教師による働きかけについての検討も求められている（Lyle, 2008, p. 281）。つまり誰のいかなる発話が，いつどのような場面で契機となり，教室におけるZPDが生起するのかという問いは，授業実践者ならびに研究者にとって普遍的な

問いであると考えられよう。

　一方, 日本の中等教育における英語科授業での多彩な対話場面を取り上げた藤森 (2014) は, 話しことばの学習過程を検討している。この論では, 言語の使用が文化的道具の使用とみなされ, 授業でのやりとりは,「その言語を用いている集団や共同体への参入のプロセス」(p. 265) と解釈されている。そして一斉授業では教師が, 権威者として学習目標到達への足場かけを供しながら,「生徒の面目を傷つけないように気をつけ, 生徒が自信を持ってことばを発することができるよう励ますといった, 弱い立場の者を守る」(p. 268) 仲立ちの役割も果たすと指摘されている。また藤森は, 教師の権威性が直接作用しない生徒間のグループ活動における対話の様相を検討し, 生徒個々人が「他者のことばから自分に必要なことばを選択し, 自らの学習に繋げる学習」(p. 304) を遂行している場面を捉えた。そして生徒によるこの行為を,「自ら必要な足場を見つけて利用する学習」と称している。さらに授業で, 教師の関与と生徒の参加の度合いが, 複雑で多様な対話場面を創出することの意義に言及している。したがって, 今後もより多様な場面に焦点をあてて, 教室談話の様相を分析し検討することが望まれる。

　既述のように, 教室における「媒介」の捉え方をめぐっては, 授業での教師や仲間による発話を「媒介」と解釈したり, 教師の存在自体を「媒介」とみなす論もある。加えて, 外国語の教授・学習過程において「媒介」の役割を果たす教室談話の有り様に着目すると, 通常教室談話では, 教師と学習者, ならびに学習者間での対話が随所で展開され, 目標言語と母語による発話が瞬時に交錯する。よって, 外国語授業における「媒介」のあり方に関しては, 授業過程でめまぐるしく変化する参加者の発話や認識の有り様を分析することも含め, 多岐に亘る事象を網羅することが可能となる。しかし従来のSLA教室研究は概ね, これらの事象の一部を全体像から切り離し, 局所的な考察を加えることに終始してきたために, 教室における力動を記述し理解するよりは, むしろ研究者が自らの関心に即する一側面を限定して, 静的に

解釈するに留まっているとも考えられる。例えば、これまでは教師ことば［teacher talk］や学習者言語［learner language］のように、別途分割され検討されてきた各々の発話を、教室談話として外国語授業における「媒介」とみなすことは、教師と学習者の発話を包括的に捉え、相互関係の下で再考する余地を残す。つまりこの「媒介」の概念の援用により、「SCTによってSLA研究の知見が、さらに補強される可能性」（Lantolf and Appel, 1994, p. 27）が示唆される。したがって今後は、教育実践における多様な局面を深く理解し、精緻に記述する作業を通して、参加者の従事する当該実践の基底をなし、内側で作用する理論を明らかにすることが求められる。つまり研究者が参加者の視点に即し、授業での経験を共有し、当該の事象を厚く記述し解釈することにより、参加者の生きる世界の有り様が克明に描出され、教育実践を司る理論の導出に至ると考えられる。さらには、その理論について研究者が参加者と共に再考し、相互の意見交流を経て、理論を実践へと再び還元していく営為は、研究者と実践者の対話を促進させ、理論と実践の融合による新たな知見の創出を可能にしよう。また、このことの実現に際し、下記の「発生的・発達的分析」も有効な手段として機能し得る。

(3) 「発生的・発達的分析」への視座

　授業過程に焦点をあてて発生的分析を手がけたNegueruela (2008) は、自らの教室におけるスペイン語学習者としてのアメリカ人大学生による文法事項の理解構築過程を、16週間に亘り縦断的に考察している。具体的には、学習者が宿題の作文課題に記載した内容と、文法概念に関して口頭で説明した録音内容における変容を捉え、目標言語表現と文法概念についての理解過程の深化を示している。そして学習者が、作文における様態［modality］の用い方について、「直接法ではなく、接続法を使うべきだった」(p. 219) と、自身が高校生の時以来続けてきた過ちを初めて感知する、「新たな機能の生起」(Ellis, 2008, p. 521) を捉えた。つまりNegueruelaの論は、教師が学習者

の言語発達の機会をいかに保障し評価するかという観点に即しており，明示的に指導した文法概念の学習と理解を促す授業様式を支持するものである。なおこの授業は，コミュニケーションや発話から成る抽象概念の導入に始まり，より具体的な概念の提示へと至り，「抽象から具体」（Negueruela, 2008, p. 222）への移行を前提とした教育課程に拠っている。したがって通常の授業で散見される「単語の導入，一番目と二番目の時制の紹介，単純な文章と複雑な文章の提示，コミュニケーション活動の実施」（p. 221）という手順とは，一線を画すものである[21]。またこの論は，縦断的な外国語教育研究の実施と言語発達過程を解明する必要性，さらには学習者の言語運用能力の向上を前提とした，指導法やカリキュラムのあり方を問うている。つまりSCTでは，理論と方法論が密接に関連しており（Lantolf & Thorne, 2006, p. 25），授業デザインと実践，ならびに教師による授業の省察と検討が，一連の連続体とみなされるのである。しかしこのことを追究する傍ら，各教室における現実の世界を記述主義に陥らずにどのように記録し解釈するかは，研究者に委ねられた大きな課題となろう。

　一方，国内におけるSCT系譜の数少ない縦断的な外国語教育研究の一つに，松井（2012）が挙げられる。松井は，中学校の熟練教師による英語科授業実践を3年間に亘り考察し，該当教師による生徒の実践的コミュニケーション能力の育成過程を検討している。具体的には，この教師による教室空間の使用や教室談話における発話音調と対話リズムのあり方を精査し，他校の教師による授業実践と比較した上で，生徒の学年進行と言語発達を見込んで，当該教師が授業様式を変化させていく過程を明らかにしている。

　松井（2012）は，中学生の精神発達を事前に想定して，カリキュラムや独自教材を作成し授業を実施する，熟練教師の発話や行為，信条の一端を捉えている。しかし観察者としての松井は，"*Newsweek*"誌上で世界10人のカ

21）　Concept based instruction と呼ばれる指導法（see Lantolf and Poehner, 2014）の一環にある。

リスマ教師に選定されたこの教師による教育実践を，ほぼ完成形とみなし分析している（see 松井, 2010, p. 1）。その結果，当該教師の発達において「新たな機能が生起する過程」は捉えられていない。また，この教師が作成し，授業で頻用する「対話形式のなかで文法表現を学ぶ独自教材」（松井, 2012, p. 167）が，教師のいかなる「社会的生活の起源」に基づき編纂され，さらには実際の授業で，その教材が生徒の学習時にどのように「媒介」として作用するのか，そしてその教材を使用した生徒の理解構築過程が，縦断的に検討されているわけではない。したがって教室における社会的文脈をふまえ，現実の教育実践の有り様を参加者の認知や発達過程と共に明らかにすることが求められている。

　なお，ここまでの議論を統括すると，長期に亘る累積的なデータの分析が，必ずしも「発生的・発達的分析」と同義ではないこと，ならびにこの「分析」を行う際には，参加者の動的な変化・変容を捉えることの重要性が示唆される。そして参加者の変化・変容を明らかにする際には，研究者が参加者の日常にどのように携わり信頼関係を築き，彼らの有り様をどの程度理解して，深い洞察を得るかが鍵となる。また，研究者が記した参加者の変化・変容が，当該の参加者自身をさらなる新たな局面へ誘うことも想定されよう。つまり教室における研究者の存在が「媒介」となって，参加者に対しても肯定的な影響を及ぼす可能性も示唆される。そしてこの試みには，Neguerue-la（2008）が自らの実践を研究対象にするのとは異なる，研究者と実践者双方による共同的なアクション・リサーチ（秋田, 2005b; Allright, 2003, 2005; Spada, 2005）の萌芽が認められる。研究者が参加者の発話における「社会的生活の起源」を明らかにし，「発生的・発達的分析」を用いて目標言語の教授・学習過程における新たな局面を描出する参加者を主体とする研究は，理論と実践の往還による研究サイクルを内包する。また，教室における「社会的生活」を照射する厚い記述は，従来の読者層としての研究者のみならず，授業実践者の目にも魅力的な素材として映るであろう。そしてこれらの営み

を通じ，当該の研究における知見がさらなる「媒介」となって，研究者と実践者間の対話が促され，新たな知が創出される可能性も示唆される。次項では，これまでの考察をふまえ，日本の外国語教育研究における SCT の可能性と課題を総括する。

第3項　日本の外国語教育研究における社会文化理論の可能性と課題

前項では，Vygotsky 心理学における3つの主題（Wertsch, 1985/ ワーチ, 2004）に基づき，国内外の外国語教育研究の知見を検討している。本項では，これまでの議論を概括し，日本の外国語教育研究に着手する際の SCT の可能性と課題を論ずる。

「個人の精神機能における社会的生活の起源」に言及する研究には，ベトナムにおける CLT 実践（Sullivan, 2000）や日本人英語学習者による感情（Imai, 2010）を検討した知見が認められる。しかし SCT に即し，日本における教育実践に焦点をあてた研究の蓄積は多くはなく，今後の進展が待たれる現状にある。また，SCT への依拠は，「プロトコルの集積を通し調査対象となる思考を，道具としての発話がどのように媒介するのかを理解すること」（Lantolf and Thorne, 2006, p. 48）を可能とする。ついては教育政策や教育史，ならびに教育社会学の分野において，日本の外国語授業での「社会的生活の起源」を巨視的な観点から演繹的に捉える試みとは異なり，SCT では参加者や発話の「社会的生活の起源」が，微視的な観点から帰納的に検討される。なお，教室という社会的文脈に着目し，授業での教師と生徒間におけるやりとりの特徴に言及した数々の知見（秋田, 2006; Cazden, 2001; Hicks, 1996; Lampert, 1990; Mehan, 1979; Wells, 1999）が示すように，授業への参加成員の如何は，各学級の雰囲気や教室談話の様相に少なからず影響を及ぼす。実際に，複数学級での同一教師による同一内容を扱う授業が，同じ様式にならないことが談話分析により明らかにされており（藤森, 2011, 2014），現実世界ではいかなる同一教師による授業実践も，二つとして同じものにはならない。また

「『生徒』や『非母語話者』よりも複雑な，人間『主体』の表出」（Thorne, 2000, p. 226）は，必然的に「教師」や「学習者」という通名を超えた，「主体」としての人間の存在を浮き彫りにする。したがって参加者を中心とする実証研究が必要とされる今日，SCT は遺憾なくその強みを発揮するであろう。

　さらにここで，日本の公教育における英語科授業を例に取ると，教師は通常，授業者としてのみ生徒と関わるわけではなく，学級担任として生徒指導にあたることもある。また生徒は，所属するクラブにおいて，英語科教師に指導を仰ぐこともある。そして英語の授業は，多くの場合，国語や数学と同じ教室で連続して実施される。したがって，英語科授業を真空状態に見立てて，参加者を取り巻く社会的文脈を変数として斥け，そこでの事象を細分化し調査対象とみなす手法は，「非歴史的，脱文脈的，肉体化されない脳という世界観に留まる」（Thorne, 2000, p. 220）とも解釈できる。また，言語の習得や学習内容の理解を照射する知見を超えて，学習者と教師による長期的な言語教授・学習への関与や認識の変化を捉え，参加者の「社会的生活の起源」を包摂する研究志向性は，日本の外国語教育研究における新たな地平を拓く可能性がある。

　続く人間の行為における道具や記号による「媒介」への着目は，先述したように，二極化された議論の克服に有用であると考えられる。実際に Lantolf and Poehner（2008）は，「入力／出力，暗示的／明示的知識，学習／習得…これらの二項対立の各々が，統一化された過程における一端を成すと考えるならば，SLA はどうなるであろう」（p. 4）と問うている。一方で，日本における現実の問題として，例えば英語教師の中には伝統的な文法指導と，より急進的なコミュニケーション活動の実施をめぐり，葛藤を抱く者も少なくない（Sakui, 2004）。そして従来の SLA 研究では，教師主導型の教室談話の傾向が指摘され（R. Ellis, 2008, p. 797），日本の中等教育における英語科授業も類似の傾向を辿っており（Kaneko, 1992），高等教育においても，このこ

とに関する教師の意識改革が求められている（野村，2010, p. 68）。さらには，現行の『高等学校学習指導要領外国語・英語』（文部科学省，2009），ならびに『中学校学習指導要領外国語・英語』（文部科学省，2017）での「授業は英語で行うことを基本とする」という文言が，多くの中学校・高等学校英語教師に一層の苦難と葛藤をもたらしている側面も否定できない。このような状況下で SCT に依拠し，「媒介」の概念を用いて日本における教室談話の分析から，「英語で行う」授業と「母語で行う」授業，コミュニケーション活動と文法指導のあり方について，どのような新たな視座がもたらされ得るのであろうか。

　藤森（2014）はこのことに関連して，「日本における外国語としての英語学習環境は，本来，個人と社会を結びつける媒介手段が日本語である環境の中で，新たな媒介手段としての英語記号体系を学習しつつ，英語が媒介手段として機能している環境を創出することが求められ…目標言語を学習するための媒介手段としての言語として，母語を使用するか，目標言語を使用するか，という最適な言語学習環境に関する問題が生じることになる」（p. 36）と指摘している。しかし実際に，「媒介」という概念に即して実証的なデータを帰納的に検討し，日本の英語科授業実践に関する二元論的な議論がどのように収束され得るのかを考察した研究は，殆どない。したがって引き続きこの点について追究することが求められている。

　最後に，縦断的な外国語教育研究の蓄積が少なく，累積的なデータの分析が求められる（Ohta, 2001; Spada, 2005）現状においては，「発生的・発達的分析」が，今後さらに重要な位置を占めるようになると考えられる。なお，一般に縦断的な教育研究の実施は，参加者と研究者双方に，多大な時間と労力を要する（Spada, 2005）。しかしアクション・リサーチの一環として Negueruela（2008）が手がけたように，自らの外国語教育実践をデザインし，実施・省察し，分析・検討する，という手順は，今後日本における実践者による研究のモデルとなり得よう。また，研究者と実践者による共同的なアク

ション・リサーチ（e.g., Allright, 2003, 2005; Spada, 2005; 秋田，2005）の実施も，日本の外国語教育界に新たな地平をもたらす可能性がある。実際に Donato (2000) が，教室における言語学習を分析するための「実践的知識，専門的知識と理論が交差する実例」(p. 45) を提示しているように，SCT は，現実世界の有り様と参加者の実感を損なわない記述と解釈を可能にする。よって，授業における事象を研究者の関心に即して細分化し，教室での社会的文脈を捨象して，局所的に論ずるというよりはむしろ，参加者自身が課題とみなす事象や「問題状況に実際に応えようとする内側からはじめられる研究」（秋田，2005b, p. 170）が遂行され得るのである。同様に Spada（2005）も，研究者自身が調査研究における「善きこと，悪しきこと，醜きこと」(p. 333) を明らかにした上で，「内側からの見方」を記す利点について述べている。したがって実践者自身によるアクション・リサーチとならんで，実践者の意図を十全に汲みこみ，研究者がデータの特性を見極め，理論と方法論が密接に関わる SCT に即し，当該教育実践の基底をなす思想や原理を内在的な視座の下で多角的に追究する様式は，外国語教育研究のあり方に関する新たな指針となるであろう。

　以上，本節では近年の SLA 研究における動向をふまえ，SCT の系譜と特徴を捉え，Vygotsky 心理学における 3 つの主題に沿って国内外の先行研究を概観し，SCT の布置を明らかにしている。ここでは，Vygotsky の思想に根差した Lantolf らによる SCT の展開が，「存在論的で実証的な」(Firth and Wagner, 1997, p. 285) 論調を促進させ，SLA 研究全体にさらなる発展と拡充をもたらすことが示唆されている。そしてこの動向に連動して，日本における外国語教育研究の裾野も広がっていくと考えられる。例えば，川成 (2011) は，SCT への依拠により，他者との関わりが認知的発達を促すという視座に即して，多様な教育実践や授業デザインが可能になる (p. 130) と述べる。そして，「従来の数値的な評価方法では測れない学習者の能力」，すなわち学習者の可変的な能力水準を想定した教授・学習の重要性と，「より

質的でエスノグラフィックな手法をとること」の意義に言及している。なお，日本の外国語教育研究では，量的な分析手法が主流である（竹内・水本, 2012, pp. 9-10）一方で，近年の主要な国際学会誌上では質的研究が増加しているという（Benson, Chick, Gao Hung & Wang, 2009; Tojo & Takagi, 2017）。また教室におけるやりとりを，質的に分析する有用性が唱えられ，研究手法も多様化している（Heigham & Croker, 2009）。したがって，今後は SCT に依拠した参加者を主体とする実証研究を含む，多彩な理論と研究手法による外国語教育研究が手がけられ，新たな地平が拓かれる可能性が示唆される。

　国内の教育行政下においては，新たな教育改革案が次々と提言され，公教育に携わる教師は，多忙を極める現状にある。そして打ち寄せてくる改革の大きな潮流に果敢に挑む教師たちも，波に翻弄され大海を漂う教師たちも，教育現場では努めて真摯な授業実践を展開し，学習者との豊饒なやりとりを創出している。本節では，その「豊かで複雑な」（Lantolf, 2000, p. 18）営みの一端を明らかにする際の，SCT の可能性と課題の提示を企図している。SCT への依拠は，個人が属する社会的文脈を鳥瞰図的に示し，発達という動的な過程を多層的に捉え，二項対立に拠らない議論を可能とする。しかし一方で，時に観念的な記述主義に陥る嫌いもあり，加えて海外で生成された理論を，日本で安易に受容することへの批判も，傾聴に値しよう。実際に，日本の外国語教育研究における SCT の可能性が，未だ予見の域を出ていないことから，本節を含む SCT に関する主張が，抽象的で形式的な論調となる傾向も否めない。しかし，日本という社会的文脈を排除せずに，大局をふまえ局所的な見方も可能とする SCT が，外国語教育研究においてどのように活用され得るかという問いは，今しがた発せられたばかりである。参加者の発話や認識，教材を社会的文脈と共に内在的視座から捉え，授業における「媒介」としての発話や教室談話のあり方を検討し，目標言語の熟達度や理解度という学習の成果のみならず，授業において新たな機能が生起する力動を描出する折に，SCT がどのように機能するのかを，本研究では実証研究

第 2 章　理論的枠組みと分析概念

の知見と照合させ，後掲各章において具現化する。

第 2 節　本研究における分析概念

　本研究においては，既述のように社会文化理論［Sociocultural Theory; SCT］（Lantolf, 2000）に即して，日本の中学校英語科における教室談話の様相を検討する。なお，本章第 1 節第 1 項で先述したように，今日の SCT は，混成的な様相を示している。したがって，本研究では SCT の中でも，主として Vygotsky の見解に基づき Lantolf らにより提唱されている，SCT 系譜の知見（Lantolf, 2000; Lantolf & Appel, 1994; Lantolf & Poehner, 2008, 2014; Lantolf & Thorne, 2006），ならびに Bakhtin, Wertsch による諸概念を網羅する SCT 系譜の知見（Hawkins, 2004; Johnson, 2004; Johnson, 2009; Johnson and Golombek, 2011, 2016; Swain, Kinnear and Steiman, 2010）に，教室談話の分析と考察の手がかりを求める。以下の第 1 項～第 3 項においては，先述した「社会的生活の起源」，「媒介」，「発生的・発達的分析」（Wertsch, 1985/ ワーチ , 2004）以外に，本研究で採用する Vygotsky, Bakhtin, Wertsch の主たる概念について，簡略に概説する。

第 1 項　発達の最近接領域

　公立中学校では，あらゆる家庭環境出身の生徒が，同じ教室に集いことばを交わして学習に勤しむ。授業においてのやりとりは，社会文化的に学校や教室という文脈に埋め込まれ，多様な生徒と教師によって構成されている。つまり教室という空間において，学力や動機づけ，将来の進路先も一様でない生徒たちが，共通の学習内容の理解を志向し，相互の発話に耳を澄ませてやりとりを重ねていくのである。そして，学校教育での多様な生徒による学習の諸相を考察するにあたり，新たな視座からの再考を促し得ると近年注目を集めているのが，ヴィゴツキー（2001）による発達の最近接領域［Zone of

Proximal Development; ZPD］である。ZPDはSLA研究のみならず，数多の教育研究に援用されている。なお，ZPDの概念がなぜこれほどまでに多くの教育研究者を魅了してやまぬかといえば，第一義的には，従来の学習観を規定していた産出結果としての学力や言語能力から，産出過程としての学力や言語能力へと注意が喚起されるからであるという (Portes, 1996)。

ZPDはヴィゴツキー (2001) によって以下のように定義されている：「助けがあれば子どもはつねに自分一人でするときよりも多くの問題を，困難な問題を解くことができる」(p. 299)；「共同のなかでは，子どもは自分ひとりでする作業のときよりも強力になり，有能になる。かれは，自分が解く知的難問の水準を高く引き上げる」(p. 300)。またヴィゴツキー学派に属する土井・神谷 (2003) によれば，この概念は，ヴィゴツキー最晩年の1933年頃に着想され，ヴィゴツキー自身が「大人の指導のもとで可能な問題解決の水準と自主的活動において可能な問題解決の水準とのあいだのくいちがいが，子どもの発達の最近接領域を規定［する］」(p. 222) と説明したと述べられている。そしてこの発達の最近接領域は，「発達における現下の発達水準と明日の発達水準の間の領域」と呼ばれるとも記されている。

一方，LantolfらもSCTにおける説明概念としてのZPDの有用性を唱えており，SCT系譜のSLA研究でもZPDは，中心的な鍵概念とみなされている (see Lantolf & Beckett, 2009)。なお，Lantolf (2000) は，ヴィゴツキーによるZPDの定義を引用し，Wertschの著作に影響されて，ZPDには必然的に熟達者と初学者間のやりとりが含まれると考えるSLA研究者が増え，ZPDがさらなる拡大解釈の下で援用される傾向に対し，懸念を示している。例えばLantolfは，教師を介さずに学習者同士の間でもZPDが起こり得ると述べた上で，学校における言語教育実践にZPDの概念を用いて説明する際に，熟達者である教師が，初学者である学習者に何度もまね［copy］を強要する行為は，ZPDにおいて初学者が熟達者を模倣する［imitate］行為とは明らかに異なるものであると批判し，警鐘を鳴らしている (pp. 17-18)。

なお，本研究第7章においては，文法指導実践における教師と生徒，ならびに生徒間における対話の様相を，ZPD概念に即して検討している。教師主導型の教室談話と，生徒主体型の教室談話においては，「発達における現下の発達水準と明日の発達水準の間の領域」（土井・神谷，2003, p. 222）がどのように異なり，その結果，生徒による学習内容の理解構築過程がどのようなものになるのかが，時系列に沿って考察されている。

第2項　"private speech"と「つぶやき」

　中学校英語科授業においては，通常生徒30人～40人が一同に教室に集い，他者の問いや意見に対し，自らの思考をことばとして発する場面が多々見られる。しかしその際に，挙手や指名を経る公式な発言が認められる一方で，小さな声で「つぶやき」のようなことばが発せられる時もある。このように教室における対話は多層的であり，例えば，「つぶやき」が「つぶやき」を生む中で，多様な思考の交換がなされ，対話が「多声的に [multivoiced]」（Wertsch, 2002, p. 2/ ワーチ，2004, p. 30）になっていく場面が捉えられると考えられる。その傍らで，教師の質問に対し，控えめに小さな声で「わからない」と幾度となく「つぶやく」生徒の姿も想定されよう。

　一方，学齢期に消失する子どもの独り言を，Piaget（1926）は「自己中心的ことば」と称し，他者との意思疎通を伴うことばとは区別している。ヴィゴツキー（2001）は，「自己中心的ことば」は，社会的言語（外言）が内言・思考へ移行する際に先行する一連の段階であると主張し，言語発達におけるPiagetの社会性軽視の論調に反駁した。そしてPiagetが後にヴィゴツキーによるこの指摘を認めたため，後世の研究者が両者の見解を統括し，言語発達の過渡期における子どもの独り言は今日，private speechと呼ばれている（Kohlberg, Yaeger & Hjertholm, 1999）。なお，SLA研究においては，このprivate speechの概念を援用し，学習者の独り言を"private speech" [PS] と同定している（Lantolf, 2003）。自身に向けての発話としてのPSは，他者が

捉えることが可能な即時 [real-time] の第二言語の内化と習得の契機とみなされ、近年はPSを調査対象としたSLA研究が増加している (see Lantolf & Beckett, 2009)。しかしこれらの研究は、ペア学習や小集団学習でのPSを調査の対象としており、公教育での外国語授業における初級学習者のPSに関する知見は殆どない。数少ない先行研究の中でも Smith (2007) は、英国の小学校でのバイリンガル教育の一環にあるグループ活動での母語が異なる児童間の対話中に、共通理解を志向する独り言としてのPSが、他児童によって復唱される場面を捉えた。そしてデータを帰納的に分析し、PSにおいての「精神内活動」のための認知的な機能だけでなく、「精神間活動」のための認知的、または社会的な機能に言及している。Smithは社会場面でのPSと他者との発話を二項対立的に捉える従来の論調に疑問を呈し、PSの詳察により教師が、児童の既習知識やつまずきを含む思考過程を捉えられると指摘している。

　本研究においては、生徒個人が自らに向けたPSとしての「つぶやき」が、他生徒や教師に応答され、社会的な機能を果たす場面を想定している。しかし一方で、「つぶやき」をPSというよりむしろ、「方向性が定まらない『探索的な発話』」(Barnes, 2008, p. 6) と解釈する方がわかりやすい場面も想定されよう。Barnesによると、教師への応答や意見発表の場では「表現的発話 [presentational talk]」が発せられ、子どもが不完全な思考を他者と共有する際には、「探索的発話 [exploratory talk]」が認められるという。つまり授業中の子どもによる「つぶやき」を、「探索的発話」の一部とみなすこともできるのである。なお、Barnesは他者の反応を気にせずに発せられる「探索的発話」が、学習内容の理解構築に不可欠であると述べている。したがって本書では、教室で多様なニュアンスを含意して発せられる「つぶやき」が、「探索的な発話」、ならびに独り言としてのPSとして作用すると措定し、これらを総称して "murmured speech"[22] とみなす。

第3項 「声」と「多声性」

　人間の言語発達過程においては，通常，無意識のうちに母語の習得が幼少時に始まり，その仕組みを学校教育で初めて意識するようになる。一方，公教育における外国語教育課程では，多くの子どもにとって初めての教科としての外国語学習が，教室で顕在的に遂行される。したがって中学校英語科授業では，生徒が未知のことばや概念に出会い，驚きや困惑，喜びや畏れの念を率直に表すことが多い。生徒が初めて英語に接する機会を，教師や観察者が共有し談話を精査することにより，生徒の言語習得と思考の軌跡を明らかにし得ると考えられる。また，青年期前期を迎える中学生は，一般的に著しい心身の成長と変化を遂げる。さらに学校での集団生活における他者との相互作用は，個人の精神発達に大きな影響を与える。したがって，人格形成の途上にある中学生の発話に注目し，誰が誰に対し，どのような意識の下でどのような発話を述べたのかを明らかにすることにより，言語習得の側面ならず，公教育における人間関係構築のあり方に関しても示唆を得ると考えられる。

　そこで本研究では，Bakhtin（1986, 1994/ バフチン，1987, 1988a, 1988b）による「声 [voice]」の概念に着目する。Bakhtin（1994）によれば，何人によるいかなる発話においても，「人格としての声，意識としての声 [speaking personality, speaking consciousness]」（p.434），ならびに「著者性 [authorship]」（Bakhtin, 1986, p. 152）が認められるという。また，各々の発話は，常時イデオロギーと社会性に満ちており，一つとして同じものはない（Vološinov, 1973）。つまり各人の発話におけるこの「声」は，発話者のいわゆる言語運用能力を超えた，より根源的な次元においての「人格・意識」「著者性」

22）　本研究では「つぶやき」の訳語に関し，"mumble" より肯定的なニュアンスを含む "murmur" を用いることにより，従来の "private speech" とは異なる意味を志向して，"murmured speech" という表記を採用する。

を含意するものと考えられる。したがってこの「声」（Bakhtin, 1986, 1994/ バフチン, 1987, 1988a, 1988b）の概念に基づき，生徒各々の発話が含意する「声」のあり方を捉え，その「声」の集合体が織り成す「多声的な［multi-voiced］」（Wertsch, 2002, p. 2/ ワーチ, 2004, p. 30）教室談話の様相を，本書では明らかにする。このことにより，外国語初級学習者による目標言語学習過程のみならず，参加者が構成する教室談話の機能や特徴，ならびに「『生徒』や『非母語話者』より複雑な，人間の『主体［agents］』」（Thorne, 2000, p. 226）の有り様を捉えられると考えられる。また，上述の「声」（Bakhtin, 1994）の概念を用いてワーチ（2004/Wertsch, 2002）は，人間のコミュニケーション過程は多様な「声」を含み，「声の対話性…多声性［multivoicedness］」（p. 2/p. 30）によって成立すると述べている。ワーチによれば，一つの「声」が他の「声」と接触することにより，複数の「声」が相互に活性化され，対話が成立し「多声性」が生まれるという。この指摘に沿って学校の授業における教師と生徒，または生徒同士のやりとりを想定すると，教室における一人の生徒による「著書性」を保持した「声」と，教師または仲間による「声」との接触が対話を生起させ，このやりとりが累積して談話が構成される。こうして「声」のやりとりはコーラスとなり，対話となり（Bakhtin, 1994），やがては「多声的な」教室談話がもたらされるのである。

　本研究においては，「『生きている現実』の豊かさと複雑さの維持」（Lantolf, 2000, p. 18）が可能であり，「事象の特徴を消し去った抽象モデルの構築よりも，参加者の多面的な豊かさが損なわれないように配慮した理論に導かれ，観察や記述，解釈がなされること」を可能とする SCT に依拠し，上記の諸概念に基づき，各事例を分析し考察する手順をとる。理論と方法論が密接に関連し（Lantolf & Thorne, 2006, p. 25），方法論が「研究の成果と道具，ならびに結果なのであり，同時に必要前提条件」（Vygotsky, 1978, p. 65）となる SCT においては，教室における豊潤なデータと社会的文脈，ならびに参加者の真意を損なうことなく，これら全てを活かす方策が担保されよう。そし

て先述した説明概念の援用により，研究者が教室における多様な事象を包括的に捉え，検討することも可能になると考えられる。

第3章　方　　法

本章においては，主として調査方法と分析手法を述べる。第1節では，研究協力者の教師と筆者による共同研究のあり方について説明する。続く第2節では，授業観察の方法と手順を提示し，教室談話録の作成と分析手法について述べた後に，談話録を考察する際に参照した，補足資料の入手方法を記す。そして第3節で，本研究の構成を示す。

第1節　共同研究

本節では，研究協力者教師と筆者との共同研究のあり方を説明する。最初に，研究協力者への依頼理由について述べる。続いて，この教師によるライフコースの概略，ならびに授業観と教師信条に関して記す。

第1項　研究協力者教師の依頼理由

教師と筆者は1999年8月に，当時の筆者の同僚英語教師により，英語教育実践に熱心な研究仲間として紹介され出会った。以後2017年現在に至るまで同じ研究会に属し，2006年度以降大学院に在籍し，実証的な［empirical］授業研究を志向する筆者は，日常的に授業実践について意見交換をしていたこの教師に観察の場の提供を依頼し，快諾を得た。

また，筆者は研究参加者の代表性を考慮し，いわゆる大学附属校での先進的な教育実践や名人教師による授業実践を照射するのではなく，日本国内のどこにでもありそうな公立中学校において，日々の教育活動に真摯に取り組む英語教師による授業実践に焦点をあてることを企図していた。これは，本研究の知見の応用普遍性をふまえ，筆者が決断したことである。なお，依頼

以前の段階では，当該教師が共同研究に難色を示す場合も想定されたので，首都圏近郊で教鞭をとる筆者の知人で授業実践に熱心な，もう一人の中学校英語教師にも並行して共同研究を打診していた。しかしながらこの教師の当時の勤務先が夜間中学校であったため，入手するデータの特殊性，ならびに授業を受ける生徒たちのプライバシーの保護を考慮し，夜間中学校での観察は見送られる運びとなった。

第2項　研究協力者教師のライフコース

本研究協力者教師は，1985年3月に大学を卒業し，4月から都内公立中学校で新規に採用され，以来4つの勤務校を経て2017年度に教職歴33年目を迎えている。本研究遂行中の2010年4月には3回目の異動を経て，市内郊外の自然豊かな環境にある小規模な前任校から，同市内には位置するがターミナル駅に徒歩圏の，大規模な現任校へ移った。大学では英語学を専門とする指導教官に師事し，高校時代に協力者教師自身が抱いた疑問に基づき案出した，『不定詞と動名詞の意味的・統語的差異について』という卒業論文を執筆した。また，この教師は2005年以来2012年まで，勤務校において研究主任，または研修担当を継続して務めている。なお，教師は2011年5月に自らの変遷年表を作成し，自身の教師生活を4期：（「新任期（1985～1987）」；「模索記（1988～1996）」；「自立期（1997～2007）」；「発展期（2008～）」）に大別している。さらに，直近の「発展期」を，前任校で類似の授業様式を反復していた時期と，現任校に異動し，学校文化や生徒の様相の違いから自らの指導法を再考せざるを得なかった時期に二分し，「反復期（2008～2009）」と「再考期（2010～）」と命名している。つまり本研究は，この教師による「自立期」末年，ならびに「発展期」における授業実践を照射するものである。

なお，詳細については後述するが，「教育現場に携わる一人として」（吉岡，2008）という手記に，教師は，1990年以降の英語教育界における実践的コミュニケーション重視の方向性について触れ，以下の文言を寄せている。

「私は当初からこの方針に懐疑的で，授業ではコミュニケーション活動も取り入れながら，文法的な指導も継続して行ってきた。外国語として英語を学習するのに英語という枠組みを理解させることは欠かせないと思うからである」（p. 478）。したがって，この教師による「模索期（1988-1996）」後期，ならびに「自立期（1997-2007）」においての教育実践は，主として「コミュニケーション活動も取り入れながら，文法的な指導も継続して行〔う〕」指導法の延長上にあったことが示唆される。実際に，2006年6月にこの教師によるコミュニケーション活動を扱う授業を筆者が初めて観察した際に，「ずいぶん communicative な授業だね」と感想を述べたことがある。すると教師は自らが大学時代に英語学を専門としていたことに言及し，「自分はどちらかというと，文法指導に力を入れている」（2006年6月）と応答した。よってこの教師による近年の授業実践は，「コミュニケーション活動も取り入れながら，文法的な指導も継続して行う」試みの一環にあって，限られた授業時間内に「自己矛盾を抱えながら」（p. 478），双方の均衡を意図するものであったと考えられる。

なお，筆者は既述の複数の理由に加え，2007年の観察開始当初には，この教師によるコミュニケーション活動の一環にある英語での口頭導入［oral introduction; O. I.］[23]の実践に関心を寄せていた。したがって O. I. での教師と生徒間の相互作用の様相を考察することを主眼に置いた焦点観察（箕浦, 1999, p. 49）が，2007～2008年度には主としてなされた。さらに2009年度以降も観察を続行するうちに，この教師による文法授業での教室談話の様相にも関心を寄せるようになった。そして以後3年間は，このことを追究する焦点観察もなされている。

---

23) O. I. とは，教師と生徒間の相互交流的な "oral interaction"（白畑 et al., 2002, p. 215）とも呼ばれており，「教師が学習者に質問をしながら新教材の内容を理解させていく，相互交流的な口頭導入」を指す。なお，本研究における O. I. は，「研究協力者教師が検定英語教科書の題材を批判的に読み，目前の生徒の実情に即した内容を英語で語り，生徒との双方向的なやりとりを経る oral interaction としての口頭導入」と定義されている。

第3項　研究協力者教師の授業観と信条

ここで，教師の授業観と信条について述べる。具体的には2つの観点：(1)中学校英語科授業内容のあり方；(2)中学校英語科教室談話のあり方，に即して論ずる。そして(2)をさらに，①コミュニケーション活動時の教室談話の特徴と，②文法指導時の教室談話の特徴，に大別して示す。

(1)　中学校英語科授業内容のあり方について

既述の通り，本研究協力者教師は中学校英語科における授業内容のあり方について，自分なりに模索してきた。具体的には，1990年代以降の教科書のコミュニケーション活動に関する記述量の増加と，「文法軽視の風潮」(高橋，2010, p. 13) を懸念した教師は，英語での O. I. による内容重視のコミュニケーション活動実践と，自作プリントによる文法指導の同時並行により，双方の均衡を維持してきたのである（東條・吉岡，2010）。また，『学習指導要領』改定のたびに必修語彙数が削減され，教科書の厚みが薄くなる中で，生徒に一定量の英語に触れる機会を保障するために，教師は教科書より詳細の内容を盛り込んだ O. I. を実施するようになっていったという。そして，「O. I. 実施前の段階で新出文法項目を導入し，口頭練習や pair work による言語活動を経ることから，O. I. では新出文法項目を網羅した上で，生徒の既習事項を意識し，可能な限り平易な英語表現を駆使する（2012年10月）[24]」とも述べている。加えて，自らによる O. I. 実践について，教師は以下のように記している。

> 20数年英語教員をしてきた私が辿り着いたのは，子どもの特性や地域性を考慮した英語での「語り」である。［授業］時数が週3時間になったこともあるが，中学校英語教科書の本文は様々な題材を広く浅く載せる傾向が広がっている。教科書本文があまりにも生徒の実情とかけ離れている，と感じることも少なくない。

---

[24]　2012年10月の教師インタビューによる。

そこで，本文に入る前のoral introductionを生徒の実情を踏まえ，自分の言葉でより詳しく行う試みを続けている….教科書に見られる伝聞では何も得られない。私なりに世界を切り取り英語で「語る」ことにより［生徒は］深い学びが得られるのではないか，と最近思うようになったのである（吉岡，2008, pp. 479-480）。

　教師は，このように『中学校学習指導要領』における「実践的コミュニケーション能力の育成」をふまえ，O. I. 実践に力を注ぐ傍ら，「中心から周辺へと追いやられ」（p. 477）つつある英文法の重要性も考慮し，限られた授業時間内に双方の均衡維持を志向している。

(2)　中学校英語科教室談話のあり方について
①　コミュニケーション活動時の教室談話の特徴
　上述の経緯を辿る中，教師は生徒による「深い学び」（吉岡，2008, p. 480）を企図し，既述のようなO. I. 実践を手がけるようになっていた。さらに教師は，「授業は教師と生徒が協働で作り上げるものである」という信条の下に，コミュニケーション活動の一環にあるO. I. 実施時の教室談話における，oral interactionとしての生徒との双方向的なやりとりを志向してきた。具体的には，O. I. において生徒が身構えずに教師の問いに対して発する，「つぶやき」を奨励してきたのである（東條・吉岡，2010）。実際にこの教師によると，一斉授業での生徒による「つぶやき」の重要性を明確に意識した経験は，1997年まで遡るという。教師によれば，当時の『中学校学習指導要領』では，英語は「選択教科」としての外国語という位置づけであった。「選択教科」と謳うからには英語以外の様々な言語に触れる機会を設けようと，三省堂の *New Crown English Series 3*（1997）で"Korea"という課を終えた後に，ハングルの表を授業で提示した。本文学習中に，教科書に掲載されたハングル表記を見て「わけわかんない」とつぶやいた生徒がいたので，ハングル創案の理念を伝えたいとも考えたのである。「なんで英語の授業で韓国語やるの？」という冷ややかな反応もある中，「아이（アイ）［子ども］」，

「오이（オイ）［きゅうり］」等を読むうちに，規則性に気づいた一人の生徒が，「ハングルっておもしろいね」とつぶやいた。この「つぶやき」を契機に「ほんとだ」と他生徒にも理解の輪が広がり，教室の雰囲気が一変した記憶がある。「つぶやき」が仲間の興味を喚起する授業となったのである。「『つぶやき』は生徒が思考を重ねるうちにひらめき，思わず口にすることばである。『つぶやき』は生徒相互間の思考を深め，学習内容としての言語や題材の理解を促進させられる」（東條・吉岡, 2010, p. 74）と，教師は記す。

　また2002年の『学習指導要領』で「観点別評価」が導入された当初，教師は，「外国語に対する関心・意欲・態度」の評価材として，生徒による挙手や教師による指名を伴う発言の回数を，教科書の英問英答時に記録するようになった。しかしこれらの発言と生徒による自発的な「つぶやき」は機能において明瞭に区別され，教師は年度当初に必ず，生徒に「つぶやき」による授業への参加を依頼するという。授業中に教師が「言って，言って」（see 第8章〈事例13〉）と，生徒による「つぶやき」を鼓舞する場面も散見され，生徒は自由な雰囲気の中，教師や仲間に対し自らの思考を臆せずにつぶやくことが可能になっている（東條・吉岡, 2010）。

② 文法指導時の教室談話の特徴

　文法授業における教室談話の有り様をめぐっても，この教師は試行錯誤を重ねている。既述のように教師は，教歴25年の間一貫して，問いを投げかけ生徒の思考と応答を促すことによる，教師と生徒間における双方向的な問答型対話を重視してきた（東條・吉岡, 2010）。つまり上述のO. I. 時における「つぶやき」の活用も，この試みの一環にある。しかしペア・ワークを除いて，授業で生徒間の対話を活用する機会は殆どなく，文法授業においては特に教室談話が教師主導型となる傾向が否めなかったという（東條・吉岡, 2012）。また，このことを招いた一因として，外国語教育の特性も挙げられよう。母語ではない外国語の教授・学習に際しては，目標言語に関する教師と生徒の知識における差異が甚大で，授業で生徒が既有知識を活用する機会

が限定される。教師には授業で，生徒の言語運用能力を訓練する役割も求められる。よって文法指導時に生徒間対話を追究するという発想自体が，教師には長らく欠如していたという。しかし，本書第7章〈事例10〉が示す2010年2月5日の授業が転機となり，教師は文法授業における生徒間の協働的な対話の有用性を実感した。以来可能な限り，生徒間の対話の活用を志向し，2013年に至る（東條・吉岡，2013）と述べている。

なお，本書では上記のように，該当期間中の教師による授業観，意識変容の一端を捉えるために，実際の教室談話に即した縦断的な考察がなされている（see 第10章）。しかし一方で，筆者による研究者としての意識変容については述べられていない。

第2節　授業観察

授業観察は，第1項で示す方法と手順に拠っている。また第2項では，分析の対象とした授業について時系列順に記す。

第1項　方法と手順

首都圏公立中学校2校において，2007年6月～2011年12月まで授業観察を行った。観察校が2校となったのは，研究協力者教師が2010年4月に，前任校から現任校へ異動したためである。前任校では，2007年6月～2010年3月の全69日間合計119校時（2007年度23校時：2008年度33校時：2009年度63校時）の授業観察を遂行した。さらに現任校では，2010年4月～2011年12月の全45日間合計107校時（2010年度68校時：2011年度39校時）の授業観察を続行した。つまり両校で約5年間に亘り，全114日合計226校時の授業を観察した。結果的にこれは，平均して概ね毎週1日は筆者が観察校を訪問したことを意味する。なお，現職教員である筆者は，自らの勤務校と上記両校の行事を避けて，可能な限り多くの授業観察を実施した。

筆者は，毎年度初頭，共同研究者の教師として全教職員と観察対象となる全学級の生徒に紹介された。また，該当学級の保護者宛てに，研究者が介在し授業音声が記録される旨について説明する文書が，校長名と教師名を付して配布された。なお，観察期間中には，生徒の発話と認識を授業直後に直接確認した5回と，観察校での補習授業に参加した2回を除き，筆者が授業内外で生徒と直接ことばを交わすことは殆どなかった。また観察時の授業内容は文法，コミュニケーション活動，教科書の読解，問題演習等多岐に亘った。生徒は授業中，前任校と現任校で共通して全学級において，男女別で交互に縦6列で座しており，筆者は教室斜め後方に立ち，授業でのやりとりや生徒と教師の表情，雰囲気等をメモした。後日，教師が装着したICレコーダーと筆者による観察データより，時期と授業内容を考慮し，20校時分の教室談話録が作成された。

第2項　対象授業

本研究においては，教室談話録20校時分の中でも下記の手続きを経て選定した13校時分の授業談話録を主たる分析対象としている。なお，分析対象としての教室談話録の選定にあたって，筆者が拠り所としたのは，「経験の結晶化」（箕浦，2009, p. 94）という概念，ならびに「組織的事例選択」（やまだ，2002, p. 73）の手順であった。

「経験の結晶化とは，教師がさまざまな場面である心に残ったエピソードを反芻し，さらに起こった関連の出来事を何度も体験することによって，子どもと教師の関係からつむぎ出された経験が一つの記録に価するエピソードとして記述してよいと感じられるまでに熟すのを待つことである」（箕浦，2009, pp. 94-95）。本研究は，2007年以降約5年間に亘って，教師の語りに筆者が耳を傾ける間に執筆された経緯を辿っている。したがってこの間の教師とのやりとりを介し，教師が後日「経験の結晶化」を得て，頻繁に言及するようになったエピソードが生起した教室談話について，筆者が考察を加える

ことが可能となった。また上記に加え，本研究では事例の恣意的選択を回避するために，「組織的事例選択」(やまだ，2002, p. 73) のあり方を念頭に置き，教師と筆者が協議した上で，時期と授業内容を考慮して，考察対象者による発話の特徴が最も顕著に示されると合意に至った教室談話録の該当部分を，事例として選定する手続きもとられている。

　なお，以下では上述の手順により，教師と筆者が協議，選定した13校時分の授業談話録を，時系列に即し並べ替えた上で，本研究における考察対象授業として説明する。

(1) 　1年目―2007年度前任校3年生対象の授業

　2007年度の授業における分析対象としては，観察対象の3年生全3学級 (各学級34人：男子19人；女子15人) における文法指導，ならびにコミュニケーション活動時の口頭導入 [oral introduction, O.I.] の中から，教師が1学期に最長の時間を割くと述べた O. I. 授業"Hiroshima"と，文法指導時に生徒の理解が滞りがちであるという点で教師と筆者が同意した，「現在完了」を含む3校時分 (2007年6月13日3年A組「現在完了」；6月18日3年A組「現在完了」；7月7日3年C組「仮主語のit」ならびに"Hiroshima") の教室談話録を選んだ。

(2) 　2年目―2008年度前任校2年生対象の授業

　2008年度の分析対象としては，観察対象の2年生全3学級で2008年度当初の4日間12校時に，生徒による「つぶやき」の頻度が最多と筆者と教師が同意した，2年A組 (33人学級：男子18人；女子15人) を選定した。そしてコミュニケーション活動におけるやりとりに焦点をあてるために，教師が2008年度2年次の各学期において，最長時間を割いたとみなしたO. I. (2008年7月17日"Ainu"；12月10日"India"；2009年3月13日"Landmines") の授業，3校時分の談話録を抽出した。

(3) 3年目―2009年度前任校3年生対象の授業

上記と同様の手続きを経て，2009年度当初の4日間12校時に，生徒による「つぶやき」の頻度が最多と筆者と教師が同意した，3年A組（33人学級：男子18人；女子15人）に照準を合わせ，2009年度1学期に最長時間を割いたと教師がみなしたO. I. の授業（2009年7月13日"Hiroshima"）1校時分の談話録を選定した。一方，文法指導に関しては，学習内容について自発的な生徒間対話が生起した3年A組における授業2校時（2009年11月13日「現在完了と関係代名詞」；2010年2月5日「文型復習」）の談話録を抽出した。

(4) 4年目―2010年度現任校2年生対象の授業

2010年4月に教師が勤務校を異動したことにより，筆者も新たなフィールドワーク先での参与観察を余儀なくされた。分析対象としては，2010年度当初の4日間12校時に，生徒による発話の頻度が最多と筆者と教師が同意した，2年E組（36人学級：男子19人；女子17人）を選んだ。さらに，授業内容と時期をふまえ，2008年度に前任校で観察した2年生対象の授業との比較が可能であると筆者が判断した，コミュニケーション活動時のO. I. の授業（2010年7月7日"Sumatran Tiger"；12月1日"India"）の2校時分の談話録を選定した。

(5) 5年目―2011年度現任校3年生対象の授業

学年進行に伴って，3年次の文法指導における談話の様相を照射するに際し，前任校との比較を企図し，授業の時期と内容を考慮して，2校時分の談話録（2010年4月15日3年C組「受動態」；12月8日3年F組「関係代名詞」）を抽出した。

なお，以下の進行表に，本研究で分析対象とする授業と選定事例を統括する（表1）。

表1　授業進行表（使用教材：*New Crown English Series New Edition, 2, 3,* 2006）

日時	学級	授業内容	本書掲載章	事例
2007年6月13日4校時	3年A組	文法「現在完了」	4章	2
2007年6月18日4校時	3年A組	文法「現在完了」	4章	3
2007年7月7日2校時	3年C組	文法「仮主語のIt」, O. I. "Hiroshima"	4章	1
2008年7月17日5校時	2年A組	O. I. "Ainu"	5章，8章，9章	13, 16, 17, 18, 19, 20, 31
2008年12月10日1校時	2年A組	O. I. "India"	5章，8章，9章，10章	4, 5, 15, 21, 22, 23
2009年3月13日2校時	2年A組	O. I. "Landmines"	5章，8章，9章	6, 14, 24, 25, 26
2009年7月13日5校時	3年A組	O. I. "Hiroshima"	9章	27
2009年11月13日4校時	3年A組	文法「現在完了・関係代名詞」	6章，10章	7, 8, 28, 29, 33
2010年2月5日4校時	3年A組	文法「文型復習」	7章	9, 10, 30
2010年7月7日6校時	2年E組	O. I. "Sumatran Tiger"	10章	32
2010年12月1日4校時	2年E組	O. I. "India"	10章	事例掲載なし発話量のみ分析
2011年4月15日3校時	3年C組	文法「受動態」	7章，10章	11, 34
2011年12月8日2校時	3年F組	文法「関係代名詞」	7章	12

第3項　教室談話分析

　本項では，本研究で用いた教室談話分析のあり方について説明した後に，(1)においては教室談話録作成の手続きを，(2)においては実際の分析手法を提示する。

　教室談話とは，藤江（2006）によれば，「『教室』という教育実践の場において現実に使用されている文脈化された話しことばによる相互作用」（p. 53）と定義されている。また，Lazaraton（2009）は，応用言語学における談話分析に関し，話しことばと書きことば，または双方を用いたコミュニケーションにおいて，どのような言語が使われているのかを理解する際に有効な手法である（p. 243）と述べている。そして応用言語学における談話分析の特徴として，談話における傾向と様相の考察が量的にも質的にも可能であり，話者間の相互作用に焦点をあてた真正なデータが，多様な様式で分析され得

る利点を指摘している (pp. 245-246)。

　なお，本研究では，研究協力者教師による上記授業においての教師と生徒，ならびに生徒間での話しことばを主な分析対象としている。また，教師と生徒を対象とした記述式質問紙調査の回答や教師と生徒による授業コメント等の書きことばによる情報も，一部抜粋し参考資料としている。さらに，本研究で採用する教室談話分析の手法は，秋田 (2006) に依拠している。授業過程の事例分析に関し，秋田は以下のように述べる。

> 授業の見方が，当該授業と他の授業との比較であったり，授業の展開や要素についての外在的な基準を設けてとらえる見方であるのに対して，1時間の授業，あるいは一つの単元の授業過程自体を時間の流れとともに内在的に分析し解釈しようとする授業の見方もある。またさらにはひとりの子どもの経験，ひとりの教師の経験をとらえて解釈していくことによって，その授業を経験した者の内側に寄り添ってみようとする見方もある。
>
> 教室において，授業あるいはそこでの出来事を一つの事例としてとらえ，教師と子どもたちがどのように質疑応答しあいながら授業を進めていったのか，どの子がいかなる発言や行動をしたのか，教材と生徒の学習や理解との関連，授業中のさまざまな活動と生徒の意欲や学習過程との関連，授業形態と子どもの授業への参加など，ミクロに授業の具体的な流れに沿ってより詳細にことばや行為をとらえようとする方法である。そしてこの丁寧な見方のなかで，子どもたちにとっての授業における経験の質も見えてくる。数量等で語りきれない部分を読み取ることができる。そして出来事は物語として描き出すことができる (pp. 17-18)。

　授業における口頭でのやりとりは，通常，一過性のものとなることが多い。授業参加者が，記録として残さない限りは，教室でのいかなる豊饒なやりとりも，生徒のみずみずしいことばも，形を留めその実態を見極めることが可能にはならない。教室でのやりとりは，生徒の知識を象る傍らで，外見上は儚くも，時間経過に即して消えゆくことが多いのである。このような教室でのやりとりを教室談話として捉え，「子どもたちにとっての授業における経験の質」について検討する試みが，教室談話分析である。「ミクロに授業の具体的な流れに沿ってより詳細にことばや行為をとらえようとする方法」と

しての教室談話分析を用い，教室でのやりとりを精査することで，授業でのやりとりと教授・学習過程のあり方を捉え得るのである。

また，上記において秋田（2006）は，教室談話分析を介して，教室における「出来事［を］物語として描き出すことができる」（p. 18）と述べている。このことは，例えば教室談話の縦断的な考察により，一人の生徒によるどのような発話が，誰に対し発せられ，どのように変容していくかを捉えることで，当該生徒についての「物語」を描出することが可能になることを示唆している。同時に，生徒のみならず，教師に関する「物語」が，教室談話分析を経て描かれる場合もあろう。本研究は，教室談話分析により中学校英語科授業における教授・学習過程の一端を捉える傍らで，教室での「出来事を物語として描き出す」ことも企図している。そしてこのことのために，第2章で既述したように，英語授業における諸事象を，巨視的な観点から演繹的に捉える試みに代わって，現実の教室談話の様相を，微視的な観点から帰納的に検討している。換言すれば，文法指導とコミュニケーション活動実践における教師と生徒，ならびに生徒間でのやりとりを，教育政策や授業様式，ならびに生徒の英語運用能力や理解力に対する評価といった外在的な側面からではなく，教室の社会的文脈を担保し，参加者の「声」（Bakhtin, 1986, 1994/バフチン, 1987, 1988a, 1988b）を反映させた，「『生徒』や『非母語話者』より複雑な人間『主体』の表出」（Thorne, 2000, p. 226）を伴う，内在的な視座に即した英語教育研究を具現するものである。

⑴ **教室談話録作成の手続き**

教室談話録を作成するにあたっては，まず教師が装着したICレコーダーによる音声記録を基に，文字プロトコルが筆者によって書き起こされた。具体的には，教師と生徒，ならびに生徒間での談話を話者交代で区切った上で，談話録が作成された。なお，筆者一人の聴解によるプロトコルの作成が難しい折には，教師が音声記録を再聴し情報を加筆した。しかしながら，それで

も発話者の特定が困難な折には，性別に沿って男子生徒をB，女子生徒をGと提示した。さらに，発話の音調や速度，発話に付随する身振りや表情，周囲の雰囲気についての言及が必要と判断された際には，プロトコルの傍らに，これらの情報も加筆することとした。なお，本研究における生徒名は，プライバシーを保護するために，全て仮名となっている。

なお，プロトコルの末尾には，筆者による教師への質問を含む観察者コメント［observer's comments］が複数行付された。これらのデータが教師にeメールで送付され，教師は音声記録の再聴と加筆と共に，筆者の質問に対する応答としての参加者コメント［participant's comments］を記し，eメールで筆者に返送した。しかし本研究の各章で分析の対象とした主たる情報は，授業中の実際のプロトコルであり，研究手法は，教室談話分析に拠った。

(2) 教室談話録の分析手法

教室談話における教師と生徒による発話の頻度や機能，言語使用の様相を掴むために，同一の学習内容に関し教師が説明した際の，2文以上の複数行から成る発話に文単位での区切りを設けた。さらに，以下に述べる手順①により量的分析がなされ，個々の発話の特徴や社会的影響を捉えるために，手順②による質的な談話分析が単独，または①と並行してなされた。

① 量的分析手法

量的な談話分析の手法としては，教師が学習内容に関し説明を施した際には，一文を1発話とみなし，教師によるターン回数に組み込んだ。そしてターン回数に基づき，(a)生徒の発話総数と教師の発話数，(b)英語／母語使用比率を算出し，(c)発話頻度の多い生徒や発話が増加傾向を辿った生徒による，発話における英語／母語使用比率を算出し，(d)当該生徒による他者の発話を英語で復唱したり応答したりする際の発話頻度も抽出している。

② 質的分析手法

質的な談話分析の手法としては，主として以下の(e)，または(f)に拠っている。

(e) オープン・コーディング

教室談話における生徒による発話の特徴を捉えるために，発話の結果的な影響や機能に基づき，オープン・コーディングの手法（佐藤，2004）により，筆者と教師が共同で下位項目に分類し，後日，帰納的に複数の上位項目に集約した。

(f) 分析概念の採用

教師や生徒による発話の様相を明らかにするために，先述したSCTに依拠する説明概念に基づき，教室談話録を分析，検討した。その際に，発話に対する応答のあり方や発話生成の文脈，ならびに教室における社会的脈絡を考慮して解釈した。

なお，本研究では以下で示す手順を経てさらなる付加的なデータを入手し，各発話者の意識をふまえ，教室における談話の様相をより多角的に検討した。

第4項 教師を対象とした非構造化インタビュー

授業観察期間中には一貫して，筆者による教師に対しての質問は，授業前後の合間を縫って頻繁に行われていた。また，授業後の空き時間や放課後の時間帯に，授業中の教師の認識や意思決定について筆者が改めて訊ねることも多かった。なお，本研究における教師を対象とした非構造化インタビューは，相互の意見交換が対話的になされる形式に拠っている。その際には，授業案の吟味や事後の省察と共に，授業での具体的なやりとりに即し，生徒による学習内容の理解度や教師による生徒理解の様相に，話題が及ぶことも少なくなかった。なお，本研究でインタビュー時に教師が語ったことばを引用する際には，「　」内に実際のことばを記した上で，（　）を用い，インタビュー実施年月を記すこととする。

第5項　教師と生徒を対象とした回顧的個別紙面アンケート調査

以下では，教師，ならびに調査対象生徒に実施した紙面アンケート調査について記す。

(1) 教師を対象とした紙面アンケート調査

教師を対象とした紙面アンケート調査は，該当期間中に複数回実施された。中でも，過去5年間の教師による授業実践を顧みて，最も包括的な回答を求めた紙面アンケートが，2011年5月11日になされた。自らの教育実践や，教師自身の認識を尋ねる約60設問（e.g., ○○と記して／述べていますが，どうしてですか）が筆者によって用意され，ゴールデンウィーク中に教師が自由記述欄に回答を記し，eメールで筆者に返送する手続きを経た。なお，本研究においては，インタビューのデータと同様に，アンケート調査の結果を引用する際にも，「　」を用いて教師による記述事項を転載し，（　）内に年月を提示する。

(2) 生徒を対象とした紙面アンケート調査

生徒を対象とした紙面アンケート調査は，生徒の発話に対する教師と筆者の解釈の妥当性を高めるために，該当期間中に2度ほど実施された。第1回目は，2008年3月14日の放課後に3年生7名を対象とした，自由記述式紙面アンケートが行われた。また，第2回目の回顧的個別紙面アンケートは，2009年7月17日の放課後に，該当学級内で「つぶやき」の回数が上位9名に対して実施された。アンケートはいずれも筆者が作成し，同意を得て，教師の名の下に行われた。また，該当生徒には依頼時に，調査への参加が強制でない旨と自身の成績や評価に関わるものではない旨が確認された。アンケート紙面上には，各生徒の発話／「つぶやき」を網羅する複数の談話録が提示され，生徒自身の記憶（e.g.,「あなたはこの時のことを覚えていますか」）や認識

(e.g.,「あなたはなぜこのように述べた／つぶやいたのでしょうか」）を尋ねる，共通5・10設問の自由記述欄に回答してもらった。事後に談話録とアンケートへの回答を比較し，筆者が教師に対してインタビューを実施した。また後述各章で示す手続きを経て選定した3年の該当生徒1名と2年の該当生徒3名の回答も，一部抜粋し参考資料としている。

第6項 教師と生徒による授業コメント

上述した談話録作成の一環として，教師が参加者コメントを談話録上に記す以外にも，授業コメントとして，教師が自らの授業実践について記した事柄を，事前事後にeメールで筆者に別途送付する場合があった。また，授業の前後に筆者が質問した事象に関して，さらなる付加的なコメントや詳細情報を記載し，教師がeメールで筆者に返送する場合もあった。なお，本研究における第10章では，教師によるこれらの授業コメントの一部を分析対象とし，教師による認識の変容を検討している。

さらに，学期末に教師が全生徒を対象に実施し，生徒が記述した授業コメントを筆者が入手し，後述各章で示す手続きを経て選定した該当生徒のコメントを一部抜粋し，参考資料とすることもあった。加えて，「振り返りシート」と称して，教師が授業最後の5分間を費やし，本時における自己評価や感想の記載を生徒に課すこともあり，これらの情報についても，必要部分を抜粋し，参考資料として扱っている。

表2 調査対象

入手データ	調査実施年月
教室談話録	2007年6月～2011年12月
教師への非構造化インタビューの回答	2007年4月～2013年12月
教師への紙面アンケート調査の回答	2011年5月
生徒への紙面アンケート調査の回答	2008年3月・2009年7月
教師と生徒の授業コメント	2007年6月～2013年12月

以上の手続きを経て入手した全てのデータが，本研究における調査対象（表2）である。

第3節　本研究の構成

本節では，本研究の構成について述べる。

公立中学校において教師と生徒は，地域，家庭，学校，学級を含む概ね共通の社会的文脈に身を置き，学校生活を営んでいる。その社会的生活の一端を成すのが，英語科授業である。なお，英語科授業は通常，年間を通して同一学級を担当する一人の教師と複数の生徒との協働を通して遂行される。教育内容の如何にかかわらず，同一の教師と生徒が継続的に談話に参加して，教授・学習過程を成立させるのである。また，授業中の生徒による発話には，各々の意識が反映された独自の「声」（Bakhtin, 1986, 1994/ バフチン, 1987, 1988a, 1988b）が認められ，時には各自の思考に基づく「つぶやき」も発せられる。一方で，このことは，教師の発問や意識にも同様に認められる現象であると想定されよう。

しかし，上述のような英語科授業における社会的文脈と教室談話の関係が想定される傍らで，従来の英語教育研究では概ね，教室内外の社会的文脈が捨象され，例えば教師と生徒の発話，英語と母語での発話，文法とコミュニケーション指導について，対立的，または相互排他的に議論されることが多かった（Lantolf & Poehner, 2008, p. 4; 斎藤, 2011; Sakui, 2004）。加えて，外国語初級学習者による縦断的な言語習得・理解過程に関しても明らかにされてこなかった（Ohta, 2001; Spada, 2005）。しかし既述のように文法指導とコミュニケーション活動は，同一の教師と生徒集団により，中学校3年間継続して実施される場合も少なくない。実際に，第3章第1節で先述した通り，1995年以降の本研究協力者教師による教育実践は，「コミュニケーション活動も取り入れながら，文法的な指導も継続して行い」（吉岡, 2008, p. 478）双方の均

衡を図る指導法に拠っている。さらに，新出文法事項を用いたコミュニケーション活動が実施され，双方が同一の45分または50分の間に連続して行われる場合も含め，教師と生徒は文法指導とコミュニケーション活動実践の間を往還しながら，英語科授業に参加している。しかし先行研究においては，双方のあり方や関係をふまえ，英語科授業に参加する教師と生徒の発話や意識を検討する論調を欠いてきた。

　そこで，本研究ではヴィゴツキー心理学における3つのテーゼを導出したWertsch（1985/ワーチ，2004）の思想に注目する。「個人の精神機能における社会的生活の起源」，「道具や記号による媒介」，「発生的・発達的分析」（pp. 14-15/p. 37）という3つの視座に即して，異なる授業内容が扱われる際の教室談話の様相を捉え，中学校英語科授業における教授・学習過程を検討する。具体的には，第Ⅱ〜Ⅳ部において上記のテーゼごとに，文法指導とコミュニケーション活動実践での教室談話の様相を分析する。例えば，従来の英語教育研究では社会的文脈が捨象される傾向にあることから，第Ⅱ部においては，文法指導時（第4章）とコミュニケーション活動時（第5章）の「社会的生活に起源を持つ発話の特徴」を検討する。Bakhtin（1986, 1994/バフチン，1987, 1988a, 1988b）の「声［voice］」やWertsch（2002/ワーチ，2004）による「多声性［multivoicedness］」の概念を援用し，生徒の発話に認められる生活経験の有り様を「社会的生活」とみなし，生徒による発話の特徴を分析している。また，公教育において生徒は一義的に，学習内容を理解することが求められる。加えて本書では，英語科授業における多局面の対立の克服が志向されている。したがって続く第Ⅲ部では，文法指導時（第6，7章）とコミュニケーション活動時（第8章）の「学習内容の理解を媒介する生徒の発話の特徴」を明らかにしている。そして，ZPD，ならびに内言に関するヴィゴツキー（2001）の見解に着想を得て，文法指導での教室談話の様相を縦断的に検討している。また，第5章で考察した同一のコミュニケーション活動実践での生徒による英語での発話に着目し，「媒介」として何がどのように機

能し，英語での発話がなされるのかを捉えている。次の第Ⅳ部では，教室談話の変容を縦断的に捉えるために，授業内容の如何にかかわらず，英語科授業における生徒（第9章）や教師（第10章）による発話の特徴を，「発生的・発達的視座」から捉えている。研究の蓄積が多くはない外国語初学者の学習過程，ならびに現職教師の授業に関する学習過程を捉え，教室談話における動的な変化・変容の描出を志向して，1年9ヵ月，ならびに3年半に亘る談話事例を各々縦断的に検討している。

　これらの試みにより，従来は文法とコミュニケーション，英語と母語，教師と生徒，理論と実践のように各々分断されてきた事象が，同一の共通したテーゼに基づき，包括的に検討される。また，本研究は，理論的枠組みを社会文化理論［Sociocultural Theory; SCT］（Lantolf, 2000）に求めていることから，分析概念として Vygotsky, Bakhtin, Wertsch による着想に手がかりを得て，上記3つの視座に即した各事例における教室談話の様相を検討している。したがって日本の公教育における英語科教授・学習過程を対象とするSCT に依拠した実証研究が具現化されている。なお，以下の図1は，本研究の構成を図式化したものである。

　続く第Ⅱ部は，文法指導ならびにコミュニケーション活動における「社会的生活に起源を持つ発話の特徴」を照射しており，第4章は，文法指導時の生徒の発話における本音や個性としての「声」（Bakhtin, 1986, 1994/バフチン, 1987, 1988a, 1988b）がどのようなものであるか，そして第5章では，コミュニケーション活動における生徒による母語での「つぶやき」には，どのような「社会的生活の起源」が認められるのかを検討する。

　第Ⅲ部では，文法授業における「学習内容の理解を媒介する生徒の発話」として，第6章では一人の生徒が発した「わからない」という「つぶやき」の様相を，第7章では生徒間の互恵的で協働的な対話のあり方について検討する。そして第8章では，コミュニケーション活動において生徒による英語での「つぶやき」が発せられる際に，何がどのように「媒介」として機能す

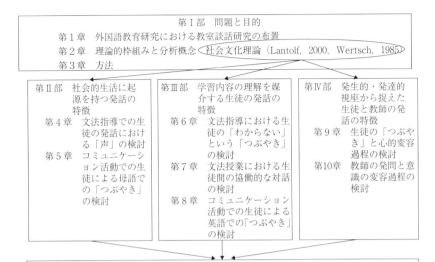

図1　本研究の構成図

るか，という観点に基づいて，教室談話の分析を行っている。

　第Ⅳ部では，生徒による発話と心的変容の検討が第9章において，また教師の発問と心的変容の検討が第10章において，「発生的・発達的分析」への視座の下に着手されている。以上の手順を経た後に，第Ⅴ部「本研究の総括」の第11章では，中学校英語科における教室談話の特徴を統括することにより，参加者を主体とする生態学的で実証的な英語教育研究の具現を企図している。そして，終章では，今後の研究課題を示している。

第Ⅱ部　社会的生活に起源を持つ発話の特徴

　既述のように，国内外における大方の外国語教育研究では，初級学習者による発話のあり方に関して，十全な議論がなされてきたとは言い難い（Ohta, 2001）。一例として生徒の発話を分析する際に，彼らの認識（Nunan, 1996; Zuengler and Miller, 2006）や発話生成の文脈をふまえ（R. Ellis, 2008, p. 796; Nunan, 1996），発話における傾向や特徴を検討する風潮に乏しい旨が指摘できる。したがって本研究では，参加者による発話の様相を彼らの認識や社会的文脈と共に捉える，参加者主体の実証研究（Bailey and Nunan, 1996; Firth and Wagner, 1997）を企図する。そして第Ⅱ部，第Ⅲ部，第Ⅳ部において，文法指導，ならびにコミュニケーション活動実践における生徒の発話と認識の有り様を，彼らの成長を傍らで見守る教師の発話と認識と共に，生態学的見地から包括的に（van Lier, 2004）検討する。なお，このことを志向して第Ⅱ部では，Wertsch（1985/ワーチ, 2004）が唱えたヴィゴツキー心理学における3つのテーゼのうちの1つ：「個人の精神機能は社会的生活に起源を持つ」（pp.14-15/p. 37）の主張に基づき，生徒の発話に見られる生活経験の有り様を「社会的生活」とみなす。個人が埋め込まれている社会的な文脈を把握して，はじめてその個人が理解される（ワーチ, 2004, p. 44）という指摘をふまえ，各生徒の生活経験を捉え，発話の様相を検討する。

　以下の第4章においては，中学3年生を対象とする文法授業における英作文発表場面での，英語の苦手な生徒3人を含む5人の生徒による発話の様相を検討する。続く第5章では，内容重視のコミュニケーション活動実践としてのoral introduction［O. I.］における2年生の生徒個人，ならびに学級集団による母語での発話の傾向と特徴を分析する。

第 4 章　文法指導での生徒の発話における「声」の検討

　本章では，中学 3 年生を対象とする文法指導時の自己表現活動において，英語が苦手な生徒 3 人を含む 5 人の生徒が，自作の英文を口頭で発表する際の発話の様相を分析する。自己表現活動とは，一般に外国語授業において自己に関する事柄を，学習者が目標言語を用いて表現する活動全般を指す。一例としては，英語科授業で新たな言語形式として，例えば「仮主語の It（It is … for – to ～）」や「現在完了（経験的用法）」が導入される折に，該当文法事項を用いて生徒が，自分の身の回りの事柄について英語で述べたり，記したりする試みが挙げられる。本章では，Wertsch（1985/ ワーチ，2004）による「個人の精神機能［における］社会的生活［の］起源」（pp.14-15/p. 37）の視座に基づき，自己表現活動で生成される生徒の発話に認められる生活経験の有り様に注目する。そして生徒の学級や部活動，家庭生活の一端をふまえ，これらを理解することにより，各発話における本音や個性としての「声」（Bakhtin, 1986, 1994/ バフチン，1987, 1988a, 1988b）が捉えられると措定して，生徒の「声」の有り様を，教師の認識を参照し検討する。なお，以下で考察対象とする授業の前時には，「仮主語の It」と「現在完了の経験的用法」の導入が既になされており，生徒はこれらの言語表現に主眼を置いた英作文課題を終えていた。本章では，本時の一斉授業で，これらの英作文を生徒自身が発表する際の教室談話の様相を，Bakhtin による「声」の概念を用いて分析する。そして生徒の発話における「社会的生活の起源」を捉え，どのような「声」が表出されるのかを検討する。

第1節　本章の目的

　本章の目的は，文法指導の一環にある自己表現活動での生徒の発話における「声」(Bakhtin, 1986, 1994/バフチン, 1987, 1988a, 1988b) のあり方を捉えることである。文法授業における生徒による発話の様相を検討するにあたって，本章では，「人格としての声，意識としての声 [speaking personality, speaking consciousness]」(Bakhtin, 1994, p.434)，ならびに「著者性 [authorship]」(Bakhtin, 1986, p. 152) の概念に着目する。ワーチ (2004/Wertsch, 2002) は，Bakhtin による「声」が社会的な環境においてのみ存在し，あらゆるものに先行し発話を作り出すと述べている。つまり「社会的生活の起源」が「声」に影響を及ぼすと考えられる。また，人間は対話において「全一的な声」(バフチン, 1988b, p. 263) を発しており，バフチンによれば，「意識は本質的に人間の人格に等しい。それは人間において『我自身』あるいは，『汝自身』という言葉によって定義されるすべてのもの」(p. 261) なのである。したがって教室でのやりとりをバフチンの見解に沿って考えると，教室における生徒の発話には各々「我自身」が込められている。そして生徒の発話におけるこの「我自身」は，換言すれば，生徒各人の個性や本音とみなすことができよう。このように Bakhtin による「声」の概念に即して，生徒の発話における「社会的生活の起源」を捉えることにより，生徒がどのような意識の下で，本音や個性としての「声」を当該の発話に込めているかを考察することが可能となる。

　また Bakhtin (1994/バフチン, 1987) は，言語学と文法の授業においては，「対話的なアプローチをとることはできない」(p. 352/p. 168) と述べる。

　　言葉はまったく客体的に（本質的に物として）知覚されることがありうる。大多数の言語学 [と文法] の諸部門における言葉がそうである。そのような客体的な言葉においては，意味も物化される。このような言葉に対しては，対話的なアプ

ローチ―それは深くアクチュアルな理解のすべてに内在する―は不可能である。それゆえこの場合，理解は抽象的なものとなる。それは言葉のになう生きたイデオロギー的意義―その言葉が真実なのか，あるいは虚偽なのか，重要か，それとも無価値なのか，美しいか，それとも醜悪かといった―から全く切り離されてしまう（pp. 168-169）［Understanding, so conceived, is inevitably abstract: it is completely separated from the living, ideological power of the word to mean – from its truth or falsity, its significance or insignificance, beauty or ugliness］（p. 352）．

　Bakhtin は言語学や文法の授業におけるやりとりは全て，「意味の物化された抽象的な理解」に至ると指摘しているのである。しかしその一方で，Lin and Luk（2005）は，中等教育英語科での文法指導時における生徒の発話の有り様を Bakhtin による「声」や「意識」の概念に基づき，考察している。一例を挙げれば Lin and Luk は，香港の「教育制度における英語という支配権力［The power of the dominance of English in the education system］」（p. 81）下に身を置く男子生徒たちが，持ち前のユーモアや戯れ，そして時に反抗心さえ交えながら，イギリス人女性英語母語話者の教師に対して述べた発話を考察している。結果として，「無意味なオウム返しの練習［mindless parroting practice］」（p. 86）の際にも，生徒が英語のアクセントを多少変化させて自らの「声」を反映させ，「現地の創造性［local creativity］」（p. 77）を展開させる様相を検討している。

　このように Lin and Luk（2005）は，香港の公教育で「英語という支配権力」に生徒が対峙する折に，ふざけたり抗ったりする現実を照射し，彼らの発話の特徴を分析している。そして掲載された教室談話事例には，イギリス人教師が冗談を交えて生徒に対し，"See you in Kowloon Tong［love hotels］"（p. 89）と述べ，生徒が "See you in my room?"，"See you in my bed?" と対話を続ける様相も見られる。しかし授業での規範を考慮し，「知的営為としての談話」（藤江, 2006, p. 55）への視座に基づき，これらの生徒による「声」の有り様を捉えた場合には，香港における「現地の創造性」や

香港人としての生徒による本音が見られる一方で、生徒一人ひとりの個性としての「声」は検討されていない。また、生徒の発話における「声」が、他者の「声」に影響を及ぼす様相も捉えられていない。しかし教室では、一人ひとりの異なる個性豊かな生徒が集団で授業に参加しており、彼らの多様な本音や個性を包摂した発話が談話を構成している。よって教室という社会的文脈の有り様に加えて、生徒各人による発話に影響を及ぼす個別の生活経験を知った上で、発話における「声」の有り様を検討することが求められよう。さらに、生徒の本音や個性が発揮される教室談話の様相を検討して、生徒がどのように英語を学習し、教師が授業でどのように生徒個々人に働きかけ、結果としてどのような「声」を生徒が発するのかを明らかにすることも必要である。

　本章では、したがって日本の英語科授業における文法指導時の5人の生徒による発話のあり方を、「声」の概念に基づき、教師の発話と認識を参照し検討する。

第2節　調査方法

　本章における対象授業と調査手法、ならびに分析手法と分析概念は、以下に示す通りである。

第1項　対象授業と調査手法

　2007年6月中旬〜7月中旬にかけての13日間（合計23校時）に亘り、3年A、B、C組において授業観察を行った。対象授業としては、教師と筆者が協議した結果、教師が重視する自己表現活動場面に注目し、生徒の理解が滞りがちな「現在完了」の理解定着に主眼を置く授業3校時を選定し、談話録を作成した。そして、自己表現活動が実施された7事例を筆者が抽出し、教師に対するインタビューを経て、英語が苦手ではあるが授業に参加している

3名（みのるくん，豪くん，葉月さん）を含む生徒5人の発話を網羅する3事例を，該当生徒による「声」の表出が最も顕著な事例として，教師と筆者が協議し選定した。また，本授業の約8ヵ月後の2008年3月17日に，教師と筆者による教室談話の様相に関する解釈の妥当性を高めるために，みのるくんを含む生徒7名を対象とした任意の自由記述形式による回顧的個別紙面アンケート調査を実施した。アンケートには，各生徒の発話を網羅する複数の談話録を提示し，「あなたはなぜこのように述べたのでしょうか」という問いを含む，共通の5つの設問を記載した。本章においては，筆者らによる解釈の妥当性が保証されたみのるくんによる回答内容を参照した上で，教室談話の様相を考察する。

第2項　分析手法と分析概念

本章では生徒個人の発話における「声」（Bakhtin, 1986, 1994/ バフチン, 1987, 1988a, 1988b）を説明概念としている。各生徒の生活経験に関する教師の認識を参照し，発話生成の社会的文脈を捉え，生徒の発話に見られる本音や個性を「声」と解釈する。日本の中学校における文法指導時の教室談話で，どのような生徒の発話が見られるかについて明らかにすることで，香港と日本における公教育のあり方，さらにはイギリス人英語教師と日本人英語教師による文法指導の有り様や教室談話の様相をめぐり，多くの差異が見出されるであろう。本章では，上記のBakhtinによる文法授業での「対話的なアプローチ」の難しさに関する指摘をふまえ，自己表現活動における教師と生徒間のやりとりを解釈し，生徒各自の「社会的生活の起源」を捉え，発話に見られる「声」の様相を検討する。

第3節　結果と考察

最初に発話生成の文脈について述べ，次に談話事例を提示し，各事例の解

第1項　学校生活を起源とする発話における生徒の「声」

　本項では，生徒2名が学校生活を起源とする発話を述べて，自身の「声」を発揮したり，できなかった場面に着目し，2つの事例を提示する。以下〈事例1〉の前時の授業では，「仮主語のIt（It is ... for‐to ～）」が新出文法事項として提示された。そして本時の始業後まもなく，前時に実施された練習用課題プリントが，生徒の手元に配布された。これら練習問題の答え合わせが生徒全員によってなされ，約11分が経過している。教師は，ここでプリントの裏面に生徒が書いた自作の英文を，口頭で発表する時間を設け，自主的に挙手をした6人の生徒を指名した。以下は，その中でも特に英語が苦手なみのるくんの発話を包含する教室談話録の抜粋である。

〈事例1―英語はつまらない〉2007年7月7日3年C組2校時11m28s‐14m18s「仮主語のIt」
T:　　…… 皆昨日ね，"It ... for‐to～."の文を使って書いてくれましたね．はい，じゃあ，発表してくれる人いませんか？ Any volunteers? はい，木田くん．
木田：It's fun for me to run.(1)
T:　Good. Repeat after me. It's fun for him.
T + Ss: It's fun for him.
T:　to run.
T + Ss: to run. Any volunteers? えー，はい，大塚さん．
大塚：It's fun for me to play basketball.(2)
T:　Good. It's fun for her.
T + Ss: It's fun for her.
T:　to play basketball.
T + Ss: to play basketball.
T:　Any volunteers? みのるくん，どうぞ．
みのる：（一瞬戸惑った表情を浮かべ，3秒の間を置いて） It's boring for me to study English.(3)
T:　Good, but sad. Repeat after me. It's boring for him. …… （以下，省略）
（全事例共通凡例：Tは教師の発話；Ssは複数生徒，Bは男子，Gは女子，Sは生徒一人の発話，11m28sは始業後の経過分秒を示す．下線部は後に考察対象となる発話）

発話 (1)及び(2)は，木田くんと大塚さんによる，自ら3年間専心したクラブ活動についての発話である。事後の教師に対するインタビューによれば，教師は，英語が苦手なみのるくん(3)も前出の二人と同様に，自らが部長であったラグビー部での経験について語るもの，と予測していた（2007年7月・12月）[25]。ちなみに彼が前時にプリントの裏面に記した英文は，① It's fun for me to play rugby; ② It's boring for me to study English. であった（2007年7月・12月）。みのるくんは教師に指名された際に，即答せずに2つの文章をじっと見て，どちらを発表しようかと迷っているかのように見えた。そして教師の予想に反して，彼は"It's boring for me to study English (3)"と述べたのである（2007年7月・12月）。なお，観察校は小規模で全生徒が同一小学校出身者であり，小学校・中学校の9年間を，殆ど同じ仲間と共に過ごす。したがって誰がどのクラブに属し，日々何の活動に打ち込んでいるかといった情報は，各々の生徒にとっては自明となっている（2007年7月・12月）。そして，みのるくんが3年間クラブ活動に熱心に参加していたにもかかわらず，このことを発表しなかった事実をふまえると，彼による独自の瞬間的な意思決定がこの場でなされた可能性が示唆される。

　一方，筆者は，みのるくんによる一瞬の戸惑いを観察中に感知し，この戸惑いの背後にある彼の内なる「意識」を事後に以下のように推し量った：①英語科担当教師を目前にして，英語学習に関する自らの本音を述べることへの躊躇：②誰にとっても自明であった部活動に関する級友の発表を聴く中で，みのるくんが自分の発話により真実味を伴う個性を反映させようと考えていた可能性：③3年間にわたる英語科担当教師とのつきあいを経て，自らの本音としての英語学習に関する忌避感を率直に述べることが，当該教師には許されるであろうと，彼が若干躊躇した後に判断したであろう可能性。筆者が事後インタビューで教師に対し，これらのことについて尋ねたところ，教師

---

[25]　教師インタビューに拠る。なお，全書を通して教師インタビューの回答，ならびに教師コメントを入手した年月を文末の（　）内に付すこととする。

はいずれの可能性もあり得るとした上で，自意識の強いみのるくんであるからこそ，他の生徒とは異なる表現を用いて自らによる本音を述べたいと考えたのではないか，と語った（2007年12月）。そして実際にこの授業の8ヵ月後に実施した，回顧的紙面アンケートの回答に，みのるくんは「他の人とは違うことが言いたかった（2008年3月）」と記した。つまりこの場面においてみのるくんは，敢えて英語学習についての自身の真意を意識的に発言したと考えられる。英語が苦手なみのるくんが，級友とは異なる表現を用いて，本音や個性を発話に込めて述べることに挑んだと解釈できる。他生徒によるクラブ活動情報の提示のあり方と教師による生徒理解の有り様，ならびにみのるくん自身による認識を，教室や学校における社会的文脈と併せて考慮することにより，みのるくんの発話における「声」の有り様が捉えられるのである。そして，この授業においては，文法事項は学習の対象であるのみならず，生徒の「声」を伝える手段となっており，教師が文法事項を用いて，生徒の「声」を引き出そうとしていることが示唆される。

　続く〈事例2〉においても，「社会的生活の起源」としての学校生活の一端が反映された，教室談話の様相が見られる。教師は前時に扱った「現在完了（経験的用法）」導入時の英文を，復習場面で再提示した。例文は，以前に教室で授業中に学級全員で見上げた「虹」についてである。教師は，雨上がりに生徒全員で教室から見上げた「虹」を題材とすることにより，「想像上ではない，実際の生きた英文に出会うことにより，生徒による学習が促進され，英語の理解がより進む」という信条により，下記のようなやりとりに生徒を誘ったという（2007年12月）。生徒による「現在完了（経験的用法）」の理解定着が志向される際の談話である。

〈事例2―虹は見たことない〉2007年6月13日，3年A組4校時08m00s-10m34s「現在完了」
教師が目標文の復習と練習を兼ねて，絵を何枚か提示した．
T: …. So, do you remember this picture?（教師は虹の絵を提示） So please look at this

picture. Please make a sentence. Have you? Any volunteers?（一人の生徒が発言し，教師の音声に続いて全生徒による口頭練習がなされた）Please answer my question. Have you ever seen a rainbow, 豪（ごう）くん？
豪：何？＜すばやく＞
T: Have you ever seen a rainbow?
豪：No.
T: No, I.
豪：I haven't.
T:　**Really?（4）**
豪：えっ？
T:　Really? ＜真偽を確かめるためにイントネーションを強調しながら＞ (5)
豪：Really. ＜下降音調でゆっくりはっきりと＞
T: So, please make a sentence. I have never seen, 豪くん. I have never seen.
豪：I have never seen.
T:　もうちょっとはっきりちゃんと，I have never seen.
T ＋ 豪：I have never seen.（6）
T:　a rainbow.
豪：a rainbow.（7）
T:　Good. Now repeat after me. He has never seen.
T ＋ Ss: He has never seen.
T:　a rainbow.
Ss: a rainbow. ……（以下，省略）

　豪くんは，学校を欠席しがちな生徒であり，生活指導上の配慮を要する生徒である（2008年11月）。教師が指名した際に，彼はちょうど後部席の生徒とことばを交わしており，教師によれば彼への英語での発問は，授業運営[classroom management] 上の生徒指導の一環にあったという（2008年11月）。しかし豪くんは，教師の問いかけに対しすみやかに母語で応答した。なお，筆者が参観した全23校時の中で，教師による指名を伴う英語での問いかけに対し，生徒が母語で応答する場面はここだけであった。したがって，この教師による英語科授業で通常規範とみなされる談話形式に，豪くんが必ずしも則っていない可能性が指摘できる。
　教師は，(4)と(5)の発話において二度，"Really?"と尋ねた。授業中に教

室から皆で「虹」を見上げたにもかかわらず，なぜ豪くんが「虹を見たことがない」と述べたのかが，教師にはすぐにわからなかったのである（2008年11月）。しかし豪くんが学校を休みがちであるという事実に教師はまもなく気づき，もしかしたら彼が欠席の日に皆で「虹」を見たのかもしれないと推察するに至った（2008年11月）。教師は，「豪くんに発話(6)，(7)を強要しながら，彼の発話における真意を瞬間的に汲み取ることができなかったことを，申し訳なく感じていた（2008年11月）」と述べた。つまり教師は，豪くんによる「えっ？」という戸惑いや"Really."という発話における彼の真意を，即座に聴き取れなかったことを，すまなく思っていたのである。一方の豪くん自身は，教師の述べるように「教室で授業中に見た虹」を知らなかった可能性がある。また，英語が苦手であることに加え，学校を欠席しがちな豪くんには，授業中に友人とことばを交わさず，教師の指示に従い静粛に課題をこなすという規範意識さえ乏しく，忠告や処罰の一環にある教師による英語での発問に，気づかなかった可能性も指摘できる。したがってこの事例からは，「教室で見た虹」という学校生活における社会的文脈に加え，欠席の多い豪くんの存在を再認識した教師の本音をふまえることにより，豪くん自身が，彼の本音としての「声」を発話に込めることができなかった可能性が示唆され，教室談話の複雑な様相を描出している。

第2項　家庭生活を起源とする発話における生徒の「声」

次の〈事例3〉においては，生徒3名が自らの家庭生活に基づく発話を述べて，自身の「声」を発揮している様相が見られる。以下の談話録は，前時に「現在完了（経験的用法）」に関する説明がなされ，本時には教師が，自己表現活動の一環として，自作の英文を発表する意思を示した生徒を，指名する場面からの抽出である。

〈事例3―流れ星は見たことない〉2007年6月18日3年A組2校時30m13s-34m07s
「現在完了」
T: .... では，発表してください．Any volunteers? 大吾くん．
大吾：I have made *okonomi-yaki* many times.(8)
T: Good. じゃあ，皆で言ってみましょう．Daigo has made.
Ss + T: Daigo has made.
T: *Okonomi-yaki.*
Ss + T: *Okonomi-yaki.*
T: many times.
Ss + T: many times.
T: じゃあね，「一度もやったことがない」っていうことで書いてくれた人は発表してください．えー，葉月さん，どうぞ．
葉月：I have never seen shooting stars.(9)
T: Good. Shooting stars. What are shooting stars in Japanese? Shooting stars mean?
亮：流れ星．
T: うん，流れ星だよね．じゃあ皆で言ってみましょう．Hazuki.
Ss + T: Hazuki.
T: has never seen.
Ss + T: has never seen.
T: shooting stars.
Ss + T: shooting stars.
T: はい，じゃあ，詩織さん？
詩織：I have never picked up chestnuts in fall.(10)
T: うん．Picked up, 何だろう．Picked up.
Ss: ....
T: Chestnuts, 何だろう？ In fall, in fall, some people pick up chestnuts. They are umm... very good. In French chestnuts are *maron*. What are *maron* in Japanese?
興毅：くり．
T: うん，くりね．くりひろいをしたことが一度もない，っていう表現ですね．皆で．Shiori has never.
Ss + T: Shiori has never.
T: picked up.
Ss + T: picked up.
T: chestnuts.
Ss + T: chestnuts. ....（以下，省略）

　　3人の生徒による発話(8), (9), (10)には，各々による個性としての

「声」が反映されている。そして教師はこれらの発話を，以下のように顧みている。葉月さん (9) による「流れ星」に関する指摘からは，"shooting stars"という未習の語彙を英語が苦手な彼女が述べたことへの驚きと，葉月さんの豊かな情緒と感性を認めた上で，「葉月は絵を描くことが得意な，おとなしいロマンティックな人柄の持ち主である」という，生徒理解をここで一段と深めている（2008年7月）。加えて教師は，大学の山岳部時代に，山頂で瞬く流れ星に幾度となく目を奪われた自身の経験を述懐しながら，彼女の発話を聴いていたという（2008年11月）。そして英語が苦手でありながらも，未習の語彙を用いて発表した葉月さんのまじめさを教師は評価している。

また，大吾くん (8) による発話を聴いた際に，教師は台所でお好み焼きを作る大吾くんの姿に思いを馳せ，思わず笑みがこぼれたと述べた（2008年7月）。教師はこの学級の担任として，大吾くんの母親を知っており，専業主婦として隅から隅まできちんと，日々家事全般を取り仕切るかのような大吾くんの母親が，息子に料理をさせることがあるのだということを知り，意外だったと述べている。そして料理自慢を語る大吾くんの天真爛漫さに，心温まる思いを抱いていたという。

続く詩織さん (10) の発話に関しては，教師の脳裏に2つのことがよぎったという（2008年7月）。一つは，詩織さんが未習の"chestnuts"や"pick up"という語彙や連語を知っていたことへの喜びと賞賛の気持ちである。もう一方は，生徒たちと同年代である教師の2人の子どもが，保育園に8年間連続して通った経験に拠るという。秋になると自身の子どもたちが，園生活において幾度となく栗拾いをしていたという事実から，栗拾いは，誰もが幼児期に経験するものであると教師は潜在的に捉えていたため，「栗拾いをしたことがない」という詩織さんの発言を意外に感じた，というものであった。そして教師は，英語が得意な詩織さんとの間で真正な［authentic］やりとりが成立したことに，満足感を覚えていたという。このように教師は，生徒の発話における文法的な正誤のみならず，生徒自身の家庭生活を含む「社会

的生活の起源」に思いを馳せて，生徒の個性豊かな「声」を聴いていたと考えられる。さらに，教師が自身の家庭生活を介して，生徒の発話における「声」の有り様を解釈していることが示唆される。

第4節　総合考察

　本節では，今一度〈事例1～3〉の教室談話に関する解釈を総括し，生徒の発話における「声」の様相を検討する。3つの事例は，生徒5人の発話が包摂する「声」が一様ではないこと，ならびに各々の発話が個人の「社会的生活の起源」に則っていることを示している。以下では，教師がどのように生徒の「声」を聴いていたかに着目し，自己表現活動を介した文法授業のあり方について論ずる。

　〈事例1〉においてみのるくんは，教師の予想に反して，"It is boring for me to study English（3）"と述べた。教師は事前に，彼が3年間専心したクラブ活動への自負心を述べることによって，彼なりの「声」を発話に託すと予想していた。しかしみのるくんが友人とは別のことを言おうと，苦手な英語学習についての本音を述べていたことから，このみのるくんの発話には，彼の個性と本音が反映されていることがわかる。そして，同時に「英語の授業をつまらない」と評することは，教師による生業の否定も含意しており，教師にとってみれば，みのるくんの真意が語られたものの，必ずしも美しさを帯びる表現にはないと解釈できる。また，他生徒がクラブ活動に関して発言する中においても，みのるくんは彼らに同調しなかった。つまり，友人や教師が介在する教室や所属するクラブ活動という社会的文脈に加え，彼が英語の苦手な生徒であるという事実を併せて考慮することにより，みのるくんの発話における「声」の有り様が示唆される。

　続く〈事例2〉の場面において，教師は生徒の発話における真実のみならず，「虹」が付随する美しさの追究も同時に企図していた。しかし学校を欠

席しがちな豪くんと共に，このことを実現することはかなわなかった。そして，授業中に全員で眺めた「虹」という社会的文脈を考慮し，教師の本音をふまえることにより，欠席の多い豪くんによる本音としての「声」が授業では見られず，豪くんの発話における「社会的生活の起源」を教師が，即座に捉えることができなかった可能性が示唆された。一方，〈事例3〉の生徒3人による発話は，真実ならびに美しさの双方を含意していると解釈できる。生徒は，美しさを伴う表現を用いて，自らの家庭生活における実体験の有無について語っている。そしてさらにそれぞれの発話を聴いた教師が，自身の経験に思いを馳せながら生徒の社会的文脈と照合させて，各自の個性としての「声」を解釈し，生徒理解をより深めていることが示唆される。

　5人の生徒による発話は，いずれも目標言語表現に即した適切な文章によっている。しかし同時に，生徒個々人が所属する教室環境，部活動，学校生活，家庭生活という「社会的生活の起源」をふまえることで，各自の発話における本音や個性としての「声」がどのようなものであるのかを，より多角的に解釈できる。教師は文法授業において，「無意味なオウム返しの練習」(Lin and Look, 2005, p. 86)としての"pattern practice"[26]を繰り返す折にも，自己表現活動を取り入れることにより，生徒が発話に独自の「声」を響かせることを志向していたと考えられる。なお，Bakhtin (1994) は，文法の授業では「対話的なアプローチをとることはできない」(p. 352/ バフチン，1987, p. 168) と述べている。しかし本章では自己表現活動における教室談話の検討により，「声」の交流を図る教師の試みをふまえ，生徒独自の本音や個性としての「声」の一端を捉えている。実際に教師は，教室における社会的文脈を考慮し，自らの社会的文脈に各生徒の発話の意味を照合させ，発話における「声」を解釈しようとしていたことが示唆される。

---

[26]　Pattern Practice とは，「モデルとなる文の模倣・反復練習をした後で，教師の指示に従って，モデルの構成要素を入れ替えたり，拡張したりして行う文型練習」(白畑 et al., 2002, p.225) のこと。

なお，一般に英語の授業では，語彙や文章の構造を尋ねる設問に対する正答が，概ね限定される。また授業で文法や語彙についての知識が問われる際には，既習事項に関する自らの理解の度合いを応答に付与して述べることが，生徒には求められる。同時に，文法や語彙学習においては解答の正誤が明示的に表されることも多く，英語が苦手な生徒にとっては，自らの「声」を反映させる機会自体が限られる。自らの個性や本音を応答に込めることが，英語の苦手な生徒にとっては難しいと言える。しかし〈事例1，3〉の生徒は，中学3年生なりの英語運用能力という限界を抱えながらも，定型表現を用いて自らの「声」を発話に託し，文法指導時の談話に参加していた。さらに，英語が苦手なみのるくんや葉月さんが発話に「声」を込め，授業への参加を志向する様相も捉えられた。したがって「対話的なアプローチはとることができない」(Bakhtin, 1994, p. 352/ バフチン，1987, p. 168) と言われる文法授業においても，教師は，型にはまらないもう一つの「アプローチ」を模索していると考えられる。また，授業における規範のあり方を考慮すると，この教師による教育実践は，真理と審美性を尊び，生徒による自分らしさに満ちた，「声」の交流を企図する試みと捉えられる。つまりこの授業では，教師と生徒との間で「知的営為としての談話」(藤江, 2006, p. 55) が展開されていると解釈できる。教師が定型表現による作文発表を生徒に課すことで，生徒の「声」の交流を歓迎し生徒を正答へと誘いながら，対話を主導していることが示唆される。加えて教師は，生徒の発話における正誤のみならず，生徒自身が属する社会的文脈を考慮した上で，生徒による独自の「声」に耳を澄ませ，吟味と解釈を重ねてさらなる生徒理解に努めていると考えられる。

　本章では，文法指導時の生徒による発話内容と発話生成の文脈を捉えることで，英語授業で生徒の本音や個性がどのように発話に表出されるかを，自己表現活動時の教師と生徒間の対話を検討することにより明らかにしている。実際に当該生徒に対して直接，授業中の認識を後日尋ね，筆者らによる教室談話の解釈妥当性が担保された事例が検討できた反面，このことが可能で

なかった事例も提示されている。よって，今後は可能な限り多くの参加者の認識を対象とした調査の実施が求められよう。また文法授業では，自己表現活動以外にも多くの学習活動や学習課題が存在し，多様な対話形式が見られる。加えて，「英語の授業では文法が一番わからない」(ベネッセ教育研究開発センター，2009)という，全国の中学生による真実の切実な「声」も報告されている。したがって，文法授業での教室談話を，より多角的に検討することが求められている。このことについては，続く第Ⅲ部の第6章と第7章において，改めて詳細に論ずる。

第5章　コミュニケーション活動での生徒による母語での「つぶやき」の検討

　前章では，文法指導での生徒の発話に見られる生活経験に着目し，発話における本音や個性としての「声［voice］」の有り様を検討した。本章では，文法指導と対立的にみなされることの多いコミュニケーション活動の一環にある授業実践を取り上げ，そこでの生徒による「つぶやき」の様相を，「つぶやき」に認められる生活経験に注目し検討する。既述のように本書では，研究協力者教師が1997年以降の教育実践を通して，生徒の自発的な「つぶやき」を授業で活用していることに着目している。さらに，教室で多様なニュアンスを含意して発せられる「つぶやき」を，理論的には「探索的な発話」(Barnes, 2008) と，独り言としての"private speech"［PS］の双方を含む，"murmured speech"と同定している。したがってこれらのことを加味し，本研究では，生徒による挙手や教師による指名を経ない，授業内容に関し再生可能な音量で述べられ，他者により応答されたりされなかったりする生徒の自発的な発話全てを，"murmured speech"としての「つぶやき」と定義し，以下の全章を通じて「つぶやき」と略記する。

　一方，第二言語の内化と習得の契機としてのPSの機能に着目したOhta (2001) は，成人第二言語学習者全員にマイクの装着を依頼し，マイクでのみ録音可能な小音量の目標言語によるPSの特徴を縦断的に検討した。そして外国語授業における子どものPSに関する知見が少ないことから，成人学習者と比較した場合に，恐らく母語でのPSが多くなると予測している。しかし，中学校の授業で長期に亘って生徒個人の音声を記録することは，倫理的な問題をはらむことに加え，既述のように一斉授業における生徒の「つぶやき」をPS，または「探索的な発話」に二分することは難しい。そこで本

章では，研究協力者教師による1年間の授業を照射し，教師と生徒，ならびに生徒間でのやりとりにおける生徒の「つぶやき」のあり方を捉える。そしてOhtaが問うている言語占有率の傾向を明らかにした上で，コミュニケーション活動としてのO. I. 実践における，母語での「つぶやき」の様相を検討する。

第1節　本章の目的

　本章の目的は，内容重視のコミュニケーション活動としてのO. I. 実践における，生徒個人・集団による「つぶやき」の傾向と特徴を捉え，母語で発せられる「つぶやき」に焦点をあてて，教室談話の様相を検討することである。

　なお，本研究におけるO. I. は，「研究協力者教師が検定英語教科書の題材を批判的に読み，目前の生徒の実情に即した内容を英語で語り，生徒との双方向的なやりとりを経るoral interactionとしての口頭導入」と定義されている。実際にO. I. の有用性として，生徒が聞く英語入力量と，その意味内容の再生による出力の機会を保障し得る利点（村野井，2006）が指摘されている。そして日本では，多くの中学・高校英語教師によってO. I. が実施され，多数の実践報告（e.g., 木村，2005）が残されている。しかしO. I. 時の教室談話分析は殆どなされておらず，そこでの相互作用が実際にどのように展開され，教師または生徒による発話がどのようなものであるかについては，明らかにされていない。したがってO. I. の有用性が注目され，多数の教育実践がなされる実情をふまえ，やりとりの様相について検討することが求められている。本章においては，O. I. 時に生徒が発する「つぶやき」に着目し，「つぶやき」が構成する教室談話の様相を検討する。なお，この試みは，1998年以降の『中学校学習指導要領外国語』で謳われる，「実践的コミュニケーション能力」の育成に即した教育実践に関する，実証［empirical］研

究の一環にある。

　本章では,「つぶやき」は一人ひとりの異なる生徒によって発せられ，一つとして同じものがなく,「つぶやき」には生徒各人の個性や本音としての「声［voice］」(Bakhtin, 1986, 1994/ バフチン，1986, 1987a, 1987b）が込められていると解釈する。また，生徒の「つぶやき」おける「声」が，他生徒による「つぶやき」や教師の発話と連鎖して,「声の対話性…多声性［multivoicedness］」(Wertsch, 2002, p. 2/ ワーチ，2004, p. 30）が生成されると考える。加えて，教師や生徒の発話に認められる生活経験が，発話における「声」に影響を及ぼすと措定し，学級における生徒の人間関係や家庭生活は，「社会的生活」の端緒をなすと解釈する。そして，O. I. における教師の発話と生徒による「つぶやき」の傾向を捉えて，母語での「つぶやき」の有り様をふまえ，教室談話の様相を検討する。

第 2 節　調査方法

　本章における対象授業と調査手法，ならびに分析手法と分析概念は，以下の通りである。

第 1 項　対象授業と調査手法

　2008年 4 月初旬～2009年 3 月下旬にかけての19日間（合計45校時）， 2 年 A, B, C 組において授業観察を行った。対象学級としては，年度当初の 4 日間 2 年生全 3 学級12校時において，生徒による「つぶやき」の頻度が最多と教師と筆者が合意した， 2 年 A 組（33人学級：男子18人；女子15人）を選んだ。対象授業には，教師が2008年度 2 年次の各学期において最長とみなす O. I. が実施された 3 校時（2008年 7 月17日 "Ainu"；12月10日 "Ratna Talks about India"；2009年 3 月13日 "Landmines and Children"）を選定した。筆者の観察データと，教師が装着した IC の音声記録より，該当授業 3 校時分の談話録が作

成された。教師が後日談話録に感想やコメントを記載し，教師を対象とした対話的なインタビューが，筆者により複数回実施された。

　上記のデータに加え，毎学期末に教師が全生徒を対象に実施する，授業アンケートの回答を筆者が入手した。さらに教師と筆者による解釈の妥当性を高めるために，調査対象学級2年A組で年間における「つぶやき」の総数が上位9名の生徒に対する，任意の自由記述式回顧的個別紙面アンケート調査が2009年7月17日の放課後に実施された。アンケート紙面上には，各生徒の発話や「つぶやき」を網羅する複数の談話録が提示され，生徒自身の記憶（e.g.,「あなたはこの時のことを覚えていますか」）や認識（e.g.,「あなたはなぜこのようにつぶやいたのでしょうか」）を尋ねる，共通10設問の自由記述欄に回答してもらった。事後に談話録とアンケートへの回答を比較し，筆者が教師にインタビューを実施した。

第2項　分析手法

　上記3校時の談話録からターン回数に基づき，教師の発話数と再生可能な音量の全生徒による「つぶやき」の回数を算出した。そして，外国語授業での子どもによるPSの言語占有率を明らかにする必要性（Ohta, 2001）をふまえ，①教師の発話と「つぶやき」の総数，②言語占有率，を抽出した。さらに，③教師の英語による発話の用途を，「発問：応答・説明」に，生徒による英語での「つぶやき」を「復唱：応答」に大別し，各々の頻度を抽出した。また，④教師による英語での発問形式を，(1) 3類型（Yes/No 発問：Wh- 発問：その他）に分け，並行して全発問を再度，(2) 2類型（教師が生徒の応答を予測して尋ねるテスト［test］発問；教師が生徒の応答を予測せずに真意を尋ねる真正な［authentic］発問）に区分し，各々の頻度を明らかにした。なお，(2)の手続きに関しては，教室談話録における教師の発問に対する生徒による応答の様相をふまえ，教師自身に授業中の認識や意思決定のあり方について，インタビューで確認し，テスト発問と真正な発問に分類した。

続いて教室談話録から，同一の話題に関して，1分あたりの生徒による母語での「つぶやき」の回数が最多であった5つの事例を選んだ。そして5つの事例の中でも，教師の発話1回に対し，生徒による母語での「つぶやき」の頻度比率が最大（〈事例4〉1対2;〈事例5〉1対2.3;〈事例6〉1対1.8; 平均1対1.2）である3事例を選定した。また，本章では，英語が苦手ではあるが対話に参加しており，「つぶやき」の回数が学級内上位6番目の，花井くんによるアンケートへの記述内容を一部抜粋し参照した。以下では，筆者らによる「つぶやき」の解釈の妥当性を高めるために，アンケートの回答内容を必要に応じて参考にした上で，事例を検討する。

第3節　結果と考察

最初に，対象学級でのO. I. における発話量と「つぶやき」の傾向をつかむために，発話数と言語占有率を提示し，教室談話事例を示す。

第1項　発話数と言語占有率

対象授業3校時のO. I. 実践における該当学級での発話傾向は，以下に示す通りである（表3）。

表3は，「つぶやき」を発した全生徒による発話総数が，教師の発話数を

表3　教師の発話と生徒の「つぶやき」の回数及び言語占有率

	教師	全生徒14名
①頻度（総ターン数861回）	396回 46%	465回 54%
②言語占有率（英語／母語）	71% ／ 29 %	21% ／ 79%
③英語使用の用途と頻度（回）	発問　　　　111 応答・説明　172	復唱　28 応答　69
④教師英語発問形式（111回）：(1)① Yes/No 発問 22; ② Wh- 発問 70; ③他19; (2)発問の種類（回）①テスト［test］発問107; ②真正な［authentic］発問（What kind of images do you have from hearing …?）4		

上回っており（①），教師による O. I. での発話の約7割が英語でも，全生徒による「つぶやき」の約8割は母語に拠ることを示す（②）。

第2項　教室談話事例と解釈

本項では，3つの談話事例における生徒の母語による「つぶやき」の特徴を分析し，教室談話の様相を検討する。最初に，教室における発話生成の文脈を，教師による授業観と共に提示する。

(1) 生徒間で発せられる「つぶやき」

以下の〈事例4〉ならびに〈事例5〉は，2学期 "Ratna Talks about India" の授業談話から抽出している。教師は「インド」を英語の授業で扱うにあたり，教科書本文に記載されている多文化・多言語の実情（see 付録）のみならず，インドとイギリスの関係を視野に入れ，言語権・文化権の重要性についても触れたいと考えた。また中学2年生という反抗期最中の生徒の発達段階を考慮して，「非暴力」，「不服従」を唱えたインド独立の父，M. ガンジーも取り上げた（2008年12月）。Gandhi は生徒が3年生になって学習する Martin Luther King, Jr. に影響を与えた人物でもある。O. I. の冒頭において，教師の夫がインドに旅行した旨が語られた後，話題がガンジーへ移った。

〈事例4―Gandhi と鑑真〉2008年12月10日 2年 A 組 1 校時 03m39s-05m58s "第6課 Ratna Talks about India"
T:　（教師がサリーをまとった M. Gandhi のピクチャー・カードを提示する。）**Who is this man? (11)**
Ss:　Gandhi.
大城：Gandhi.
藤村：Gandhi.
T:　Gandhi, good. He respects…, my husband respects him.
大城：えっ，Gandhi? (12)〈上昇音調で〉
山下 + Ss: Gandhi?

T: Gandhi.
大城：あぁ，Gandhi.（13）〈下降音調で〉
T: In Japanese, ガンジー.
山下：ガンジーってだれ…？（14）
小笠原：ガンジーってだれ…？（15）
香山：だれ？（16）
前川：ガンジーってインドの人でしょ？（17）
山下＋香山：へぇー….（18）
T: うーん，そう．
大城：鑑真じゃないの？（19）
T: 鑑真は，えー，あの，とても有名なお坊さん．
大城：え，知ってる．
小笠原：それは知ってる．
T: ね，うん．Gandhi…, so Gandhi worked very hard to make India an independent country.（以下，省略）

　〈事例4〉冒頭において教師は，サリーをまとったガンジーの写真を提示して，"Who is this man？(11)" と尋ねた。複数の生徒が "Gandhi" とつぶやく。直後に大城くんがまず，「えっ，Gandhi?（12）」と上昇音調でつぶやき，他生徒の「つぶやき」や教師の発話を聴いて，「あぁ，Gandhi（13）」と下降音調で復唱した。さらに山下さん(14)や小笠原くんら(15)～(18)の「つぶやき」を聴いた直後に，大城くんが「鑑真じゃないの(19)」とつぶやいた。サリーをまとったガンジーの写真を眺めながらも，教師が口頭で述べた "Gandhi" という英語の音声に誘われるままに，大城くんは「鑑真和上」に思いを馳せたのであろう。この「つぶやき」は，他者に対して発せられたとも，独り言として発せられたとも双方の解釈が成り立ち，両義的である。また，この大城くんの「つぶやき」は，「ぼくが思うにGandhiって鑑真じゃないの」という表現にも換言でき，思ったことを直感的につぶやく彼の姿が想起される。つまり，大城くんによる母語での「つぶやき」は，彼自身の思考を示す道具（Antón and Dicamilla, 1999）となっているとも解釈できる。
　なお，生徒たちによるこの「Gandhiと鑑真」の混同は，2年生全3学級

において一律に認められている（2009年8月）。加えて実際に，この授業から2年を経た2010年12月に，研究協力者教師が現任校の中学2年生を対象に，同じ"India"を扱う授業においてO. I. を実施した際にも，生徒による「Gandhiと鑑真」の混同は見られた。よってこの現象が，当該校や当該区域の生徒に限るものではない可能性が示唆される。このことから，中学2年英語科の授業における"Gandhi"という新たな情報への接近を志向する際に，生徒が社会科の既有知識を顧みる傾向にあると考えられる。そして，大城くんが発した「つぶやき」に見られるように，「Gandhiと鑑真」を混同していた生徒が大城くん以外にも存在する可能性，ならびに彼の「つぶやき」を含む多層的な教室談話により，"Gandhi"に関する情報が生徒間で共有された可能性が指摘できる。

また，前川くんによる「**ガンジーってインドの人でしょ(17)**」という「つぶやき」は，ガンジーが誰かをめぐって疑問を呈す仲間（i.e.,「**ガンジーってだれ…(14)**」；「**ガンジーってだれ…(15)**」；「**だれ(16)**」）に対して発せられたものとみなし得る。そして前述した大城くんの「つぶやき」同様に，彼の「つぶやき」には，「ぼくが思うにガンジーってインドの人でしょ？」という前川くん自身の思考が反映されているとも考えられる。前川くんの「つぶやき」を聴いて，山下さんらが「**へぇー…(18)**」と述べていることから，この「**へぇー…(18)**」は前川くんの「つぶやき」への応答として発せられたとも解釈できる。ここにおいても生徒の思考に基づいた「つぶやき」が発せられ，累積的な「つぶやき」の様相が示唆される。

なお，既述のように，〈事例4〉における大城くんと前川くんという二人の生徒の発話に着目すると，二人の「つぶやき」には，「**鑑真(19)**」；「**インドの人(17)**」という彼らの既有知識が認められる。加えて，これらの「つぶやき」は彼ら自身の思考の一端を反映しており，この談話事例における中心的な機能を果たしているとも解釈できる。なお，教師へのインタビューによれば，二人は学級内において発言数を競い合う仲の良いライバル同士である

第 5 章　コミュニケーション活動での生徒による母語での「つぶやき」の検討　117

という（2008年7月）。実際に各生徒による「つぶやき」の回数をめぐっては，大城くんによる「つぶやき」の総数が学級内最多であり，前川くんの「つぶやき」の総数は3番目に多い（see 第8章表7）。したがって彼らの「つぶやき」における本音や個性としての「声」が，多層的な教室談話の中核を担っているとも解釈できる。同時に，ライバル同士である二人の人間関係に端を発した「声」と「声」の連鎖が，多層的な教室談話の生成に影響を及ぼしているとも考えられる。〈事例4〉はこのように，発言数を競い合う二人の生徒が自己を顕示して，多くの「つぶやき」を発していたことを示唆している。

⑵　英語が苦手な生徒によって発せられる「つぶやき」

　〈事例5〉は，〈事例4〉直後の場面から抽出されている。教師が提示したインド土産のガネーシャの木彫をめぐって，学級における生徒間の対話が生起した。当時放映されていた『夢をかなえるゾウ』というテレビ番組が契機となり，生徒が「ガネーシャ」という正式名称をつぶやく場面である。

〈事例5─ガネーシャ〉2008年12月10日 2年 A 組 1 校時06m15s-07m52s "第6課 Rat-
　 na Talks about India"
T:（教師がガネーシャの彫像を生徒に見せる。）Can you see this?
<u>前川：埴輪.（20）</u>
大城：はい，残念だったな.
T: Can you see this?
西山：見えない。
<u>山下 + Ss：象.（21）</u>
香山：あれ，何だっけ.
小笠原：こっち，持ってきて.
<u>大城：は，象じゃねーし，マンモスだし.（22）</u>
香山：象だよ。横から見たらわかる.
大城：手，たくさんあるべ.
T: Not 埴輪.
小笠原：何だっけ.
西山：何だっけ.
<u>花井：夢をかなえる....（23）</u>

大城:『鳥になったゾウ.』(24)
T: （教師はガネーシャを手にして教室をまわり，生徒の反応を20秒ほど見守る.） So…, he bought this, he bought this for his mother.
花井＋鍋田:ガネーシャ.(25)　〈ほぼ同時〉
T: おっ.(26)よく知っているね.
Ss: ….（不明）
T: ガネーシャ. 何で知ってんの？　何で今わかったの？(27)
鍋田:テレビでやってる.
大城:『星になったゾウ』.
T: ああ，テレビでやってるの？ ガネーシャの？（以下，省略）

　教師がガネーシャの木彫を掲げると，生徒は次々に独自の思考（i.e.,「埴輪(20)」;「象(21)」;「は，象じゃねーし，マンモスだし(22)」）をつぶやいた。教師はガネーシャの彫像を手に持って室内を歩き，生徒の反応を見守っている。彫像を提示してから約40秒が経過した際に，花井くんらがほぼ同時に，「ガネーシャ(25)」とつぶやいた。花井くんは英語が不得手な生徒である（2008年12月）。しかし彼は個人アンケートに「ガネーシャはその時期にやってた［sic］ドラマのキャラだし，画像で見た事がある（2009年7月）」と記しており，自らの生活経験を起源とする発話を述べて，授業に参加していると解釈できる。また，教師はガネーシャという正式名称が，生徒から発せられるとは事前に予測しておらず（2008年12月），「おっ(26)」と驚きを顕わにしている。そして，彼らが正答を知っている理由を尋ねており(27)，当時放映中のテレビ番組名『夢をかなえるゾウ』が，複数の生徒によって語られるのである。実際に花井くんと大城くんは，番組名を想起した「つぶやき」（『夢をかなえる…(23)』;『鳥になったゾウ(24)』）も発している。こうしてガネーシャの実物を前に，個々の生徒による発想に即した「つぶやき」が連鎖し（「象(21)」「象じゃねーし，マンモスだし(22)」），やりとりがさまざまな「声」に満ち，対話が多層的になっていったことが示唆される。

　なお，〈事例5〉は，テレビ番組名のような生徒の日常生活における一こまが，授業での「つぶやき」に活かされる場面を示している。また，前述の

〈事例4〉において，生徒が社会科で学習した「鑑真和上」を想起し，自身の知識に基づく思考を述べていることを併せて考慮すると，「つぶやき」には他教科での既有知識や家庭生活といった，「社会的生活」の一端が反映されるとみなし得る。そして，これらの「つぶやき」は英語で発せられずに，母語で発せられる。母語での「つぶやき」が，自身の思考を示す道具（Antón and Dicamilla, 1999）として機能しているとも解釈できる。したがって生徒の母語による「つぶやき」を検討することにより，「つぶやき」に込められた生徒の「社会的生活」が捉えられ，各自の本音や個性としての「声」の解釈が可能となろう。さらにこのことは，外国語教育における教室談話分析に際し，母語での発話のあり方を検討する必要性を示唆している。なお，〈事例5〉では教師が想定していなかった応答を，生徒が発する様相も見られる。「つぶやき」に込められた生徒たちの「声」により，やりとりが多層的になる中で，ガネーシャに関する知識構築が教師と生徒の間で協働的になされていると考えられる。

　さらに，生徒の母語での「つぶやき」の有り様を検討するにあたり，今一度ここで，花井くんの「つぶやき」に注目したい。花井くんは，3年次7月に実施した個人アンケートにおいて，自らの1年次～3年次までの英語科授業での姿を，「最近は寝る回数は，へってきてるけど，授業内容がわからなかったり，寝むかったり［sic］する時は，寝ることがある。最初の時よりは，楽しくなってきた」と顧みている。実際に，中学1年次の英語担当教員によると，花井くんは難しい家庭環境に育ち，昼夜逆転の生活から授業中に寝ることが多く，「ゲームばかりやってる」と級友に嘲笑されていたという（2008年12月）。花井くんは，規則正しい生活を送ることがままならない生徒なのである。しかし2年生になって英語科担当教員が本研究協力者となり，2学期〈事例2〉には，「ガネーシャはその時期にやってた［sic］ドラマのキャラだし，画像で見た事がある（2009年7月）」という生活経験に基づいた，授業の鍵ともなる「つぶやき」（「ガネーシャ（25）」）を発した。また彼は，教

師が授業で展開するO. I. についての見解を個別紙面アンケート上で尋ねられた際,「授業に関する,雑学みたいのを聞くのは好きです（2009年7月）」との感想も寄せている。さらに,当該の33人学級では,14人の生徒による「つぶやき」が発せられており,花井くんの「つぶやき」の年間合計総数は学級内上位6番目である（see 第8章表7）。そして教師によれば,これら14人の生徒の中には,花井くんのように英語が得意ではない生徒が含まれているという（2009年4月）。

このように,この教師によるO. I. 実践においては,英語が苦手な生徒が「つぶやき」を発することにより,授業参加が可能となることが指摘できる。そして花井くん同様に,英語の不得手な複数の生徒が,母語で「つぶやき」を発していると想定すると,英語が苦手な生徒でも自らの既有知識に基づく母語での「つぶやき」を発して,学習に参加している可能性が示唆される。また,花井くんによる「つぶやき」に見られるように,生徒14人が独自の経験や知識に基づき思考を込めて「つぶやき」を発し,仲間がその「つぶやき」を聴き,自らの思考を反映させてさらなる「つぶやき」を発すると解釈すると,教室談話の多層性が示唆される。そして,表3が示すように,生徒による「つぶやき」が教室談話全体の54％を占め,教師による発話の約7割が英語でも,生徒による「つぶやき」の約8割は母語で発せられる事実をふまえると,O. I. 実践における英語と母語を交えての,教師と生徒間での双方向的なやりとりの成立が認められる。

(3) **生徒集団**によって発せられる「つぶやき」

〈事例6〉は,3学期 "Landmines and Children" の授業における談話から抽出している。教師によれば,一部の男子生徒が「クレイモア」という地雷や「スタングレネード」という手榴弾,「マシンガン」や「レールガン」等の武器を用いた戦闘ゲームで頻繁に遊ぶという。授業中に,詳細な拳銃の絵をノートに描く生徒がおり,地雷や原爆についての授業で,兵器を「かっ

こいい」とつぶやく生徒も見られる。教師は，ゲーム等仮想世界から生徒を脱却させて現実の事象に対峙させ，世界平和を追求する自律的な市井の人を育成することを信条としている（2009年4月）。なお本授業では，日本の子どもたちの生活実態からはほど遠く，想像することさえ難しい，カンボジアの子どもたちが抱える「地雷問題」を扱うにあたり，「地雷」に関する事実を数字で示すことにより，生徒のイメージを喚起させる授業方式が採られている。

〈事例6―「つぶやき」のシャワー〉2009年3月13日2年A組2校時25m22s-27m48s
"第8課 Landmines and Children"
T：（教師がスライド・ショーにより360という数字を見せる。）Please look at this number?
大城：さんびゃくろくじゅう．
T：Uh-huh. Please guess what this number tells you.
大城：一日に死んでる人の量．(28)
T：うーん，no. Not so many.
桜井：わかんねー．(29)
花井：爆発している地雷の数．(30)
T：No.
前川：一年間に除去した量．(31)
T：No…, so hint. This is the hint.（教師が黒板に貼ったピクチャー・カードを指す．）
Ss：******．(32)（ほぼ同時）
山下：地雷の数．(33)
大城：地雷が爆発した数．(34)
香山：作られた数．(35)
T：Huh? 今皆が一斉に言ったので聴きとれなかった．
Ss：******．(36)（ほぼ同時）
桜井：さんびゃくろくじゅうの…．
T：So, さんびゃくろくじゅうの？(37)
花井＋山下：地雷…．
前川：地雷の種類．(38)
桜井：種類，種類．(39)
T：Very good. So there are 360 kinds of landmines in the world. OK.（以下，省略）

〈事例6〉においても，個々の生徒が独自の思考を反映させた「つぶやき」

を発する様相が見られる (28)〜(31)，(33)〜(35)，(38)，(39)。この授業では，生徒が安心して「つぶやき」を述べることが可能となっており，中には自らのわからなさをつぶやく生徒も見られる (29)。教師は，生徒の「つぶやき」を活かした授業展開を企図しており (37)，2年次も3学期を迎え約1年を経て，「つぶやき」を発して授業に参加する，この教師による授業様式に生徒が慣れてきたとも考えられる。また，この場面で特に注目したいのは，「******」(32)，(36)という多数の生徒が同時に発した2回の「つぶやき」である。教師は，この場面を述懐して，「これほどまでに多くの『つぶやき』がシャワーのように一斉に発せられたのは，私の25年間の教師生活においても初めてで，うれしいと同時に驚いてしまいました」というコメントを寄せている（2009年4月）。教師の問いかけに対し，多くの生徒が自らの思考に則った「つぶやき」を発していると解釈すると，生徒による授業への参加意欲の高さが示唆される。

さらには，〈事例4〜6〉に通底する前提として，教師自身がO. I. に自らの本音や個性を込めている旨が指摘できる。教師は，O. I. を実施するにあたって，まず英語教科書の記載内容と題材（i.e., "Ratna Talks about India"; "Landmines and Children"）を批判的に考察し，目前の生徒たちの生活実態に即した O. I. を英文で作成する。反抗期最中の中学2年生に対し，「非暴力」と「不服従」を語り，他者文化の理解と尊重を念頭に置き，「ガネーシャ」を提示する。また，世界平和を追求する自律的な市井の人の育成を志向し，「地雷」について語っている。このように，自らの信条，教材内容の解釈や生徒の実態が，「社会的生活の起源」となって教師の発話に影響を及ぼしており，O. I. の内容には，教師の本音としての「声」が込められているとみなし得る。そして教師の「声」が，生徒たちの「つぶやき」における「声」と接触し，O. I. 実践においては累積的に「声」が生成されていると考えられる。したがって〈事例6〉における「******」(32)，(36)という多数の生徒による「つぶやき」は，世界平和と市井の人の育成を願う教師の「声」に対

する，生徒各々の応答とも解釈できる。

第4節　総合考察

　本節では，最初に各事例の教室談話に関する解釈を総括する。次に，この教師による O. I. 実践のあり方と生徒による「つぶやき」の関係をふまえ，「多声性［multivoicedness］」（Wertsch, 2002, p. 2/ ワーチ，2004, p. 30）の概念に則り，やりとりの様相を検討する。

　前節では，O. I. 実践での生徒による母語での「つぶやき」の特徴として以下の3点：(a)生徒による「つぶやき」の総数が，教師の発話数を上回り，教師の発話における7割が英語でも，生徒の「つぶやき」の8割は母語で発せられ，教師と生徒間の双方向的な対話が生起していたこと；(b)生徒は，自らの生活経験や他教科の既有知識に即した「つぶやき」を発しており，仲間同士で発言数を競い合ったり，英語が苦手な生徒でも自らの日常生活に即した母語での「つぶやき」を述べることにより，授業参加が可能であること；(c)教師による O. I. 実践への応答として，多数の生徒が母語で自らの思考に基づく「つぶやき」を一斉に発すること，が示されている。O. I. 実践においては，教師と生徒間の双方向的な対話が創出され，生徒個人による母語での「つぶやき」は，社会科での既習事項やテレビ番組名など，生徒の生活経験の一端を反映している。また，教室で耳にする教師や仲間の発話に影響され，生徒が「つぶやき」を発する場面や，英語が得意でない生徒であっても，自らの生活経験に則った「つぶやき」を発し，授業参加を実現させる場面が見られた。そして「つぶやき」による多層的なやりとりが，発話生成の文脈として機能していることを示唆している。「つぶやき」の連鎖，及び「声」と「声」の接触により，対話が「多声性」を帯びる中で，生徒が他者の発話を聴き，自らの思考を深めている可能性が指摘できる。

　また，O. I. 実践のあり方と母語による「つぶやき」の関係について検討

すると，〈事例4〉ならびに〈事例5〉では，Gandhiとガネーシャに関する，複数の生徒たちによる自発的なやりとりが生起していた。社会科の既有知識や，生徒たちの視聴するテレビ番組が契機となって，多層的な教室談話が展開されていたのである。通常，英語の授業における語彙や文章構造を尋ねる設問に対しては，正答が概ね限定される。授業において文法や語彙が扱われる際には，生徒は教師により，英語の既習事項に関する自らの理解の度合いを応答に付与して述べることが求められる。同時に，文法や語彙学習に際しては解答の正誤が明示的に表されることも多く，英語が苦手な生徒には発話の機会自体が限定される。自らの本音や個性を「つぶやき」に込めて発することが，彼らにとっては難しいと言える。しかし大半の生徒にとっての新出事項である題材学習においては，正誤が限定されないことも多く，より多様な解釈が許容される可能性もある。自らによる生活経験をふまえ，自身の思考を母語での「つぶやき」に託して応答することにより，生徒は，「声」を響かせる対象と言語を，幅広い選択肢から得ることが可能になると解釈できる (e.g.,「鑑真じゃないの (19)」；「ガネーシャ (25)」)。したがって，生徒全員による学習の機会を保障するという観点に立てば，英語が不得手な生徒が授業に参加して，少しでも「楽しくなってきた」と言える環境を整える責任が，教師にはあると考えられる。また，題材を重視したO. I. 実践とは，談話の約7割を教師が英語で語ることによって，インドの建国や文化，地雷問題に関する思考を促す難易度の高い取り組みとみなし得る。その中で14人の生徒が母語での「つぶやき」を発して，授業に参加している。生徒の既知の学習事項や思考のあり方に留意し，新たなことばや題材をいかに展開し，やりとりにおける生徒の「つぶやき」を聴きとり，どのように授業参加の機会を保障していくかが，教師に付された大きな課題であると言えよう。

　さらに，このO. I. 実践でのやりとりを，「知的営為としての談話」(藤江，2006, p.55) の観点から検討すると，〈事例4～6〉を通して，教師は，普遍的な思想に関し英語でのO. I. に自らの信条を託して，実施している。そし

て生徒の生活経験に根差した，母語での「つぶやき」が多層的に連なる有り様が捉えられ，「つぶやき」を介して，生徒たちが多様な思考過程を辿る様相が示されている。また，教師による問いかけに対し，自らの思考を示す道具（Antón and Dicamilla, 1999）としての母語で「つぶやき」を発し，授業参加の責務を全うする生徒の姿が見られる。提示された題材への接近を志向して，生徒たちは寄り道や軌道修正を繰り返し，相互の「つぶやき」に耳を澄ませ時に競い合い，多層的な教室談話への参加を志向していると考えられる。つまり，教師と生徒間の双方向的なやりとりは，「知的営為としての談話」の一環にあると解釈できる。具体的に述べれば，ともすれば暴力的になり他者や自身の心身を傷つけることもある中学 2 年生が，「非暴力」，「不服従」，「世界平和」という思想に触れる際に，自らの英知を結集させて学習を遂行する過程が捉えられている。そして同時に，潜在的にではあるが，しかし歴然と存在する学級内における権力関係の下に，英語が苦手な生徒が，生活経験に則った小さな「つぶやき」を発して，授業に参加する様相も示唆される。「つぶやき」による多層的な対話を通して，教室内での他者理解と尊重が図られる中，生徒は世界における他者文化の理解と尊重を学んでいるとも考えられる。そしてこの「知的営為としての談話」は，生徒によるさらなる「つぶやき」を生成する社会的文脈としても機能しており，教師が志向する活発なやりとりの基層をなすと解釈できる。

　実際に生徒たちは，自らの「つぶやき」が小さくても，教師により受容される可能性を信じているのだろう。だからこそ間違いや言いよどみを気にすることなく，安心して「つぶやき」に自らの思考を込め発することが可能になっていると考えられる。加えて，教師による信条を託した O. I. の作成について，認識する生徒がいることも指摘できる。例えば，花井くんの O. I. 実践に関する感想（「授業に関する，雑学みたいのを聞くのは好きです」）からは，教科書に記載された内容のみならず，その内容を拡張して自らの信条を O. I. に込めるという教師の試みに，彼が留意しているとの解釈が成り立つ。

教師の発話における「声」を聴いた各々の生徒が「つぶやき」を発し，教師と仲間がその「声」を解釈し，さらなる応答がなされることを介して，「声」と「声」の連鎖による「多声性」が示唆される。また，O. I. 時の多層的な対話は，教師を介さずに生徒間のやりとりによっても創出されている。つまり O. I. 実践での教室談話は，生徒の小さな「つぶやき」を活かす方途となり，学級における多層的な教室談話を展開させる原動力となり，さらに教師の「声」を反映させ，民主的な学びの成立を支える機能を果たしているとみなすことができる。

　本章は，コミュニケーション活動としての O. I. 実践において「つぶやき」が構成する多層的対話の様相を検討している。公教育における外国語初級学習者による母語での「つぶやき」を研究の俎上に載せ，生徒の「つぶやき」における「社会的生活」を捉え，生徒の「つぶやき」を活用する教師と生徒間の双方向的なやりとりの傾向をふまえ，「知的営為としての談話」の様相を考察している。また，このことは，O. I. 実践を約25年以上追究し授業での生徒による「つぶやき」を約10年以上尊重してきた，教師の信条を捉えることにより可能となっている。しかし本章では，生徒が英語で発した「つぶやき」の様相は検討されておらず，また継時的な視点から「つぶやき」の変容が捉えられていない。したがって引き続き O. I. 実践において，どのような生徒の「つぶやき」が，何に関してどのような場面で発せられ，「多声的な [multivoiced]」(Wertsch, 2002, p. 2/ ワーチ, 2004, p. 30) 教室談話がどのように学習内容の理解を促進するかについて，より詳細に検討する必要がある。

第Ⅱ部　総　括

　第Ⅱ部においては，学習内容と教室談話の関係をふまえ，生徒による発話の特徴を捉え，生徒個人ならびに学級集団の発話に認められる「社会的生活」に着目して，文法指導とコミュニケーション活動における教室談話の様相を検討している。

　第4章では，文法授業での自己表現活動における生徒5人の発話の有り様を，「声［voice］」（Bakhtin, 1986, 1994/ バフチン, 1987, 1988a, 1988b）の概念に基づき，検討している。その結果，生徒個々人が自らの属する社会的文脈としての学校生活や家庭生活の一端を発話に反映させ，自身による本音や個性としての「声」を発話に込めて，授業への参加を実現させる様相が捉えられた。また教師が，生徒による「声」の交流を促す傍ら，生徒の発話を聴く折に，当該の言語表現における正誤のみならず，生徒の発話における生活経験の有り様を読み取り，教師自身の社会的文脈を顧みることを介して，さらなる生徒理解に努めている旨が示唆された。さらに，定型表現を用いて生徒自身の思考や生活経験を語らせることで，生徒を教師が正答へと導く教師主導の対話が生起していることがわかった。

　続く第5章では，内容重視のコミュニケーション活動としての O. I. 実践における母語での「つぶやき」の様相を検討している。そして教室談話の傾向として，O. I. の約7割を教師が英語で述べても，なお生徒による応答の約8割は母語の「つぶやき」によることが明らかになり，教師と生徒間の双方向的なやりとりの特徴が捉えられた。さらに，母語での「つぶやき」がどのような生徒によって発せられるかを検討した結果，英語が不得手でも，他教科の既有知識や生活経験，ならびに自らの思考に基づき母語での「つぶやき」を発して，授業参加を実現させる生徒の姿が見られた。また，発話の回数を競い合う仲間同士で「つぶやき」が発せられる様相も捉えられ，「つぶ

やき」による多層的な教室談話が，生徒のさらなる発話を生成する社会的文脈として機能している可能性についても論じた。そして，「つぶやき」には仲間に誇示したり，自身の既有知識や思考を反映させて授業に参加しようとする生徒独自の「声」が認められ，「声」と「声」の連鎖による「多声的な」教室談話の創出が示唆された。そして O. I. 時に信条を託して語る教師と，自身の思考を「つぶやき」に反映させて，活発に応答する生徒集団との間に，「知的営為としての談話」(藤江, 2006, p. 55) が生起していると解釈された。

なお，従来の SLA 教室研究においては，初学者による発話の様相が詳細に検討される機会に乏しく (Ohta, 2001)，彼らによる認識 (Nunan, 1996; Zuengler and Miller, 2006) や発話が生成される文脈 (R. Ellis, 2008, p. 521; Canagarajah, 1993, 1999; Nunan, 1996) をふまえ，発話内容を精査する論調に欠けていた。しかしこの第Ⅱ部においては，文法とコミュニケーション活動という異なる教育内容が扱われる際の生徒個人と集団による発話の特徴が，彼らの生活経験の有り様をふまえ，彼ら自身及び教師の認識と共に検討されている。結果的に，英語の苦手な生徒が，部活動や家庭生活，他教科での既習事項を顧みた上で，本音や個性としての「声」を発話に込め，「多声的な」教室談話への参加を果たす様相が捉えられている。また，自らの「声」を O. I. に盛り込んだ教師に対する応答として，生徒集団により「多声的な」教室談話が生成され，生徒間での互恵的な対話が生起する場面にも焦点があてられている。各々の生徒が，自身の思考や生活経験を自らの発話に託して授業に参加している旨が指摘され，教師もまた，生徒の発話における正誤のみならず，「社会的生活」を考慮した上で，生徒の発話内容を解釈していることが示唆された。さらには，どのような教師信条の下で，どのような授業実践がなされているのかについてを論じている。

上述のように，第Ⅱ部においては生徒と教師の認識をふまえ，「声」の交流と，「つぶやき」の連鎖による「多声的な」やりとりの様相が検討され，「知的営為としての談話」(藤江, 2006, p. 55) のあり方も示唆されている。し

かし，一人の教師による授業実践における「知的営為としての談話」の様相が，常に一様であるとは限らない。実際に，複数学級においての同一教師による同一内容を扱う授業実践が，全く同じ様式にはならないことが，談話分析によって明らかにされている（藤森，2011, 2014）。したがって，学習内容や対話形式，また生徒集団によっては，「知的営為としての談話」の有り様が多様であると考えられる。

　さらに，授業における「声」の交流や，「多声的な」教室談話の追究が，常時一義的に生徒による授業内容の学習に寄与するとも捉え難い。例えば，生徒による内容理解が円滑になされる場面と，滞りがちになる場面における教室談話の様相には，どのような相違が見られるのであろうか。したがって中学校英語科授業での多くの場面において，様々な学習課題が遂行される折の，教師と生徒，ならびに生徒間でのやりとりを精査し，学習内容と教室談話のあり方を詳細に検討する必要がある。そして，「知的営為としての談話」の有り様を捉えるにあたり，教室談話における「声」の交流や「多声性」の様相を考察することに加えて，学習内容の理解が促進される際の教室談話が，どのようなものであるのかを明らかにすることが求められる。これらの問いに対する答えを得るために，続く第Ⅲ部においては，異なる学習内容が提示される際の教室談話の様相を，ヴィゴツキー心理学における3つのテーゼのうちの1つ：「人間の行為は道具や記号によって媒介されている」（Wertsch, 1985, pp. 14-15/ ワーチ，2004, p. 37），という指摘に基づき検討する。

第Ⅲ部　学習内容の理解を媒介する生徒の発話の特徴

　上述の第Ⅱ部では，授業中の生徒の発話における「社会的生活の起源」に着目し，異なる学習内容が扱われる際の教室談話の様相を検討している。なお，この第Ⅲ部においては文法指導，ならびにコミュニケーション活動での教室談話のあり方を考察するにあたり，ヴィゴツキー心理学における3つのテーゼのうちの2つ目：「人間の行為は道具や記号によって媒介されている」(Wertsch, 1985, pp. 14-15/ ワーチ，2004, p. 37)，という指摘に着目する。この見解に基づくと，教師と生徒による発話の集合体としての教室談話は，学習内容を理解する際の媒介手段とみなすことができる。よって，授業で生徒が述べる発話の特徴を明らかにすることにより，学習内容がどのように理解されるのかについて示唆を得ることが可能になろう。第Ⅲ部では，この視座の下で，異なる学習内容が扱われる際の生徒による発話の特徴を検討する。具体的には，第6章で一人の生徒による「つぶやき」の有り様について，第7章では生徒間での協働的な対話の様相について，文法指導時の教室談話を分析して結果を考察し，生徒にとって文法が「わかる」授業がどのようなものであるかに関する示唆を得る。さらに，続く第8章では，コミュニケーション活動での生徒による英語での「つぶやき」の特徴を捉える。したがって，この第Ⅲ部では，生徒による学習内容の理解が示唆される場面と，そうでない場面において，どのような教室談話が生起し，双方間における相違は何なのかを，「道具や記号によ［る］媒介」の概念に即して検討する。

第6章　文法授業における生徒の「わからない」という「つぶやき」の検討

　本章は，50分間の授業中に関係代名詞と現在完了の理解を志向し，19回「わからない」とつぶやいた，一人の生徒による発話に焦点をあてている。本研究協力者教師は，既述のように新任期以来約25年間に亘り教師と生徒間の双方向的な対話を重視し，1997年以降は特に授業での生徒による自発的な発話としての「つぶやき」を尊重し，活用してきた。実際に本研究における5年間の観察期間中には文法指導とコミュニケーション活動実践において，教師と生徒間の双方向的なやりとりが随時認められている。しかし教師は自らの文法指導法について，「長年，文法の授業では特に生徒の正答を前提に歓迎し，誤答には厳しく…自分の教え方を振り返らず，生徒に責任をおしつけてきた（2011年5月）」と述懐している。したがって，第4章で既述した文法授業における「声［voice］」（Bakhtin, 1986, 1994/ バフチン，1987, 1988a, 1988b）の交流以外にも，文法授業での教室談話の有り様に関し，考察を深める余地があると考えられる。そこで本章では，中学校で扱われる文法項目の中でも，生徒の理解が滞ることが少なくないと考えられる関係代名詞と現在完了の授業でのやりとりに着目し，中学3年生対象の2学期期末試験2日前の授業における談話事例を分析対象とする。なお，通常中学3年の2学期定期試験の結果は，高校受験を前提とする際に重要な意味をもつ。したがって本研究協力者が指導する生徒たちも，文法理解を志向して熱心に授業に取り組んでいた。一方，事後インタビューでこの授業を振り返った教師は，「試験直前の授業で，時間内にプリント課題を終わらせることが必至の，授業者として心理的ゆとりのない教師主導型授業であった（2009年11月）」（see 第10章表16①3年）と述べた。そして，当該生徒が「わからない」と繰り返し

つぶやいていたことについて尋ねると,「少しは気づいていたけれど，それほどまでに多いとは思っていなかった（2009年11月）」とも語った。したがって本章は，該当生徒の葛藤のみならず，教師による葛藤の一端も照射し得ると考えられよう。

第1節　本章の目的

本章の目的は，文法指導時に一人の生徒が述べた「わからない」という「つぶやき」に注目し，彼が何を「わからない」のかを捉えることである。このことのために，教室談話の有り様を検討し，彼が何についてどのようなつまずきを覚えているのかを明らかにする。なお，全国調査（ベネッセ教育研究開発センター，2009）によると，「英語学習でつまずきやすいポイント」(p. 9) として，中学生の78.6％が「文法が難しい」と回答している。また，2012年9月に開催され，300人を上回る聴衆が集った『学習英文法シンポジウム』においても，上記のデータに基づく問題提起が度々なされ，後日シンポジウム登壇者による著作も上梓されている（大津 et al., 2012）。しかし既述のように，この書籍を含むいずれの先行研究においても，中学校での文法授業における実際のやりとりを精査し，生徒が何に「つまず［いて］」いるのかを明らかにした実証的な［empirical］知見は，殆どない。そこで本章では，人間の発達を「現存する文化的道具のセットに一人ひとりがどのように遭遇しそれを習得するか」（ワーチ，2004, p. 41）と捉える，ワーチの論に着目する。この見解に則ると，英文法という知への接近を試みる際に，生徒がどのような葛藤と抵抗に遭遇するかが捉えられ，結果としてどのように英文法を習得・理解し得るのかについての考察が可能になろう。

本章では，現在完了と関係代名詞の理解を志向して，生徒が発する「わからない」という「つぶやき」に着目し，当該生徒が「わからない」と述べる対象が何であるのかを捉え，2学期期末考査における彼の解答内容と共に分

析し，文法授業における生徒の「つまずき」の傾向と特徴を明らかにする。

第2節　調査方法

本章における対象授業と調査手法，対象生徒，ならびに分析手法と分析概念は，以下の通りである。

第1項　対象授業と調査手法

前任校2，3年生を対象とした，2008年4月～2010年3月の60日間（全108校時）の授業で観察が実施され，教師が装着したICレコーダーと筆者による観察データによる記録がなされた。そして同一生徒による「わからない」という「つぶやき」の頻度が，観察期間中最多であると筆者が判断した，2009年11月13日4校時における50分間の授業談話録を作成した。また，本授業の2日後に期末試験が実施されたことから，当該生徒による試験の解答内容についても，分析対象とした。さらに談話録に教師がコメントを記載し，教師に対する対話的なインタビューが複数回実施された。その際に，期末考査の関係代名詞に関する16設問をめぐっての，教師による意図について筆者が尋ねて分析し，談話録を検討する際に参照した。

第2項　対象生徒

本章においては，松田くんを対象生徒とし，彼が発した「わからない」という「つぶやき」を分析対象としている。このことに先立って，教師と筆者は，最初に松田くんがどのような生徒なのかについて，彼の英語科成績評価を基準に協議した。結果として，彼の英語科評定と得点を，学年・学級集団において平均的とみなすことができることから，彼の「わからなさ」を検討することにより，英文法が苦手な大半の生徒による理解の促進が可能になるという結論に至った（2009年11月）。次に，実際の松田くんによる「わからな

い」という「つぶやき」が，学習内容の理解を志向して発せられたものか，教師の注意を喚起するための生活指導上の配慮を要するものか，という点についても，両者で協議した。そして松田くんによる「つぶやき」が，単に教師の注目を引くためのものではなく，学習内容の理解が滞っているために発せられている，と合意した上で，彼の「つぶやき」の様相を検討することにした。

なお以下は，教師が筆者に語った松田くんに関する情報である。松田くんは学級委員を務める生徒である。英語に苦手意識を持ち，教師によれば彼は「自信がない」のだという（2008年7月）。そして彼は実際に，下記対象授業の2日後に実施された2学期期末考査当日の朝に，職員室の前で会った研究協力者教師に対して，「関係代名詞って何ですか」と尋ねたという（2009年12月）。また，教師は本授業19ヵ月前の2年次当初の授業で，松田くんが「動詞がわからない」と言ったので，1校時全てを費やして動詞について説明したが，次校時に再度「動詞って何ですか」と彼に尋ねられたエピソードを述懐した（2009年12月）。そして，一度教師が説明したことについて，同じ時間内に彼が再度質問することも多いため，「ちゃんと集中して聴く」という警告を込めて，時々意図的に彼の「つぶやき」を拾わないことがある，と語っている（2009年12月）。

第3項　分析手法と分析概念

分析手法については(1)の(a)と(b)，分析概念については(2)に示す通りである。

(1) 分析手法

(a)談話録の松田くんによる「つぶやき」の特徴を明らかにするために，「わかる」と，「わからない」に帰するつぶやきを筆者が選別し，結果として抽出された「わからない」という「つぶやき」において省略されていると思

われる主語を，[　]内に補足した。また「わからない」という「つぶやき」が，何らかの形で<u>文法用語に関連している発話</u>（下線）か，*文法用語以外に関連する発話*（斜字）か，に大別した。加えて松田くんが「わからない」と述べる際に，彼は実際に何が「わからない」のかを筆者が談話録から推察し，「わからない」と述べた可能性のある以下5つの対象：(i)語彙；(ii)訳；(iii)統語・文構造；(iv)文法用語・文法概念；(v)教師の説明，に集約し，各々の「つぶやき」を分類した。なお，この際，一つの「つぶやき」に複数の対象が含まれる結果もいとわなかった。同様の手続きを経て，教師による分類がなされた後に両者間の一致率を算出した。一致率が75％であったので，不一致部分については，双方間で合意に至るまで協議した。

　(b)談話録と期末考査での松田くんによる解答内容の双方を，筆者が比較した。そして，期末考査の関係代名詞に関する設問に対しての，教師の意図に見られる4つの傾向：(i)語彙；(ii)訳；(iii)統語・文構造；(iv)文法用語・文法概念，を筆者が抽出し，教師へのインタビューで尋ね，確認した。その際，1つの設問が複数の意図を包摂する場合もあった。さらに，松田くんの解答における全体的な特徴を，筆者と教師が共同で解釈し，検討した。具体的には，関係代名詞に関わる各設問の解答内容を分析し，設問の意図に関する上記4つの傾向を念頭に置き，彼の誤りの特徴を筆者と教師が協議した。

(2)　**分析概念**

　本章では，実際の談話録における生徒の「わからない」という「つぶやき」を分析するにあたり，ヴィゴツキー（2001）が述べた「自己中心的ことば」と内言に関する見解に注目する。ヴィゴツキー（2001）は，「自己中心的ことば」が内言発達の鍵であると述べており，本章ではヴィゴツキーによる2つの指摘：(a)「自己中心的ことば」は，主語や関連する言葉を抜かし省略される「述語主義」（p. 414）を持つ；(b)内言においては，「単語の意味が単語の語義に優越する」（p. 414）を，分析概念とする。なお，(b)については，

言葉には辞書的な語義［meaning］と個人的な意味［sense］があり，語義は社会的に規格化される一方，意味は共通の語義に個人が自らの思いを付して語義を補足する（柴田，2010），という注釈も加えられている。本章では，上記の柴田による注釈内容に留意した上で，「自己中心的ことば」，ならびに内言についてのヴィゴツキーによる「述語主義」と「語義と意味」の概念に基づき，教室談話の様相を検討する。

第3節　結果と考察

　本節第1項では，松田くんによる「わからなさ」が談話録上で最もよく示されていると，教師と筆者が合意した2つの事例を取り上げる。そして事例に関する発話生成の文脈について説明した後に，実際の教室談話録を提示する。第2項においては，松田くんによる「つぶやき」の様相を検討し，第3項では，期末考査での松田くんによる解答内容を分析する。

第1項　教室談話事例

　〈事例7，8〉は2009年11月13日の授業談話から抽出している。教師は関係代名詞に関する生徒の理解と定着を図るにあたり，自作プリントを用意し，主文末尾の名詞に関係代名詞節が続く「尾っぽ型」と，主文の主語の後に関係代名詞節が挿入される「サンドイッチ型」があることを説明した。この教師は経験的に，高校入試頻出の「関係代名詞を用いて二文を一文にする」問題において，多くの生徒が無自覚に「尾っぽ型」を採用することを知っている。その打開策として，「サンドイッチ型」という名称と概念を取り入れたという（2009年12月）。なお，以下で示す対象授業の前時にはこれらが導入され，本時には「目的格のthat」の定着を図る練習プリントが課されている。なお，期末考査直前で生徒の「つぶやき」を十分に拾うことこそかなわなかったが，この教室では解放的な雰囲気が教師によって保障されており，生

第6章 文法授業における生徒の「わからない」という「つぶやき」の検討　139

徒が「わからない」と述べることが許容され，授業での疑問や不安を言語化することが可能となっている。

〈事例7—そんなんじゃ意味わかんない〉2009年11月13日3年A組4校時04m15s-12m15s

授業冒頭で前時に手がけた関係代名詞のプリントを用意するように，教師により指示が出される．

T：Aの1番，This is the hottest summer that we have had in twenty years.（中略）What does this sentence mean?

野坂＋大城：はい．（挙手）

T：大城くん．

大城：やった．これは私が20年間生きてきた中で一番暑い夏です．

T：生きてきた中ってどこにあったの？

大城：じゃなくて，20年間の中で一番暑い夏

T：そうだね．これは....

松田：hadって何？(40)

T：うん，we have hadって，どんな形？

松田：知らない．(41)

T：うん，we have hadはどんな形だろう．はい，川口くん？

川口：現在完了．(42)

T：うん，そうだ．現在完了の経験的用法だね．(43)

松田：何それ？(44)

T：何それって...，質問されるのすごい困るんだけど...，現在完了が何って訊かれると，すごい困るんだけど...．

大城：オレ，最初，わからなかった．

松田：意味わかんない．(45)

T：え？　うん....うん，あの，20年間で，経験した中で，っていう意味だね．(46) we have had ね．20年間経験した中で一番暑い夏です．今年の夏は暑いね，とかよく言うでしょ？　そういう感じね．

松田：え，そんなのきいたことない．(47)

川口：もう一回言って？

T：これは，20年間経験した中で....

松田：経験？(48)

T：うん，経験って書いてないけど，ね．20年間の中で一番暑い夏です．

野坂：はい（挙手）．

大城：オレ，ここ［サンドイッチ型］の関係代名詞，得意になった．先生のおかげで．(49)

T: あ，そう．
野坂：はい，はい（挙手）．
大城：塾でやったとき，苦手だったのに．(50)
T: はい，それは良かった．
野坂：はい（挙手）．
T: 2番，読んでみましょう．（The woman that you met last night is a doctor. 中略）
野坂：はい（挙手）．
T: 野坂くん．
野坂：その女性は，昨晩あなたが会った医者です．
T: え，違うよ．
野坂：は？
T: そういう順番に，「サンドイッチ型」って訳すんだっけ？
大城：そう．
野坂：うん．
T: えー？（中略）はい，じゃあ山下さん，どうぞ．
山下：あなたが昨晩会ったオンナ，あ，女性は医者です．
T: はい，そうね．（中略）今，どっから訳してくれたのかな？　どこをかっこでくくるといいかな？
山下：that から night まで．
T: そうだ，ね．
松田：is じゃないの？(51)
T: そこをかっこでくくりましょう．（中略）that you met last night, かっこでくくって，ここをまるいちって書いて…．書いてる？
B: that you met …．
T: うん．
野坂：だってよくわからないもの….(52)
T: that you met last night をまるいちってして，このサンドイッチの具の中身から訳すんだよ．
野坂：なんでいったりきたりするのかがわからない．(53)
T: だって，that you met last night が何を説明しているから？
大城：女性．
山下：the woman．
T: そうだ．the woman を説明しているから，that から the woman に矢印して．だってこれなくてもいいんだよ．The woman is a doctor, 女性は医者ですっていう文に….
松田：そんなんじゃ意味わかんない．(54)
T: うん？　今，何て言った？　そんなんじゃ意味わかんないってどの部分が？(55)
松田：なんでもない．(56)

第6章 文法授業における生徒の「わからない」という「つぶやき」の検討　141

T:　that you met last night ってね，女性はいろいろいるけど，どの女性かっていうと，あなたが昨日晩に会った女性っていう...（中略）はい，じゃあ，3番ちょっと見て下さい．He is a musician. Everyone knows him.（中略）そうすると，続けると，これどういうふうに書きかえられるんだろう．（中略）麻生くん．
麻生：He is a musician that everyone knows.
T:　そう，そう．（中略）先行詞が a musician で，前の that から後ろに，「尾っぽ型」に修飾句がきてるのね．
山下：どういう意味なの？
T:　で，これ訳し方は，①④③②って訳すんだったよね．（中略）knows は？
大城：動詞．
B:　動詞．
T:　そう，動詞っていうことで，ここに主語プラス動詞の結びつきがあるってことは，この that は主格って言える？
Ss:　言えない．
T:　言えないよね．
松田：言えないの？(57)
T:　うん．
松田：なんで？(58)
T:　え，だって主格の時は，すぐ後ろはなんだった？
Ss:　動詞．
大城：動詞．
松田：へー，全然わかんない．(59)
T:　動詞だったよね．だけど，that の関係代名詞のすぐ後ろに主語と動詞の結びつきができたから，この that はほら，さっき him っていう目的語だったでしょ？　だからこの that は目的格の that っていうこうとができますね．（板書）
松田：え，何それ？　目的格？(60)
大城：いまいち，目的格っていうのと補語の違いがわかんない．(61)
T:　目的格っていうのは....（以下，省略）
（凡例：二重下線部は松田くんの「つぶやき」）

〈事例8—所有格って？〉2009年11月13日 3 年 A 組 4 校時24m56s-46m12s
上記〈事例 7〉後，20分が経過．問題演習が一通り終わり，プリントにある関係代名詞の格変化表の口頭練習に移る．
T:　はい，じゃあ，そこを見て．えーと，右下の表ね．（中略）あと，人でも，ものでも事柄でも，動物でも，that は，that は，所有格がなくって that, that, that となります．
松田：所有格？(62)
T:　うん？

松田：所有格って？(63)
T: 所有格っていうのは，例えば，目が赤い女の子って言った時に….
大城：グロイ，グロイ，グロイ，グロイ．
T: あ，赤いじゃおかしい，変．ゴメン，ゴメン．（中略）じゃあ，髪の毛が長い女の子って言った場合に…（質問者である松田くんを見つめながら，教師が説明する）．
松田：はい．(64)
T: Her hair is long　だよね．（板書）そうした場合に，herってことばあるでしょ？
松田：(無言でうなずく)(65)
T: これ，彼女の，っていう意味だよね．（板書）例えば，I know a girl. Her hair is long. 髪の毛が長い女の子を知っています．このHer hair, 彼女の髪っていうふうに，後ろのhairを修飾しているでしょ？　これは所有格っていうので，herの代わりにここに関係代名詞がくるのがwhoseなの．でも，これは期末テストには出さない．（中略．残りの問題を解くための15分間の6人グループ活動が開始される）はい，ではちょっと班を戻してください．途中までだと思いますが，答え合わせをしましょう．（中略）はい，じゃあ3番［The man（　）she is talking with is Mr. Davies.］どうでしょう？
大城：はい（挙手）．
野坂：はい（挙手）．
松田：はい（挙手）．(66)
T: 松田くん．
松田：that. (67)
T: どうして？
松田：え？(68)
大城：いいじゃん，まっちゃん，あってるよ．
松田：the manが…. (69)
T: the manが，先行詞が，何？
松田：先行詞が人で，isだから…. (70)
T: 人で…？　えっ，isじゃないぞ．
大城：すごい，いーこと言っちゃって….
松田：sheだから．(71)
T: そう．She is, そう，ちょっとそこに書いてくれる？（中略）はい，sheの下にS. isの下に？
B: V.
T: is talking, is talkingのところがVということは，これは，松田くん，何格なんだろう？
松田：主格じゃない，えっと，目的格（周囲の反応を見ながら，自信がなさそうにゆっくりと）．(72)
T: そうだよね．目的格ですね．（以下，省略）
（凡例：二重下線部は松田くんの「つぶやき」；点線部は松田くんによる公式発話）

第2項 松田くんの「つぶやき」の特徴

〈事例7，8〉を含む50分授業において，松田くんの「つぶやき」が網羅している文法項目と，彼の「つぶやき」の特徴，ならびに筆者が談話録より推察した，彼が「わからない」と述べた対象を，時系列に沿って示す（表4）。

表4 松田くんの「つぶやき」の特徴と「わからない」と述べた対象

回	文法項目	「つぶやき」とその特徴	「わからない」と述べた対象	
1	現在完了（経験）と関係代名詞（目的格・サンドイッチ）	*had* って何？（40）	(ⅲ, ⅳ)	事例7
2		［どんな形か］知らない。（41）	(ⅲ, ⅳ)	
3		［現在完了の経験的用法って］何それ？（44）	(ⅲ, ⅳ, ⅴ)	
4		［現在完了/had の］意味わかんない。（45）	(ⅲ, ⅳ)	
5		［訳語を］え，そんなのきいたことない。（47）	(ⅱ, ⅲ, ⅳ)	
6		経験？（48）	(ⅱ, ⅲ, ⅳ)	
7	関係代名詞（目的格・サンドイッチ）	*Is* ［までかっこでくくるん］じゃないの？（51）	(ⅲ, ⅳ)	
8		そんなんじゃ意味わかんない。（54）	(ⅴ)	
9		なんでもない。（56）		
10	関係代名詞（目的格・サンドイッチ）	［主格って］言えないの？（57）	(ⅲ, ⅳ, ⅴ)	
11		なんで［主格って言えないの］？（58）	(ⅲ, ⅳ)	
12		［主格の後は動詞って］へー，全然わかんない。（59）	(ⅲ, ⅳ)	
13		え，なにそれ？　目的格？（60）	(ⅲ, ⅳ)	
14		*Whom* とか何？	(ⅰ, ⅱ, ⅲ, ⅳ, ⅴ)	
15	関係代名詞（目的格・サンドイッチ）	［この *it* をこっちにもってきて…という教師の説明に対して］勝手にそんなことするのか。	(ⅲ, ⅳ, ⅴ)	
16		わかんねー。	(ⅲ, ⅳ)	
17		［thepenthatIlost の和訳として］なくした。		
18	語彙⇔Cheap	［*Expensive* は］きいたことない。	(ⅰ)	
19		*Expensive* なんてあったっけ？	(ⅰ)	
20	関代（目・サンド）	［主語が］長いのきらいなんだけど。		
21	試験範囲	今回テスト範囲［練習プリント］，何枚くらい？		
22	関代（主・尾っぽ）	［和訳の際に］目が黄色い…。		

23	関代（目・尾っぽ）	Which.		
24	関係代名詞（所有格・尾っぽ）	所有格？(62)	(iii, iv)	事例8
25		所有格って？(63)	(iii, iv)	
26	関代（主・尾っぽ）	［abookとisで数を合わせるっていうルールを］知らない。		
27	関代（主・尾）受動態	売られている？		
28	関代（目・サンド）	［教師要請の解答方法に対し］がちがちに言わなきゃいけない…。		
	「わからない」内容の傾向総計（回）		(i)3 (ii)3 (iii)16 (iv)16 (v)5	

(網かけ「わからない」，□「わかる」に帰するつぶやき，下線文法用語に関連する発話，斜字文法用語以外に関する発話，［　］筆者による補足。「わからない」内容の傾向5つ：(i)語彙；(ii)訳；(iii)統語・文構造；(iv)文法用語・文法概念；(v)教師の説明）

　松田くんの「つぶやき」における主語の大半は省略され，述語のみで語られている。ヴィゴツキー（2001）は，「自己中心的ことば」における，主語や関連する言葉が省略される「述語主義」（p. 414）の傾向について指摘しており，松田くんの「つぶやき」にもこの「述語主義」が見られる。松田くんは，19回ほど文法に関する「…って何？」，「…わかんない」というつぶやきを発している（表4網かけ部分）。例えば，彼は「［現在完了の経験的用法って］何それ(44)」；「［主格って］言えないの(57)」；「え，何それ？　目的格(60)」；「Whomとか何」；「所有格(62)」；「所有格って(63)」と述べている。これら19回の「つぶやき」のうちの10回は，何らかの形で文法用語に関連しているとみなすことができる（表4下線部）。また，「つぶやき」の「述語主義」をふまえ，省略されていることばの様相も含めて考察すると，彼は教師の述べた文法用語を含意する「つぶやき」を9回発している(44), (45), (48), (57), (58), (59), (60), (62), (63)。なお，これらは全て，1つの相と3つの格（i.e., 現在完了の経験的用法；関係代名詞の主格；目的格；所有格）に関する「つぶやき」である。そして表4は，19回発せられた彼の「わからない」という「つぶやき」のうち，16回が(iii)「統語・文構造」と，(iv)「文法用語・文法概念」に関するものであるとの解釈を示す。以上から，松田くん

が教師の述べた文法用語を頻繁につぶやいており，相や格に関する理解に乏しく，当該文法事項についての「文法用語・文法概念」，ならびに「統語・文構造」につまずきを覚えていることが示唆される。

第3項　松田くんの期末考査の解答

2学期期末考査における，松田くんの関係代名詞に関する記載事項を以下に示す（表5）。

表5　松田くんの解答と誤りの特徴，ならびに教師による設問の意図

No	格，形式	松田くんによる解答（下線部が誤り）	正誤・誤りの特徴	設問の意図
1	主格・尾っぽ型	Look at the boy and his dog（ウ that）are running in the park.	○	(ⅲ, ⅳ)
2		Barack Obama has a father (that) comes from Kenya.	○	(ⅲ, ⅳ)
3		Kathy is a girl. She sings well. =Kathy is a girl who sings well.	○	(ⅲ, ⅳ)
4		京都はたくさんのお寺がある古い都市です。=Kyoto is old city which a lot of temples.	×動詞・冠詞ぬけ（ⅱ, ⅲ, ⅳ）	(ⅱ, ⅲ, ⅳ)
5	主格・サンドイッチ型	All the people (that) lived in this house became sick.	○	(ⅲ, ⅳ)
6		The house is Mary's. It stands near the station. =The house which stands near the station is Mary's.	○	(ⅲ, ⅳ)
7		The building which stands on the hill is a hospital. =高い所に建っているビルが病院です	△丘という語彙なし(ⅰ)	(ⅱ, ⅲ)
8		The boy (wrote this story who was born in) Canada.	×動詞の概念・サンドイッチ不明瞭（ⅲ, ⅳ）	(ⅲ, ⅳ)
9	目的格・尾っぽ型	This is the (biggest ship that I have ever seen).	○	(ⅲ, ⅳ)
10		Is this the book which you like the best?（省略可能）	○	(ⅲ, ⅳ)
11		The letter which I got yesterday was from Ken.（省略可能）	○	(ⅲ, ⅳ)
12	目的格・サンドイッチ型	The musician is Michael. Everyone knows him. =The musician that Everyone knows is Michael.	△二文を一文には概ね理解されている（ⅲ, ⅳ）	(ⅲ, ⅳ)

13	The people (who) we met there were all kind.	×先行詞・サンドイッチが不明瞭（ⅲ,ⅳ）	（ⅲ,ⅳ）
14	The movies (who) many people saw two years ago was "Pirates of Caribbean."	×先行詞・サンドイッチが不明瞭（ⅲ,ⅳ）	（ⅲ,ⅳ）
15	君が昨晩会った女性は医者です＝The women who you met a yesterday is doctor.	×先行詞・冠詞・サンドイッチ不明瞭（ⅱ,ⅲ,ⅳ）	（ⅱ,ⅲ,ⅳ）
16	Please show me the photos taken by Jack in Kyoto…＝Please show me the photos (which) (took) in Kyoto…	×サンドイッチ・動詞の概念不明瞭（ⅲ,ⅳ）	（ⅲ,ⅳ）

(「誤りの特徴」「設問の意図」における4傾向：(ⅰ)語彙；(ⅱ)訳；(ⅲ)統語・文構造；(ⅳ)文法

　松田くんは16問中8問の正答を得ており，また「二文を一文にしなさい」という3設問（No. 3，6，12）に関しても概ね正答を得ている（表5）。しかし"The movies (who) many people saw two years ago was "Pirates of Caribbean."（表5，No. 14）"においては，"who"という誤答を記している。実際に各解答の内容を比較すると，主格と目的格を網羅する各8設問の中に，目的格に関しての誤答が4つ認められ（表5，No. 13〜16），それらは全て「サンドイッチ型」に関しての設問である。また教師は，16問中15問における「設問の意図」として，(ⅲ)統語・文構造と(ⅳ)文法用語・文法概念，を挙げている（表5）。そして松田くんの誤りの傾向として，冠詞に関する間違い，ならびに動詞という概念の不明瞭さが指摘できる（表5，No. 4，8，15，16）。つまり松田くんが，関係代名詞について一定程度理解しているとみなし得る一方で，関係代名詞の中でも「目的格・サンドイッチ型」を苦手としていると考えられる。しかし同時に，先行詞がヒトかモノかを見極められないこともあり，他にも冠詞や動詞に関してつまずきを覚えていることが示唆される。

第4項　事例の解釈

　本項では，ヴィゴツキー（2001）による「述語主義」ならびに「語義と意味」という2つの概念を用いて，〈事例7，8〉での教室談話における松田く

んの「つぶやき」の特徴を捉え，期末考査の解答内容を参照した上で解釈する。

(1) 「述語主義」が示唆する松田くんの葛藤

〈事例7〉において，松田くんは「<u>そんなんじゃ意味わかんない(54)</u>」と述べた。すると，生徒のつぶやきにおける「述語主義」に，潜在的に気づいていたと思われる教師が，「<u>どの部分が(55)</u>」と彼に尋ね，主語を補足することを求めた。しかし松田くんは「<u>なんでもない(56)</u>」と返答する。野坂くんが「<u>なんでいったりきたりするのかがわからない(53)</u>」と，明確な主語を述べて自らの疑問を述べるのに対し，松田くんはこの場面において主語を補完しなかった。したがって談話録からは松田くんが直前の教師の説明がわからないのか，「サンドイッチ型」がわからないのか，いわゆる「自分でもどこがわからないのかわからない」状態にあるのかが，はっきりとは読み取れない。

一方で松田くんは関係代名詞に関し，16問中8問を正答しており，「二文を一文にしなさい」という3設問（No. 3, 6, 12）においても，ほぼ正答を記している（表5）。したがって松田くんが関係代名詞を一定程度は理解しているとの解釈も成り立つ。しかし〈事例7〉では，「関係代名詞の目的格」と「現在完了の経験的用法」について，彼は12回「わからない」と繰り返している<u>(40)</u>, <u>(41)</u>, <u>(44)</u>, <u>(45)</u>, <u>(47)</u>, <u>(48)</u>, <u>(51)</u>, <u>(54)</u>, <u>(57)</u>～<u>(59)</u>, <u>(60)</u>（表4網かけ部分）。また，「<u>そんなんじゃ意味わかんない(54)</u>〈事例7〉」，ならびに「<u>主格じゃない，えっと，目的格(72)</u>〈事例8〉」との周囲を見回し，反応をうかがって自信がなさそうに述べる彼の発話は，いずれも「サンドイッチ型」に関するものである。そして〈事例7〉の談話録に合致する，期末考査での和文英作問題において彼は，"The women <u>who</u> you met <u>a</u> yesterday is_doctor."（表5, No.15）と記しており，答案には「目的格・サンドイッチ型」の不正解が6問中4問以上見受けられる（表5）。さらに，"The movies（who）many people saw two years ago was "Pirates of Caribbean."（表 5 , No. 14）における，"who" という誤答は，先行詞がヒトかモノか，さらには主格か目的格かについて，松田くんが明確には見分けられなかった可能性を示唆している。したがって本時の授業目標である，「関係代名詞目的格の that」の理解が円滑にはなされておらず，新出文法事項の理解が深まらないままに，松田くんが試験当日を迎える運びとなったことが推察される。

　また上述したように，松田くんは本授業において19回ほど文法に関する「…って何？」，「…わかんない」というつぶやきを発している（表 4 網かけ部分）。そのうち10回は何らかの形で文法用語に関連していると解釈され（表 4 下線部），既述のように，彼は教師の述べた文法用語を含意する「つぶやき」を，9 回発している。これらのつぶやきにおける「述語主義」をふまえた上で，各々の主語を筆者らが推察し補足した結果，彼が「わからない」主たる内容として，(ⅲ)「統語・文構造」と，(ⅳ)「文法用語・文法概念」が指摘されている（表 4 ）。また，表 5 の「設問の意図」からは，教師が定期試験において(ⅲ)と(ⅳ)に関する理解確認を主眼に置いていることが示唆される。実際にインタビューで教師は，授業での新出文法事項導入時には通常，最初に生徒による新たな目標文の構造理解を最優先させ，説明時最後に文法用語の紹介に至る形式が多いと述べる。そして後日改めて新出文法事項の定着・復習を実施する折には，文法用語を提示して，生徒による文法概念，ならびに文構造の理解を確認する手順を経るという（2010年 4 月）。つまり文法用語を使って，文法概念・文構造に関する生徒の記憶を想起させ，相互間における思考の往還を図ることにより，生徒の文法理解の深化を教師は志向していると考えられる。具体例を挙げれば，〈事例 7 〉冒頭では，実際に 3 年次 1 学期の既習事項である「現在完了の経験的用法」に関して，教師は「we have hadって，どんな形？」と尋ねた。具体的な句構造を提示し，文法用語または文法概念を生徒に問うことで，復習を試みていると解釈できる。一方でこ

の〈事例7〉で松田くんは，12回「わからない」と述べており，その「わからない」内容が，主として「現在完了の経験的用法」と「目的格that」に関する(ⅲ)「統語・文構造」と(ⅳ)「文法用語・文法概念」であると指摘できる（表4）。そして，教師の述べた文法用語を含意する9回の「つぶやき」からは，文法用語（i.e., 現在完了，主格，目的格，「サンドイッチ型」）に付随する文法概念や文構造に，松田くんの内言が未だ至っていない可能性が示唆される。つまり，彼の内言では「have had＝現在完了」という発想が，確立されていない可能性に加え，本授業で扱われた関係代名詞の「目的格・サンドイッチ型」に関しても，類似の傾向にある旨が指摘できよう。以下では，この「統語・文構造」ならびに「文法用語・文法概念」に関する松田くんの「わからなさ」について，ヴィゴツキーによる「語義と意味」の概念を用いてさらに検討を加える。

(2)「語義［meaning］と意味［sense］」の不一致による松田くんの葛藤
　〈事例7〉冒頭で松田くんは，"we have had" に関して「<u>hadって何(40)</u>」と尋ね，「<u>意味わかんない(45)</u>」と述べている。実際の「つぶやき」に基づいて推察すると，彼の内言は当初，hadに関する語義と意味で占められていたと考えられる（「<u>hadって何(40)</u>」）。しかしこの時点で彼は，次に仲間が述べた「<u>現在完了(42)</u>」の語義や意味には，考えが及んでいなかったようである（「<u>何それ(44)</u>」）。続く「<u>経験した中で［we have had］(46)</u>」と教師が述べた和訳において，教師は "have had" が包摂し得る多様な意味の一つとして，「<u>経験した(46)</u>」という和訳を採用している。これは教師が述べた「<u>経験的用法(43)</u>」が含意する語義や意味にも関連していると考えられる。しかし松田くんの内言において，「<u>経験的用法(43)</u>」と「<u>経験した(46)</u>」がつながっていない可能性が示唆される（「<u>経験？(48)</u>」）。したがって彼の内言では，"had" ならびに「経験」という語に関する語義と意味が，短時間に錯綜していたのかもしれないし，もしかしたらそもそも彼の内言が，その段階にまで

至っていなかったのかもしれない。

　また上述したように，松田くんは格や相について度々訊き直している。このことから，彼の内言において，格や相の「語義に意味が優越［して］」（ヴィゴツキー2001, p. 414）いない可能性が示唆される。教師はインタビューにおいて，新出文法事項導入の際には，生徒による文構造の理解を最優先させると語る（2010年4月）。これはつまり，「社会的に規格化され［た］」（柴田，2010）語義としての新出文法事項と文構造を，教師が授業で提示する際に，できるだけ早く「語義に意味が優越する」段階へと各生徒を誘う所以と解釈できる。そして教師による説明における最後の文法用語の紹介は，各生徒が「社会的に規格化された語義」に付与した「個人的な意味」の上に，改めて「辞書的な語義」を付託することにより，生徒による語義と意味の一致と結束をより強固で確実なものにしようとする試みとみなすことができる。そして後日，新出文法事項の定着や復習を図る際に，教師が「共通の語義」（柴田，2010）としての文法用語を提示することにより，各生徒は語義に付与した「自らの思い」を自己表現活動等で述べることが期待され（see 第4章），授業で生徒が，個人の新たな意味を込めて語る文法概念・文構造に，教師が接近することが可能となる。このような段階を経ることにより，生徒による文法の深い理解が促され，最終的に教師が試験で生徒の文法理解の度合いを測定し評価すると考えられる。

　しかし，松田くんによる「**経験？(48)**」;「**[現在完了の経験的用法って]何それ(44)**」;「**[主格って] 言えないの(57)**」;「**え，何それ？　目的格(60)**」という「つぶやき」は全て，前時以前の教師による語義の紹介時に，彼自身による意味の付与が十分になされなかった可能性を示唆している。特に「現在完了の経験的用法」は3年次1学期の既習事項であることから，「語義に意味を優先」させ，「語義の意味を補足し」拡張する時間が，11月の本授業までに一定期間保障されていた旨が指摘できる。また，松田くんによる主格，目的格，所有格に関する「つぶやき」は，彼が今しばらく語義に自らの意味

を付与する時間を必要としていること，さらには1年次の既習事項である「代名詞の格変化」に関する彼の理解が滞っている可能性も示唆している（2009年12月）[27]。続いては，彼の「わからなさ」と，理解に至る道程のあり方について，「文化的道具の習得と専有」（ワーチ，2004）という見解に基づき検討する。

第4節　総合考察

　前節では，松田くんの「わからなさ」が，(a)関係代名詞と現在完了に関する「統語・文構造」と「文法用語・文法概念」についてのつまずき，(b)格や相，冠詞や動詞，に関してのつまずき，(c)「語義に意味が優越する」段階に至らないつまずき，を含意している可能性を示唆している。なお，以下では，英文法を理解することについて，人間の発達過程をふまえたワーチ（2004）による視座に基づき，検討する。

　ワーチ（2004）によれば，「文化的道具」は媒介的行為を促進するという。そして，人間の発達とは「現存する文化的道具のセットに一人ひとりがどのように遭遇しそれを習得するか」（p. 41）を指すと述べられている。実際に「現在完了の経験的用法」という用語と概念は，日本人の英語学習者用に開発された明治期先達による歴史的所産（斎藤，2010）であり，英語学習促進のために考案された「文化的道具」とみなすことができる。また教師は，生徒が高校進学後に文法用語で混乱しないように，授業で敢えて頻繁に文法用語を使用すると述べている（2008年12月）。しかし実際の松田くんによる一連の「わからない」という「つぶやき」は，「<u>オレ，ここ［サンドイッチ型</u>

---

[27] 松田くんらが1年次に，この教師は英語を担当していなかった。そして本時の生徒による反応と応答から推察し，教師は，彼らが当時「代名詞の格変化」を同僚の英語教師から教わっていなかったのではないか，という懸念をこの場面で抱き，実際に授業を成立させることの難しかったこの同僚に対する不信と苛立ちを覚えていた（2009年11月）とインタビュー時に語っている。

の関係代名詞，得意になった，先生のおかげで(49)」；「塾でやったとき，苦手だったのに(50)」という大城くんの「つぶやき」とは対照的であり，「文化的道具」の使用に困難をきたす松田くんの姿を想起させる。ワーチは円滑に媒介手段を使用できることが「習得」であり，「専有」は「習得」より，高次の段階にある（p. 63）と述べる。なお，大城くんは塾で既に「関係代名詞の目的格」に出会い，その習得を志向し本授業に臨んでいる。彼は〈事例7〉末尾で，「いまいち，目的格[28]っていうのと補語の違いがわかんない(61)」とも述べている。一方の松田くんは塾に通っていない（2009年12月）。したがって松田くんがこれらの「道具」に接する機会は，概ね学校の授業及び自宅学習に限定されると考えられる。つまり松田くんによる英語の学習過程においては，大城くんのように種々の葛藤を感じるに足る，「道具」の使用を含む一定時間を費やす必要性が示唆される。そして，松田くんが「文化的道具」の使用に慣れることに始まり，その過程で徐々に「道具［名］」が随伴する語義に，彼独自の「個人的な意味」（柴田，2010）をまとわせることが可能になっていくと解釈できる。

　また，松田くんの「道具名」の反復（e.g.,「所有格って」）は，生徒が新たな「道具」に接する際に感じとる抵抗の現れとみなすこともできる。加えて，さらに視点を変えれば，松田くんによる一連の「わからない」という「つぶやき」は，学習内容を「わかりたい」という彼の気持ちの現れとも解釈できる。実際に本授業10ヵ月後の時点で教師は，自らの過去の実践を省察し，以下のように記す。

> 今思い返してみると，松田くんは文法用語を含む諸概念をわかりたかったのであろうと考えます。試験当日に関係代名詞がわからないと私に訴えたことも，彼にとっては，わかりたいのにわかるようにしてくれなかった私への静かな抗議だったのかもしれない，とも思えます…テスト直前とはいえ，いかに私が生徒の「わからない」に寄り添えていないのか，松田くんが19回も「わからない」といって

---

28) この「目的格」は，「目的語」だと思われる。

いたことが認識できていなかったことに愕然としました。現実を受け入れるのは難しいですが，教師失格ですね…文法用語の使用について考える契機となりました。生徒は何が「わからない」のかをよくつかんで今後の授業に反映させて進めていきたいです…授業自体の構成にもかかわることですが，今まで良かれと思ってやってきたことが本当は生徒の理解を妨げているかもしれないので，何を削って，何を充実させていくべきなのか…今まで身につけてきた授業スタイルを変えていくことの難しさも感じています。年齢のせいもあるでしょうけど（2010年8月）。

なお，教師による文法の授業様式は，過去の自らの学習経験と教師としての実務経験，ならびに教室での実際のやりとりに規定される（Borg, 1999）。このことから，本章で照射する松田くんによる「わからなさ」が，今後の教師自身の「文化的道具」の使用，ならびに教師による授業実践に対し，何らかの影響を及ぼす可能性が示唆される[29]。

また，既述のように松田くんの「わからなさ」には，関係代名詞と現在完了に関する「統語・文構造」についての，つまずきがあると考えられる。国立教育政策研究所教育課程研究センター（2012）の『英語：「書くこと」調査結果（中学校）』によれば，「文と文のつながりに注意してまとまりのある文章を書く」(p. 29) 際の中学生による誤答として，語順・時制等を含む文構造に関する過ちが多かったと報告されている。つまり英語の文構造の理解に際して，困難を抱える中学生は相対的に少なくないと言える。加えて，日本の中学・高校生が記した英作文コーパス・データを分析した阿部（2013）は，全体的な傾向として，初級レベルの学習者には動詞に関する誤りが多いと述べている。実際に，現在完了に関わる松田くんの発話 <u>(40)</u>，<u>(41)</u>，<u>(44)</u>，<u>(45)</u>，<u>(47)</u>，<u>(48)</u> 以外にも，「<u>is じゃないの(51)</u>」；「<u>［主格って］言え</u>

---

[29] 実際に，2010年8月の上記教師コメントの内容と，2009年4月時点，ならびに2009年11月・12月時点で実施したインタビューにおける松田くんの発話に対する教師の認識は，一様ではない。したがって，この間に教師による認識に何らかの変容があったことが示唆され，教師自身もこのことを認めている。なお，この教師による認識の変容に関しては，第10章を参照されたい。

ないの(57)」；「へー，全然わかんない(59)」；「売られている（表4，27)」；「先行詞が人で，is だから…(70)」という発話は，全て動詞に関する彼の理解の不確かさを示唆している。"Kyoto is_old city which_a lot of temples.（表5, No. 4)" という彼の誤答も，動詞をめぐっての彼のつまずきの一環にあると解釈できる。松田くんが動詞について教師に初めて尋ねたのは，本授業の19ヵ月前のことである。にもかかわらず，未だに動詞という「道具」を彼が習得していないとすれば，殊の外，このことの理解に時間を要していると考えられる。また，松田くんによる「道具名」の反復と動詞に関する「わからなさ」は，彼の外国語習得が今しがた始まったばかりであり，来たる「専有」（ワーチ，2004）の段階を想定した場合には，今後の道程の長さと，公教育での外国語学習の難しさを改めて我々に知らしめる。そして，「動詞って何ですか」という質問が発せられてから，既に19ヵ月を経るという事実は，この間の日々の授業や定期考査において，教師がどのように松田くんの学びの履歴を察知し，学びの道筋に寄り添ってきたかを問い直すものとなる。

　本章は，松田くんによる「わからない」というつぶやきに着目し，彼の「わからなさ」を「述語主義」と「語義と意味」の概念に即して分析し，「道具の習得」という視座の下に検討を加えた。結果として，彼の内言においては，関係代名詞と現在完了の「統語・文構造」のみならず，「文法用語・文法概念」に関する理解が滞っている可能性が示唆された。また，松田くんが複数の文法用語に，自分自身の意味や思いを込めることができていない段階にあることから，生徒によっては，教師が授業で使用する文法用語を使いこなすことが難しいことがわかった。そして，授業で導入・復習がなされてから19ヵ月以上を経ても，彼が特定の文法項目を理解していないことが示された。さらに本章では，定期試験の2日前の授業において，文法事項の理解定着がままならない生徒による発話の様相について，彼の「つぶやき」を分析することで捉えている。そして，当該生徒の発した「つぶやき」を，彼の内言の表出として解釈することに加え，彼の英語科評価得点が平均的である事

実をふまえると，彼の発話が理解中程度の他生徒の内言を代弁していた可能性も示唆される。実際に，松田くんのように授業中に「つぶやき」を頻繁に発する生徒が見られる一方で，文法事項が理解できない際に，沈黙を守る生徒も少なくなかった。したがって今後もテストの結果に加えて，授業におけるより多くの英語教師と生徒による発話や記述を細部にわたって注視し，つまずきを捉えその要因を明らかにすることが望まれる。なお，「授業という現実の質を学習者の側にたってきめこまかく語れる談話をどのように生み出せるのか，それによって授業をいかに改善するか」（秋田，2009a, p. 211）が重要であるとの指摘もなされている。よって今後は教師と共に，生徒が英文法を「わかる」授業案の作成と実施を企図し，文法授業における教室談話の有り様を熟考した上で，改善策を追究していくことが求められる。

第7章　文法授業における生徒間の
協働的[30]な対話の検討

　前章では，2009年11月の文法授業における，一人の生徒による「わからない」という「つぶやき」の様相を検討している。そして該当生徒が，主として関係代名詞と現在完了の「統語・文構造」と「文法用語・文法概念」につまずきを覚えていることが示唆された。また残された課題として，生徒が英文法を「わかる」授業の追究と，そこではどのような教室談話が生起するのかを，捉えることが求められている。なお，本章では前章の知見を得た本研究協力者教師が，以来，授業に関する省察を繰り返す中で，英語の苦手な生徒の発話に留意するようになったことに着目し，2010年2月～2011年12月までの1年10ヵ月間の授業実践に焦点をあてる。そしてこの間の教師による認識をふまえ，実際の教室談話を分析し，文法指導時に媒介となる，生徒間の協働的な対話のあり方を検討する。

第1節　本章の目的

　本章の目的は，中学3年生を対象とした，S, V, O, Cという統語，ならびに受動態，そして関係代名詞を扱う文法指導時に生起した，生徒間対話の様相を検討することである。なお，本研究協力者教師は自らの授業実践における教室談話の有り様について，以下のように省察している（東條・吉岡，2012）。

---

30) 本研究においては，教師ならびに生徒が主体的に授業に参加し，共に影響を及ぼし合い，知を構成するという見地に基づき，一貫して「協働」という用語を採用する。なおヴィゴツキー（2001）は「発達の最近接領域」（p. 297）に関し，「共同」（p. 299）と記している。従って本書における各々の表記は，原典に即し区別されている。

「授業は，教師と生徒が協働で作り上げるものである」という信条の下，教師は教歴25年の間一貫して，問いを投げかけ生徒の思考と応答を促すことによる，教師と生徒間の双方向的な問答型対話を重視してきた。しかしペア・ワークを除いては生徒間の対話を授業で活用する機会は殆どなく，結果として教室談話が教師主導となる傾向が否めなかった。このことを招いた一因として，外国語教育の特性が挙げられよう。母語ではない外国語の教授・学習に際しては，目標言語に関する教師と生徒の知識における差異が甚大で，授業で生徒が既有知識を活用する機会が限定される。教師には授業で生徒の言語運用能力を訓練する役割も求められ，生徒間対話の追究という発想自体が長らく欠如していた，と教師は記す。このことに加え，教師の信条と授業観に影響を及ぼした3つの具体的な経験が以下である：(a)1985年新任当初に，グループ活動を導入したところ，授業中に生徒が立ち歩くという苦い経験をした。結果として生徒間対話は，小グループ活動を通してのみ実現されるという先入観にとらわれ，上記の経験がトラウマとなり，学級全体での教師と生徒間における対話をより志向するようになった；(b)新任以来数多の研修・研究授業に参加したが，英語教育界において，生徒間対話を具現する実践に触れたことはなく，身近に模範例がなかった；(c)上述の経緯の下に教師は，教師主導による問答型授業様式を追究するようになった。その結果，授業における生徒の発話頻度が教師の発話頻度を上回る（see 第5章表3）ようになり，教師はこの様式の確立に充実感を覚え，生徒間における対話の可能性に，思いが至らなくなった。しかし本章の〈事例9，10〉が示す，2010年2月の授業が転機となり，教師は生徒間対話の有用性を実感した。以来可能な限り，この対話を授業で活用している。

一方，日本国内では折しも，公教育における生徒間の対話と協働的な学習に，関心が寄せられている。江利川（2012）は，全国の教師と共に著作を上梓し，英文読解や英作文，英文法やスピーチ発表等多岐に亘る学習内容を網羅する実践報告と授業案を提示し，公教育での英語科授業における協同学習

の可能性を論じている。しかし，上掲書で示された協同学習は全てグループ学習に関するもので，生徒が具体的にどのような場面でどのようなつまずきを覚えているかについては，明らかにされていない。加えて，「文法が難しい」（ベネッセ教育研究開発センター，2009, p. 9）と苦悩する多くの中学生と，彼らを指導する英語教師を対象に，協同学習を介し，文法に関する何がどのように理解可能なのかという具体策や提言がなされていない。つまり上掲書は，グループ学習の実施方法を幅広く概説する一方で，生徒の理解向上を実証する分析を欠いており，その結果，協同学習という一指導法の手引書になっている。しかし，「一斉授業の弊害を打破する学びのスタイル」（江利川，2009, pp. 64-65）としての協同学習による教育実践が，どのように展開され，生徒の理解がどのように促進され，このことの実現のために教師がどのような思考を辿ったのかを，実証的に論ずる必要がある。実際にLyle（2008）は，グループ活動のみならず，学級全体における協働的な対話のあり方と，学習者への教師による関わり方を明らかにすることの必要性を指摘している。よって教室における現実の社会的文脈を捨象することなく，文法理解に際し媒介の機能を果たす，教室談話の様相を捉えることが求められている。そして，これらの知見を加味することにより，授業実践者にとっては新たな教育実践の創出が可能となろう。

　本章においては，本研究協力者教師が奇しくも小集団学習と学級全体での話し合いの往還による文法指導に着手するようになったことに注目し，この教師の授業実践における学級単位での生徒間対話のあり方を考察する。具体的には，生徒間での対話が生起した4つの談話事例を，「発達の最近接領域［zone of proximal development, ZPD］」（ヴィゴツキー，2001, p. 297）の概念に基づき検討する。

第2節　調査方法

本章における対象授業と調査手法，ならびに分析手法と分析概念は，以下の通りである。

第1項　対象授業

対象授業は，以下に示す通りである。教師は2008年4月～2010年3月の前任校での2年間，中学2・3年生対象の文法指導時に，S, V, O, C という統語概念を用いて英文の構造を教授した。また現任校での2010年4月～2013年12月現在に至るまで，文法指導時における生徒間の対話を可能な限り保障することを試みている。本章では，これらの授業を述懐した教師自らが，近年の教育実践における節目として捉え，「経験の結晶化」（箕浦，2009, p. 94）[31]とみなすに足ると述べる，生徒間対話が生起した前任校と現任校の3年生対

表6　授業進行表（使用教材：三省堂 *New Crown English Series New Edition 3*, 2006）

2010年2月5日	前任校	Lesson 7　A Vulture and a Child（間接疑問文，how to- ）　長文読解，総復習	〈事例9，10〉
2011年4月15日	現任校	Lesson 1　Wonder Rings（受動態の復習）	〈事例11〉
12月8日	現任校	Lesson 9　On the Top of the World（関係代名詞）	〈事例12〉

象の授業3校時：2010年2月5日A組における文型の復習；2011年4月15日C組における受動態の復習；2011年12月8日F組における関係代名詞の復習，に焦点をあてている。なお，2010年2月，2011年4月と12月の授業は，

---

[31]「経験の結晶化」とは，既述のように「教師がさまざまな場面である心に残ったエピソードを反芻し，さらに起こった関連の出来事を何度も体験することによって，子どもと教師の関係からつむぎ出された経験が一つの記録に価するエピソードとして記述してよいと感じられるまでに熟すのを待つことである」（箕浦，2009, pp. 94-95）。

上記の進行表に沿って実施された。授業内容と実際の授業実施日，及び事例を記す（表6）。

第2項　調査手法

以下で示す(1)の(a)，(b)，ならびに(2)，(3)の手順に拠った。

(1)　(a)2009年4月〜2010年3月の60日間（全108校時）の観察データとIC録音より，上述の「経験の結晶化」（箕浦，2009, p. 94）の概念をふまえ，年間の文法指導時における生徒間対話が最長であると教師と筆者が同意した，2010年2月5日3年A組1校時分の談話録を作成した。談話録に教師のコメントが記載され，教師を対象とした対話的なインタビューが複数回実施された；(b)2010年4月〜2011年12月の45日間（全107校時）の観察データとIC録音より，(a)と同様の手続きを経て，1・2学期の文法指導時における生徒間対話が最長であると教師と筆者が合意した，2011年4月15日の3年C組1校時分と，12月8日3年F組1校時分の談話録を作成した。談話録に教師によるコメントが付され，教師への対話的なインタビューが複数回実施された。なお，本章では，教師インタビュー・データと教師コメント，教師を対象とした自由記述式の紙面アンケートにおける回答も，適宜参照する。

(2)　2011年5月に自由記述形式による教師への紙面アンケートが実施された。設問は，「○○と記して／述べていますが，どうしてですか」という，授業実践に関する教師の思考や認識について尋ねる60問であり，ゴールデンウィーク中に教師からの回答を得た。

(3)　2011年12月8日〈事例12〉の授業約1週間後に，学級全員の前で関係代名詞について説明した，菅沼くんを対象とする任意の個別紙面アンケートが，教師により実施された。アンケートには，当該授業の前時に実施されたグループ学習以前と，以後における関係代名詞の理解をめぐっての質問が付され，自由記述による菅沼くんの回答を得た。また，該当学級における各生徒の関係代名詞に関する理解の有り様を知るために，当該授業の3日後12月

11日に，教師は「関係代名詞について説明しなさい」という問いを全生徒に紙面で課した。生徒36名中28名から回答を入手し，筆者が記載内容を一部抜粋し参照した。

第3項　分析手法と分析概念

　以下の(1)と(2)の手順を経て4つの事例を選択し，(3)で示す分析概念を用いて，教室談話の様相を検討した。

　(1)　2010年2月5日の談話録データを話者交代で区切り，「組織的事例選択」(やまだ，2002, p. 73)の手順を経て教師と筆者が協議し，時期と授業内容を考慮し，生徒間対話の有り様を最もよく示すと合意した2事例を選定した〈事例9，10〉。

　(2)　2011年4月15日と12月8日の談話録データについても同様の手順を辿り，各1事例を抽出した〈事例11，12〉。

　(3)　本章における分析概念は，ヴィゴツキー(2001)の「発達の最近接領域(ZPD)」に拠っている。ヴィゴツキーはZPDを，「助けがあれば子どもはつねに自分一人でするときよりも多くの問題を，困難な問題を解くことができる．．．．共同のなかでは，子どもは自分ひとりでする作業のときよりも強力になり，有能になる。かれは，自分が解く知的難問の水準を高く引き上げる」(pp. 299-300)と述べている。本章では，実際の教室談話のあり方を検討する際に，この概念による説明と解釈を試みる。なお，上記のヴィゴツキーによるZPDの概念について，佐藤(2006)は，「そもそもヴィゴツキーは概念を大人から子どもへ，教師から生徒へと『手渡す』ことはできない．．．．『導く』ことしかできない，と考えた」(p. 20)と述べている。そして，SLAの領域でZPDが扱われている先行研究を概観した結果，ZPD解釈のあり方に以下の3類型があると指摘している：(a)「社会性を補完するためのZPD」；(b)「『足場かけ』としてのZPD」；(c)「『協働的対話』としてのZPD」(pp. 23-24)。すなわち，(a)は，グループ・ワーク等何らかの生徒間対話を伴い，

従来のSLA研究が得意としてきた個人内［intra］認知ではなく，個人間の［inter］認知過程を照射し，教室における社会的交流の機会を含意する一方で，「ヴィゴツキーの発想とは切り離された状態で，今まであった第二言語学習研究に接ぎ木されたZPD解釈である」(p. 23)。つまり従来のSLA研究志向性に，かろうじて対人間での「『社会性』[32]を補完する」状態に留まる解釈であり，ヴィゴツキーによるZPDの思想とは異なるものであるという。(b)は，大人による子どもへの支援としての"scaffolding"(Wood, Bruner and Ross, 1976)を援用した解釈であり，(c)はZPDに関わる学習者と教師が，「協働的対話」を介して共に変化を遂げ，支援ではなく対話が生起する相互作用の場となる。佐藤は，言語学習は認知的変容過程であり，新たな知が協働的に構築されることから，(c)がヴィゴツキーによるZPD概念に最も近いと論ずる。

本章では，ヴィゴツキー（2001）によるZPDの概念に基づき，佐藤（2006）が示したZPDの3類型をふまえ，各事例における談話録を分析する。

第3節 結果と考察

始めに教師の授業観と発話生成の文脈について説明し，次に実際の教室談話録を提示する。続いて教師インタビューの回答，ならびに授業コメントをふまえ，各事例における談話録を「発達の最近接領域（ZPD）」（ヴィゴツキー, 2001, pp. 299-300）の概念に即して解釈する。

---

[32] この場面における『社会性』の用いられ方と，本書が一貫して依拠する「社会的生活の起源」(Wertsch, 1985, pp. 14-15／ワーチ，2004, p. 37) における「社会的」が含意するところは，同一ではない。したがって双方を区別するために，前者を『社会性』と記す。

第1項 「『社会性』を補完するためのZPD」

(1) 教師の授業観と発話生成の文脈

　この日は都立校一般入試の出願日で，生徒10名が不在であった。23名を対象とした授業のため復習が中心となり，新出事項を扱うことができないことから，教師には心理的ゆとりがあった（東條・吉岡, 2012）。なお，この授業では直樹くんが「…ってなんだっけ」という質問を3回発し，以下はその1回目を示す。教師は2008年4月に当時2年の彼らと出会って以来，折に触れ間違いを恐れずに，自分の思考を述べることを奨励してきた。直樹くんは教師のこの期待に，十分に応えている。彼は友人が心配する程に英語が苦手だが，臆することなく授業中に堂々と発言するため，級友から一目置かれている（2009年7月）。以下では疑問詞が主語になる"Who ate this (78)"の復習時に，生徒が「わかんない(81)，(83)」と述べており，教師はここで，生徒にとってこの文構造の理解が難しいことを再認識していた。入試を直前に控え，英語学習に悲観的な男子生徒による「諦めムード」の濃い様相を前に，「何とか理解してほしい」と，教師が内心で策を練っている場面である。

(2) 〈事例9―もういいや英語〉2010年2月5日3年A組4校時20m21s-24m53s
英語と日本語の形容詞における機能の相違が話題に上る．
T：　Is Amy angry? って．
直樹：形容詞って何でわかるんだっけ？(73)
T：　形容詞って何でわかる？　どこで？
直樹：もう…, いい, いい.
T：　ここで？（1ターン略）
B：　形容詞って….
直樹：英語の形容詞って何だっけ？(74)
T：　英語の形容詞は，そうだね，えっと，名詞を修飾する．(75)
直樹：あ, むつかしい話はいいや. (76)
Ss：ハハハ（笑い）.
T：　あ, そっか. 例えば, angry boy.
野坂：なんかさぁ, ポイントだけ言ってぱっぱってね. (77)　（直樹くんに向かって）

T: そうだよね.
直樹：まぁ，いいや．Angry って形容詞か．(― 2分中略―)
T: (I don't know who ate this. という文章に関して) Who ate this? (78)　誰がこれ食べたの？（3ターン略）これ，ね，who ate this? だってこれ，主語はだれ？（動詞も確認される：5ターン略）で，this は？
B: 目的.
B: C.
大城啓太：O.
T: 誰イコールこれ，って言える？(79)
大城啓太：だから，O.
B: 言えない.
T: 言えないから，だからこれは？
神林＋山下＋Ss：O.
野坂：これ，後の祭り．オレ，これ，我慢できない．(80)
T: 何が？
野坂：まずい，これ．
T: 何言ってんのよ．なになにを，っていうのにあたるのが目的語っていうんだったね．
赤城：わかんない．(81)
大城啓太：わかれよ．
奈良：もう，いいや，英語．(82)
野坂：もう，わかんないよ(83)，小学校一年生じゃ…（不明）．（以下，省略）

(3) 〈事例 9〉の解釈

　直樹くんが「形容詞って何［でわかるん］だっけ(73), (74)」と自発的に尋ね，教師が「英語の形容詞は…名詞を修飾する(75)」と述べた．すると直樹くんと野坂くんの間に対話が生起し，「あ，むつかしい話はいいや(76)」；「なんかさぁ，ポイントだけ言ってぱっぱってね(77)」と，教師の説明に対する批判がなされた．続いて"Who ate this (78)"の"this"がOかCかをめぐる教師と生徒間の対話において，野坂くんが「これ，後の祭り．オレ，これ，我慢できない(80)」と自らの違和感をつぶやいた．続いて赤城・野坂・奈良くんが，「わかんない(81), (83)」；「もう，いいや，英語(82)」と相互に述べ，この場面の生徒間対話は，受験を控えた中学3年生の本音を示している．なおヴィゴツキー（2001）は，「助けがあれば子どもはつねに自

分一人でするときよりも多くの問題を，困難な問題を解くことができる」(p. 299) と述べている。実際に上記〈事例9〉においても，教師による「助け」が認められる（「誰イコールこれ，って言える(79)」）。しかし教師の「助け」を得て応答が可能であった生徒がいる一方で，抵抗感を顕わにする生徒も見受けられる (80)。生徒の発話 (81)，(82)，(83) も，教師による「助け」が十全に機能していないことを示唆する。この事例は，教師の説明と英語学習を忌避する生徒による意見交換としての『社会［的］』交流を示す一方で，本授業で企図され想定される生徒間対話，及び英語の学習過程は認められない。上記の事例は，教師が生徒に知識を「手渡［そう］」（佐藤，2006, p. 20）とする際に，「子どもは自分ひとりでする作業のときよりも強力になり，有能になる」（ヴィゴツキー，2001, p. 300）という「共同」が，必ずしも有効に機能するわけではないことを示している。「共同」ならびに「助け」の質によっては，生徒が「困難な問題を解くこと」が難しい旨を本事例は示唆している。

第2項 「『足場かけ』としてのZPD」

本項では，最初に上記事例直後の談話を提示する。次に2011年4月15日の談話事例を示す。

(1) 教師の授業観と発話生成の文脈

上述〈事例9〉において英語学習を悲観する生徒達とは対照的に，16分を経て直樹くんは，本授業で3度目の質問をした。教師がOとCの相違を説明するが，直樹くんの理解は得られなかった。しかし大城啓太くんの説明により，直樹くんがOとCについて理解する萌芽が見られた。

また以下の〈事例10〉は，文法指導時に教師が26年間の教師生活で，初めて生徒にチョークを渡すという場面も示している。教師が省察したところ，このことの誘因は以下4つである：(a)授業進行を意識しない心理的ゆと

り；(b)文法用語を連ねる権威主義的手法に生徒が辟易していると感じたこと；(c) 3 年次になり生徒の心身の成長に伴い，授業者の生徒への信頼が厚くなったこと；(d)観察者が以前より，生徒による水平的な関係性における学び合いについて語っていたこと（2010年8月）。そして直樹くんに対する啓太くんの説明の後に，教師が再び直樹くんへの説明を試みると，「**何か先生が言うから余計わかんなくなる(96)**」と指摘された。教師はこの時の自らの心中を振り返り，「わかりやすい説明を志向して，「**わかんなくなる**」と言われる虚しさ・悔しさ，生徒に対して申し訳ない気持ちを抱き，若い時分には抵抗があって受け入れられなかったであろうに，教師生活が長いからこそ生徒の発言を謙虚に受け入れようと，複雑な気持ちが交錯していた（2010年8月）」と事後に記した．

(2)　〈事例10—先生が言うから余計わかんなくなる〉2010年2月5日3年A組
　　4校時41m20s-48m47s
直樹くんがS, V, Oについて教師に質問した．
直樹：オレ，悪いんだけどさ，**S, V, Oの意味わかんないんだよね．(84)**
Ss：　ハハハ（笑い）．
B：　おまえ，ふざけんなよ．
B：　おい，やめろ．
T：　Sは主語．（9ターン略）
直樹：Sが主語っていうのはわかる．**VとOがわかんない．(85)**　（103ターン，4分40秒中略：I am Gon. と I like Gon. が板書され，SVOとSVCの相違が教師によって説明されるが，直樹くんがCとOを間違える．）
Ss：　ハハハ（笑い）．
B：　間違えた．
T：　さぁ，何でか，皆説明してあげて，直樹くんに．私の説明じゃなくて，皆の方がいいかも．
赤城：啓太，啓太．
T：　はい，じゃあ啓太くん，どうぞ．前に出てきて，はい．（大城啓太くんが黒板に向かう．教師がチョークを啓太くんに手渡す：3ターン略）**目的語と補語の違いを説明してください．(86)**
啓太：え，そんなこと言われても，目的語がわかんねぇんだから....（87）はい，おまえ，これ何かわかる？（直樹くんに対して）訳して．

直樹：I.
大城啓太：ちげーよ，だから意味，意味．
直樹：わたし．
大城啓太：は［wa］，だろう．で，これは？
直樹：love.
大城啓太：で，意味は？
直樹：あ，意味，好き，好き．(88)
大城啓太：だから，何が好きかわかんないじゃん，これだけだと．
直樹：はい，はい．
大城啓太：(love と Gon を指し) だから，これプラス，これ．わかる？
直樹：あー，はい，はい，はい，はい．
大城啓太：あー，それが目的ね．(3ターン略) でこっちは，私は…，これ，わかる，おまえ？(I am を指して)
直樹：私は…．(89)
大城啓太：私は，なになにです，じゃん，これ．
直樹：うんうんうん．(5ターン略)
大城啓太：(I と Gon を指し) だから，これとこれはイコールなの，わかる？(90)
直樹：あ，はいはいはい．
大城啓太：で，それ以外が O なの．(91)
直樹：あー，わかったはい．
大城啓太：ほんとかよ？
Ss：ハハハ（笑い）．
直樹：あ，C がイコールってことね．(92)
大城啓太：そうそうそう．で，それ以外が O．
直樹：あ，確かに．だって私はゴンだね，イコールでしょ．
Ss：ハハハ（笑い）．（啓太くんが自席に戻る．）
T：うん，それでね，これは私と，こうイコールでしょ？
直樹：あ，O もわかった．(93)
T：で，これは私イコール，ゴン．
直樹：先生，一回ちょっと問題出してみて．(94)
T：あー，これわかった．これ，私イコール，ゴンだね．
直樹：はい．
T：私とイコールの関係でゴン，ね．私はゴンです，イコールだよね．で，これは，私イコール，ゴンじゃないよね．で，ここにくる中身は，love っていうね．好きだっていうね．(95)
直樹：何か先生が言うから余計わかんなくなる．(96)
Ss：ハハハ（笑い）．

第7章　文法授業における生徒間の協働的な対話の検討　　169

T：　申し訳ないね．
直樹：啓太まで良かったんだけどね．
T：　そっか．すごい，今，自信喪失．
大城啓太：先生，オレに負けてるよ．
T：　ほんとだ，そうだ，啓太くんの方が説明がわかりやすいんだね．（以下，省略）

(3)　〈事例10〉の解釈

　直樹くんは英語学習を諦めずに，「オレ，悪いんだけどさ，S，V，Oの意味わかんないんだよね(84)」と根本に立ち戻る質問をした．級友が驚きを顕わにする中，「VとOがわかんない(85)」という直樹くんに対し，教師が説明を始めた．しかし直樹くんの理解を得ることができなかった．そこで教師はチョークを渡し，「目的語と補語の違いを説明してください(86)」と大城啓太くんに依頼した．直樹くんへの解説を促された啓太くんは，「え，そんなこと言われても，目的語がわかんねぇんだから…(87)」と，直樹くんのことば(85)を一部顧みながら，説明を始めたのである．

　続いてOとCの相違について，「これ[S]とこれ[C]はイコールなの，わかる(90)」；「で，それ以外がOなの(91)」という啓太くんによる解釈（「S＝C，S≠Cの時はSVOになる」）が学級で提示された．教師へのインタビューによると，2008年4月に第2文型を初めて生徒に指導して以来，教師は「S＝C」という統語には言及したが，「S≠C」には触れなかったという．また，大城くんは2年次2009年11月13日の授業で，「いまいち，目的格[33]っていうのと補語の違いがわからない(61)」と述べていた（see 第6章事例7）．したがって「S≠C」という説明は，この時以降本授業までに啓太くんによって案出された可能性が指摘できる．また直樹くんに対する説明において，啓太くんは英文の統語に加えて，意味論上の日本語の訳出（i.e.,「好き(88)」；「私は(89)」）も促している．そして直樹くんは，「あ，Cがイコールってことね(92)」；「あ，Oもわかった(93)」と述べており，OとCの相違を理解す

---

[33]　既述のように，この「目的格」は，「目的語」であると思われる．

る萌芽が見られる。

　本事例の前半では，教師の「助け」が機能せず，直樹くんは誤答を発した。しかし啓太くんによる説明の後には，直樹くんが一人でもOとCの区別をできるようになる兆しが見られる。「共同のなかでは，子どもは自分ひとりでする作業のときよりも強力になり，有能になる」(p. 300)のである。また〈事例9〉は，教師による「助け」が行われた場面を照射していたが，〈事例10〉は，仲間による「助け」がなされた場面を照射している。そしてその結果，直樹くんが事例以前には独力でできなかった「困難な問題を解くことができる」(p. 300)ようになる可能性が示唆される。啓太くんの説明を得た直樹くんには，最初に第2文型を理解する萌芽が見られた(92)。続いて第3文型を理解する萌芽(93)も見られ，彼が生徒間対話に主体的に参加する様相が捉えられる。また本事例においては，生徒自身が創出した概念が提示され，仲間がそれを受容する様相も見られる。一方，教師は啓太くんによる説明の直後に，直樹くんによる理解をさらに促そうと試みた(95)。啓太くんが，直樹くんのことば(85)に沿って説明したのとは対照的に，教師は直樹くんの依頼（「**先生，一回ちょっと問題出してみて(94)**」）に即答せずに，自分の説明を優先させて自らの思考を「手渡そう」とした。結果として，直樹くんに「**何か先生が言うから余計わかんなくなる(96)**」と指摘された。

　教師はチョークを渡し，生徒を相互の対話へと誘った自らのこの時の意思決定をめぐり，以下のコメントを事後に残している。

> 授業があらぬ方へ行ってしまい収拾がつかなくなることを恐れ，また「授業時間内に進めたい」という気持ちも働き，「主導権は教師が握っていたい」と私を含め多くの教師が思っているのではないか。しかし直樹くん・大城くんによる授業を通し，生徒は教師と生徒間における垂直な関係より仲間同士の水平な関係を好み，まわりくどい専門用語を用いた説明より，わかりやすいシンプルな説明を求めていることに気づかされた。私が自らの教授・学習経験により「わかりやすいだろう」と思う説明だけでなく，各々の「わかる」にフィットした生徒の言葉による説明も必要だと今は思えるようになった（2010年8月）。

現在は機会があれば，生徒に説明してもらいたいと思っており，自分にとって，[この授業は] 大きな転換点だったと思う。[チョークを手渡したことは] 教師としての「権威」を生徒に譲り渡す「儀式」のようだったと今は感じている（2011年2月）。

(4) 教師の授業観と発話生成の文脈

教師は2010年4月に現任校へ異動した。着任直後は，初めて出会った2年生の授業における発話量が少なく（see 第10章表15），生徒の反応が冷やかに感じられ，前任校で可能であった教師と生徒間における双方向的な対話が成立せずに苦悩した（東條・吉岡, 2013）。一方で前述の経験から，生徒間対話の有用性をふまえ，授業においてグループ学習と学級全体での生徒による思考の共有を図るようになった。以後7年以上を経た2017年現在も，教師として自らの課題に対峙しつつ，文法指導を含む英語科授業で一貫して生徒間対話の機会を保障しているという（2017年9月）。〈事例11〉は前年度中学2年次に既習した受動態の英文構造に関する説明を，教師が生徒に求めた際の談話である。

(5) 〈事例11—何で them になるのか〉 2011年4月15日 3年C組3校時36m22s-44m00s

能動態の英文を受動態に直す課題が教師により提示された．
T： (They sell many bikes in China.) これを受け身の文にしてほしいんですけど，<u>誰か前にきてやってくれませんか？(97)</u> (12ターン略) はい，じゃぁ，大川くん．
大川： (They are sold と書き始め，あ，違うと言って，Many bikes are sold by them in China. と書き直す．) (6ターン略)
T： うん，説明しながら言ってくれる？(98) (3ターン略)
大川：うんと…主語が…, Many bikes で，動詞….
T： それはどんな形になってるの？
大川：過去分詞, で売られる．
T： はい，大川くんに質問がある人いませんか？(99) (26ターン略)
滝山：by の前に何でこないんですか？(100)
T： あー．
大川：いやぁ，何でだろうな….. (101)
T： 今の滝山くんの質問は，in China はどうして by の前じゃないんですかって．(102)

とても良い質問だよね．どうしてだろう…？
大川：場所だから…in China が….(103)
T：in China が場所だから，最後でいいってこと？
大川：うん．
T：（1ターン略）他に質問，ないですか？(104)（2ターン略）
森：答えがわかっていても，いいんですか？(105)
T：うん，いいよ，いいよ．（4ターン略）
森：何で they が them になるのか？(106)
T：あー，何で by の後の them が，them になるんですか…って．(107)
大川：えっと，えっと…，I, I-my-me で，they-their-them で，彼らに，彼らにだから，them になる．(108)（1ターン略）
森：あ，わかりました．(109)
大川：あ，良かった…良かった….(110)（2ターン略）
T：他に質問はないですか？(111)
福田：そこって，過去形…were じゃないのかな？(112)
T：何で were じゃないのかなって．(113)
大川：こっち［sell］が過去形じゃないから．(114)
福田：過去形じゃないって言える…？(115)
大川：過去形じゃないと思います．(116)
T：どうして？　（以下，省略）

(6)〈事例11〉の解釈

　教師は全生徒を対象に生徒間対話への参加を促した(97)，(99)，(104)，(111)。受動態の文章構造について説明した大川くんに対する質問を教師が募り，3人の生徒が4つの質問(100)，(106)，(112)，(115)を発した。教師によれば，この時，文法事項導入時に全く教師が触れなかった内容(100)，(106)も網羅されたという（2011年4月）。なおこの事例においては，教師が提示した英文課題に関する呼びかけ(97)に始まり，授業進行に必要な手続き上の発問(98)，(99)，(104)，(111)が続く。しかし滝山くんによる質問(100)を契機に，生徒同士のやりとり(101)，(103)，(108)〜(110)，(114)〜(116)が生起している。3人の生徒は自らの疑問を大川くんへの質問に託し，応答を得ている。また，応答する大川くんも自問自答を繰り返し(101)，説明を施す過程において，自らの思考を再確認しながら，ことばを発してい

る(103),(108)。本事例では，学習内容に対する生徒による多様な視点が述べられ，生徒間での意見交換過程の一端が捉えられている。「共同のなかでは，子どもは自分ひとりでする作業のときよりも強力になり，有能になる。かれは，自分が解く知的難問の水準を高く引き上げる」(ヴィゴツキー，2001, p. 300)可能性が示唆される。

ヴィゴツキー（2001）はまた，「助けがあれば子どもはつねに自分一人でするときよりも多くの問題を，困難な問題を解くことができる」（p. 299）と述べている。したがってこの場面では生徒を誘う，教師ならびに仲間による「助け」の質に着目したい。既述のように本授業においては，3人の生徒が質問を発し，大川くんは慎重に応答している。しかし生徒間対話は，必ずしも常時よどみなく円滑に進むわけではない。よって教師は，「**in China はどうして by の前じゃないんですかって(102)；何で by の後の them が，them になるんですか…って(107)；何で were じゃないのかなって(113)**」と，生徒3人の発言を"revoicing"し，生徒間の対話をつないでいる（O'Conner & Michaels, 1996）。〈事例9，10〉において教師は，自らの思考を発話に込め，直接生徒に「手渡そう」（佐藤, 2006, p. 30）としている。しかし抵抗感を示す生徒や，「**余計わかんなくなる(96)**」と述べた生徒もおり，教師の「助け」は必ずしも十全に機能しなかった。一方，本事例においての教師の「助け」は，"revoicing"を介し，生徒間の思考と発話をつなぐ役割を果たしていると考えられる。教師は生徒間対話が生起する方向に生徒を「導く」ことに専念し，「進行役［facilitator］」（O'Donnell, 1996, p. 782）を担おうとしている。結果として，教師が授業で触れなかった事柄についての言及もなされ，生徒たちが自ら問いを発して主体的に生徒間対話に従事し，徐々に「知的難問の水準を高く引き上げて」いったと解釈できる。

また〈事例9〉においては，「助け」となる生徒自身による思考が語られることはなかった。しかし〈事例10〉では，生徒自身の思考が一方向的に仲間へと伝えられており，〈事例11〉の生徒間対話においては，生徒の思考に

則った双方向的な発話の交換が認められ，仲間への「助け」になったと考えられる。しかし一方で，この〈事例11〉における生徒間対話の様相を検討すると，3人の質問者各々と応答者の大川くんによる発話のあり方は一様ではない。例えば「**答えがわかっていてもいいんですか(105)**」と尋ねた森くんと大川くんの間には，一定の対等性に基づく生徒間対話が生起しているとみなすことができる(106)〜(110)。けれども「**そこって，過去形...were じゃないのかな？(112)**」と尋ねた福田さんに対する応答(114)，(116)は，大川くんという有能な仲間による彼女への「助け」の一環にあると考えられる。したがって〈事例11〉においては，参加者間での対等な相互作用としての生徒間対話が部分的に含まれる一方で，「『足場かけ』としてのZPD」における生徒間対話も見られ，双方が混在しているとも解釈できる。

　教師は，〈事例11〉における生徒間対話，ならびに自身の教師信条について，以下のようにコメントした。

> 生徒による説明，生徒が生徒に質問する方式は，教師に訊けない素朴な質問もできて，とても良いと思う。教師が自明の理として十分説明せず，スルーしてしまうところを生徒同士だと質問できる良さもある。大川くんへの質問は，教師が説明していたら出てこなかった質問だったと思う。生徒間のQ&Aの良さを改めて確認した（2011年5月）。
> 以前の私は「こんなに丁寧に教えているのに何故わからないのだろう」「外国語は面倒くさいことを継続することにより身に付くのだ，勉強しなければわからなくなってしまう」と思っていた。また，生徒による「説明がわかりやすい」，「前の英語の先生の時よりわかりやすく，英語が好きになった」という言葉に代表される感想により有頂天になり，自分に非がある，とは思えていなかった。また，同地区内の異動を繰り返した自分への評判が，保護者間で決して悪くはなかったことも，図に乗る原因と関係している....一方で，「［教師になったばかりの頃ははそうは思っていなかったけれど，今は］『5割・半分』くらいの生徒を取りこぼしてしまう」ことに対しては，正直「致し方ない」部分があるとも思っている。例えば今年の一年生には，現時点で英語の文字を書けない生徒が各クラス数名ずついる。書字から難しい生徒もいる。現任校は特に学年の人数が多いため，補習

や再テストを数回に分けてやらなければならず，限界を感じる...もちろん，学校規模，システムのせいではなく，授業で救えないのが最も罪深いことなのだが...(2011年5月)。

教師は，生徒間対話の有用性を改めて認識する一方で，自身の授業実践についてこのように省みている。

第3項　「『協働的対話』としてのZPD」

(1) 教師の授業観と発話生成の文脈

前時に関係代名詞を総括する25分間のグループ討議が実施され，以下はホワイトボードに記された各班の討議内容を本時に発表する場面からの抽出である。班代表者の説明が順番になされ，7班の発表者として学級で最も英語の苦手な生徒の一人である，菅沼くんが立ち上がった。教師は，事後にこの時の自らの驚きの胸中について，「どうしてこともあろうに，菅沼くんが発表することになってしまったのだろう，ジャンケンで負けてしまったのだろうか。とにかくできる限り彼に恥をかかせないようにしなくては...」と心配と焦りの念を抱いていたという（2011年12月）。黒板のわきで教師が見守る傍ら，菅沼くんはゆっくりと教室前方へと歩みを進めた。

(2) 〈事例12―菅沼くん，ありがとう〉2011年12月8日3年F組2校時05m55s-13m28s

T：では7班さん，お願いします。
菅沼：（座席を離れ，教室前の黒板前に立つ．）えっと...えっと...人がwho...，人が前の場合は，whoとthatで，whoは目的格では用いられません．で，前がものであったら，whichとthatで，最上級の場合はthatが用いられます．えっと...，先行詞の後に主語がある時は，thatとwhichが省略できます(117)．
T：先生，今このグラフ...っていうか，この表を書いているので...
菅沼：はい．
T：このおっきな表で説明してもらっていい？（教師がホワイトボードの表を板書する）はい，じゃあちょっと皆，この表見てくれる？　全員，じゃあ，こっち来て（菅沼くんを黒板の表のわきへと誘いながら），この表で説明してくれる？　このマルとバツの意味も，お願いします．

菅沼：えっと...
T：　皆に向かってね．(118)
菅沼：主格の場合は，前が人だったらwhoとthatが使われて，whichは使われません．
　　　で，人以外の場合だったら，whoが用いられずに，whichとthatが用いられます．
　　　目的格の場合は，人でも人以外でもwhoは用いられなくて，thatが用いられ，人以
　　　外でwhichが用いられます．そして最上級などの場合は，thatが優先的に用いられ
　　　ます．えっと....，先行詞のうしろに主語がある時は，thatとwhichは省略できます(119)．
T：　それはこの表だと，どこにあたるの？
菅沼：えっと，目的格のところ....
T：　あ，目的格のところは，で，マルしてるところは，省略できる．
菅沼：はい．
T：　はい．他に，付け加えることはありますか？
菅沼：えっと........，ありません．
T：　ありません．はい，では8班さん，お願いします．（8班，9班の説明―約3分半中
　　　略―）では，皆どの班もそれぞれとてもよくわかりやすく書けていたと思いますが，
　　　どの班が一番わかりやすかったかしら？　どう？　どの班がわかりやすい？　表とか，
　　　まとめてくれた班もありますけど，どうかな？
伊藤：**7班(120)**．
T：　7班，これ．うん，そうだね．じゃあ，ノート開けて，7班のとてもよく書けていた
　　　と思います，私も．**これも，6班もとてもわかりやすいんだけど，7班のこの表はとて
　　　もわかりやすいね(121)**，この表をノートに写してください．ノート開けて．（以下，
　　　省略）

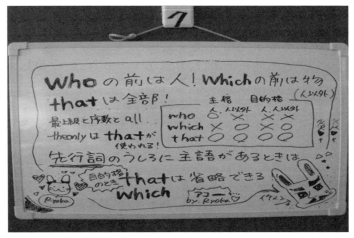

図2　7班が作成した表

(3) 〈事例12〉の解釈

　菅沼くんは，ホワイトボードに記された表（図2）に即し，ゆっくりと関係代名詞について語っている (117)，(119)。いずれの発話も単発で終わることはなく，手元のノートを見たり暗記した内容が素早く述べられることもなく，自身の思考に基づくことばでの説明がなされている。なお教師によると，この授業の2週間前に実施された2学期期末考査の菅沼くんの得点は，通常と同水準にあって，何ら大きな変化は認められなかったという（2011年12月）。しかし本授業では，彼による関係代名詞についての説明が可能であったことから，期末考査以降，本事例の冒頭までに関係代名詞に関する菅沼くんによる理解の有り様に，何かしらの変化がもたらされた可能性がある。実際に菅沼くんは，個別紙面アンケートにおいて「関係代名詞について，グループ学習前にわかっていたこと」という自由記述欄に，「何もわからなかった」と回答している。そして，「グループ学習後にわかったこと」については，「関係代名詞の活用の仕方がわかった」と記している。さらに，グループ学習について彼は，「わからないことをきけるのでいい」とも記載している。なお，彼が記したこの「関係代名詞の活用の仕方」という表現は，英文法上は誤記であり，正しくは「関係代名詞の格変化の仕方」となる。しかし先行詞の指示内容にしたがって"who, which, that"と格変化を伴う関係代名詞の特質に菅沼くんが気づき，直前の主語のあり方によって語形を変化させる「動詞の活用」との類似点を見出し，「関係代名詞の活用の仕方」と記した可能性が示唆される。したがって，前授業時25分間の討議中に，菅沼くんが関係代名詞の理解を志向し，3人のメンバーとの対話に参加し，仲間による「助け」を得た結果，関係代名詞について「何もわからな［い］」状態から「わからないことをき［いた］」結果，「活用の仕方がわか［る］」ようになり，上記の発話 (117)，(119)が生成されるに至ったと解釈できる。教師も，7班の討議のあり方をめぐって後日，「菅沼くんの班は優しい女の子たちがいて活発に話し合っていたけれども，菅沼くん自身は殆どグループ

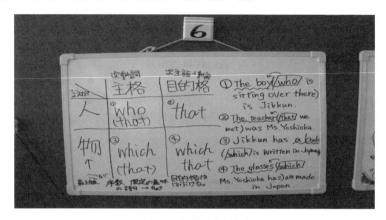

図3　6班が作成した表

	～は ～が　主格	～を ～に　目的格
ひと	who	that
もの	which	which
ひと＋もの＋α	that	that

図4　教師が提示した表

活動の時に言葉を発しておらず，むしろメンバーの話をじっと聴いていたと思います（2012年4月）」と記している。このようなグループ学習の過程を経た後に，関係代名詞の格変化に関する菅沼くんの理解に何らかの変化がもたらされ，(117)，(119)が発せられたのである。

また，教師が副教材用の問題集を参考にして12月2日の授業で紹介した表（図4）を，6班が再現して（図3）評価される(121)一方で，関係代名詞の"who, which, that"の主格と目的格に○×を用いた7班独自の表（図2）も，仲間や教師の評価を得ている(120)，(121)。実際に7班が提示した表は，教師の板書したもの（図4）とは異なる，班員が独自に考案した誰の目にも新たな表である。

菅沼くんと同じ7班に属する小牧さんは，授業直後の振り返りシートに，

「7班の表がわかりやすいと言われて，うれしかった」と記している。さらに，36人学級中24人の生徒が，この授業について「わかりやすかった・わかった・理解した」のいずれかの文言を自由記述式のシート上に書き残している。そして教師は，本学級で最も英語の得意な生徒の一人である林くんが，「関係代名詞がとてもよくわかった。菅沼くん，ありがとう」と記載したことに言及している（2012年4月）。したがって菅沼くんによる発話 (117)，(119)が，林くんや伊藤くん (120)らの「助け」となり，結果として彼らが再度自身の思考を顧みるという循環がこの教室では生じていると解釈できる。加えて，不得意な生徒が得意な生徒から英語を学ぶのみならず，得意な生徒が不得意な生徒の発話から関係代名詞について学ぶことが，この教室では可能になっていることが示唆される。さらに，本授業の3日後に実施された「関係代名詞について自分のことばで説明しなさい」という課題では，7班が作成した表の再現も含め，何かしらの形で菅沼くんの説明を踏襲する記載をした生徒が，当日の回答者28人中6人認められている。また菅沼くん自身も，ここで再度7班独自の表を記入している。したがって関係代名詞に関する菅沼くんの説明が，級友に対して何らかの影響を及ぼした可能性が示唆される。

　なお，佐藤（2006）によれば「『協働的対話』としてのZPD」では，学習者と教師が「協働的対話」を介して共に変化を遂げ，支援ではなく対話が生起する相互作用の場となるという。実際に〈事例12〉の直後には，菅沼くんの級友に対する語りかけが，伊藤くん (120)や林くんによって評価され，対話が生起し相互作用の場が見られた。教師もこの時の菅沼くんの様相を述懐し，以下のように記している。

> あの授業では，グループの発表が私の当初の説明を超え，生徒にとってもっとわかりやすいことばや表でまとめられていた。そして英語が苦手な菅沼くんが表に基づく発表をし，それを学級全員で共有し，英語の得意な生徒が「菅沼くん，ありがとう」というコメントを寄せる，という自分がそれまで思い描いていた理想

的な文法の授業の形に近づいたとも思った。生徒の振り返りシートを読んでも，関係代名詞の理解が深まったと感じる．…．また，菅沼くんの見事な説明を聴いて，子どもを侮ってはいけないとすごく反省した。あの子にはできないかもしれないと思うことを，協働ではできるようになるのだ，ということを再認識していた。色眼鏡で子どもを見てはいけない，と改めて思う大きなきっかけになった．…．教師には決して成し得ないことが，協働学習では可能になるということを実感していた（2013年4月）。

なお，以前にお話しした「5割の生徒のとりこぼし」について，菅沼くんの授業を経験した後の現在においては，「全員がわかる」授業を目指すべきだと思っている（2013年4月）。

生徒間対話のあり方を追究する中で，上記のような意識変容を辿りながら，教師は文法指導と教室談話の有り様をめぐり，自らの思考を深化させていったと考えられる。

第4節　総合考察

本章の目的は，生徒が英文法を「わかる」授業に関し示唆を得るために，中学3年生を対象とした文法指導時の，教室談話の様相を明らかにすることである。以下では，教師の認識と発話内容をふまえ，生徒間対話のあり方について検討する。最初に，〈事例9〜12〉における談話の特徴を総括する。

〈事例9〉においては，教師と生徒間，ならびに生徒間対話を包摂する教室談話が展開されていた。教師は，"Who ate this(78)"の文型が何であるかを生徒に尋ねた。過去2年に亘り教師は，繰り返しS, V, O, Cの用語と概念による文型の説明を施しており，受験をふまえ，復習も兼ねてこの問いを発したのである。しかし思いの外，生徒たちによる厚い抵抗に遭い，授業進行が滞った。そんな折，直樹くんの発言が転機となり，〈事例10〉の談話が生起した。なお，〈事例10〉では，偶発的に生起した生徒間対話における有能な仲間による「足場かけ」が見られた。教師は例文を挙げてSVCとSVO

の相違を説明したが，直樹くんの理解は得られなかった。そこで生徒にチョークを手渡すと，生徒間の対話が生起し，啓太くんの説明を経て，直樹くんによるOとCの相違に対する理解の萌芽が見られた。さらに直樹くんに対して教師は再度自らの説明を試みたが，直樹くんの同調を得られなかった。教師はこの経験から，授業においての生徒による多様な理解構築過程を担保する重要性を認識した。そして生徒間における協働的な対話を志向して，〈事例11，12〉が示す文法の授業実践を展開するようになった。

　佐藤（2006）は，ヴィゴツキーによるZPDの概念に依拠し，言語学習は新たな知が協働的に構築される認知的変容過程であると述べる。したがって「『協働的対話』としてのZPD」は支援ではなく，参加者間でやりとりがなされる相互作用の場であり，対話を介し，学習者と教師の双方が変化を遂げるのである。この佐藤の見解に基づき，各事例における生徒間対話の様相を，教師の認識と発話内容をふまえ，再度ここで検討する。

　〈事例9〉では，教師による「足場かけ」が生徒に供された一方で，十全には機能しなかった。またここで生起した短い生徒間対話は，教師の教え方に関する生徒による批評であった。したがってこの場面における生徒間の対話を，個人間でのやりとりを介した『社会的』交流とみなす場合には，〈事例9〉の談話は，従来のSLA研究の延長上にある「『社会性』を補完するためのZPD」を含意すると考えられる。次の〈事例10〉における生徒間対話は，学習内容の理解を志向した有能な仲間による迅速な「足場かけ」によりもたらされた。しかし佐藤（2006）によれば，「『協働的対話』としてのZPD」は支援ではなく，参加者間での対等な相互作用の場である。したがって〈事例10〉の生徒間対話は，「協働的対話」というよりはむしろ，SLA研究における「『足場かけ』としてのZPD」の一環にあると解釈できる。

　続く〈事例11〉においては，学級全員の前で生徒4人の間に水平的な対話がゆっくりと生起した。また，この時の教師による「足場かけ」としての

"revoicing"は，生徒間の対話をつなぐ役割を果たしている。そして，生徒による説明を聴く仲間も教師も，また説明を施す生徒自身も，平等に同じ対話空間に身を置いている。教師自身は生徒の発話に耳を澄ませ，必要な支援を施しながら，過去の自らの授業進行を想起し，教授のあり方のみならず，生徒の思考過程の実際を知ろうとしていた。つまり生徒間の問答が，教師と生徒双方に新たな知をもたらしていると考えられる。しかし同時に〈事例11〉においては，対等な仲間同士によるやりとりと同時に，有能な仲間による「足場かけ」を含意する生徒間対話も見られる。したがって〈事例11〉の生徒間対話は，〈事例10〉ほど顕著な仲間に対する「足場かけ」を含意するものではないが，参加者間での対等な相互作用というよりは，むしろ未だ「『足場かけ』としてのZPD」の延長上にあるともみなし得る。

　一方，〈事例12〉は，菅沼くんという英語が苦手な生徒による発表場面を示している。ここでの教師による「助け」は，菅沼くんの姿勢に関する注意喚起に留まり(118)，有能な仲間による「足場かけ」は見られない。さらに本事例では関係代名詞に関する菅沼くんによる理解の萌芽も見られ，彼の説明が級友に対し影響を及ぼした可能性も示唆される。また，教師もこの事例を通して，生徒間対話と生徒理解のあり方，ならびに文法学習や協働的な学習に関する自らの意識変容について綴っている。つまり〈事例12〉では，グループ学習後の学級全体における参加者間での対等な相互作用が生起した結果，級友にも教師にも新たな知がもたらされた可能性があり，「『協働的対話』としてのZPD」の成立が示唆される。結果として，英語が苦手な生徒も，得意な生徒も，そして教師自身も共に変化を遂げていると解釈できる。

　なお，上述の議論はいずれも，教師が教室における生徒の「共同」（ヴィゴツキー，2001, p. 300）を追究する過程を示唆している。実際にこの教師による文法指導は当初，教師主導の問答型対話において，教師による「足場かけ」がなされる様式にあった〈事例9〉。しかし〈事例10〉の体験を経て，生徒による「足場かけ」の有用性に気づいた教師は，〈事例11〉を契機とし

て，よりヴィゴツキーの発想が息づく「『協働的対話』としてのZPD」を，志向するようになっていった〈事例12〉。この経緯は2010年2月～2011年12月の1年10ヵ月に亘り，生徒間対話の質を高めるために，教師が日々試行錯誤を重ねる中で，無意識のうちに辿った道程である。約2年間の授業実践を介し，生徒間対話の様相に関する教師の思考が深化し，生徒と教師の協働作業を通し，教室談話についての知が構築されていったのである。26年間の教師生活を経てもなお，反省的実践家（ショーン，2001）として教師が省察を重ね，生徒間対話のあり方を学習する過程の一端を，本章は示唆している。

　本章においては，ヴィゴツキー（2001）による「ZPD」の概念に則り，「『社会性』を補完するためのZPD」，「『足場かけ』としてのZPD」，「『協働的対話』としてのZPD」（佐藤，2006）の視点をふまえ，実際の教室談話を継時的に分析し，生徒間対話の様相を明らかにしている。文法指導時に生起する生徒間対話が，文法学習における媒介の機能を果たしており，生徒間対話の有用性に関する教師の認識についての言及もなされている。また，生徒間対話において，教師が想定していない生徒の思考が交わされ，生徒のつまずきが明らかになると同時に，そのつまずきを仲間と共に生徒自身が克服していく過程が捉えられた。さらに，英文法に関する教師と生徒による知識の差が大きく，生徒に対しては文法事項の教え込みが必要であるとの視座に代わって，教師は生徒を「導く」ことしかできないこと，及び生徒間での協働的な対話を介した英文法の知識構築が有用であり，英文法の苦手な生徒も適切な援助を受ければ，理解が可能になることが示唆された。そして，英語が苦手な生徒が学級全員の前で文法事項について説明し，生徒ならびに教師にとっての新たな知が構築される様相も捉えられた。しかし公教育での英語科授業において，「英語を理解する」ということは，英文法を理解することと必ずしも同義ではない。英語科授業で展開される教育内容は，多種多様な知識を網羅しており，それらが複合的に組み合わさった上で，複雑に構成されている。このことをふまえ，次章ではコミュニケーション活動において生徒

が発した英語での発話の特徴について検討する。

第8章　コミュニケーション活動での生徒による英語での「つぶやき」の検討

　前章ならびに前々章では，文法授業において内容理解の媒介となる，生徒による発話の様相を検討している。本章では，内容重視のコミュニケーション活動時に発せられる，生徒による英語での「つぶやき」の特徴を明らかにする。

第1節　本章の目的

　本章は，内容重視のコミュニケーション活動としての oral introduction [O. I.] 実践における，生徒による英語での「つぶやき」の特徴を捉え，英語による「つぶやき」がどのように可能になるかについて検討することを目的としている。日本の中等英語教育における授業での発話の傾向と特徴をめぐり，Kaneko（1992）は，同一校内23学級における教室談話の傾向を検討している。その結果，教師の発話量が全体の約8割を占めており，そのうちの約8割が母語に拠ること，ならびに教室談話全体の約8割が，学習内容の指導にあてられていることが指摘されている。しかし多種多様な教育内容を網羅する中学校の英語科授業において，授業内容と教室談話の関係に着目し，教師と生徒による発話の特徴を，より詳細に捉える必要性がある。したがって本章では，本研究協力者教師が新任期以来約25年に亘り専心してきた，コミュニケーション活動としてのO. I. 実践における，教師と生徒，ならびに生徒間でのやりとりに注目する。なお，本研究の第5章では，この教師によるO. I. 時の教室談話全体の約5割が，生徒の「つぶやき」に拠っており，教師による発話の約7割が英語でも，なお生徒による発話の約8割は母語で

あることが示され（see 第5章表3），教師と生徒間の双方向的な対話の様相が捉えられている。

本章では，O. I. 時に発せられる生徒による英語での「つぶやき」に注目し，その特徴を検討する。さらに，「人間の行為は道具や記号によって媒介されている」（Wertsch, 1985, pp. 14-15/ ワーチ，2004, p. 37）という指摘に基づいて，英語での「つぶやき」の生成を媒介する「道具や記号」のあり方を検討する。なお，Wertsch（2002/ ワーチ，2004）によれば，人間のコミュニケーション過程は多様な「声」（Bakhtin, 1986, 1994/ バフチン，1986, 1987a, 1987b）が重なり合う「多声性」（Wertsch, 2002, p. 2/ ワーチ，2004, p. 30）により構成されているという。本章では，生徒の「つぶやき」が「声」を包摂していると措定し，「多声性」の概念を参照して「つぶやき」が生起する教室談話の様相を捉え，生徒による英語での「つぶやき」の特徴を検討する。

第2節　調査方法

本章における対象授業と調査手法，ならびに分析手法と分析概念は，以下の通りである。

第1項　対象授業と調査手法

対象授業と調査手法を，以下の(1)と(2)で示す。

(1) O. I. における英語での「つぶやき」の特徴と教室談話の様相を捉えるにあたり，第5章で既述した2年 A 組（33人学級：男子18人；女子15人）の2008年度合計3校時の授業談話録（1学期 "Ainu"；2学期 "Ratna Talks about India"；3学期 "Landmines and Children"）を再分析した。

(2) 該当授業3校時分の談話録に教師がコメントを記載し，教師を対象とした対話的なインタビューが，筆者により複数回実施された。その際に，2007年7月～2008年6月までに行われた，生徒の「つぶやき」に対する教師

の認識を問う過去のインタビュー・データも一部参照した。

第 2 項　分析手法と分析概念

　上記 3 校時分の O. I. 実践談話録の中から，英語での「つぶやき」が最多の 3 事例：1 学期〈事例13〉4 回；3 学期〈事例14〉4 回；2 学期〈事例15〉8 回（全体平均1.63回／分）を，筆者が抽出した。さらにこれらの授業において，回数の総計上位 6 名（男子 5 名；女子 1 名）による「つぶやき」の用途（復唱；応答）と頻度を算出した。また，対象生徒が応答として発した英語での「つぶやき」を，品詞や句・文の単位（普通名詞；固有名詞；形容詞と副詞；句や文）に基づき分類し，頻度を抽出した。そして，「声」(Bakhtin, 1986, 1994/ バフチン，1986, 1987a, 1987b）と「声」との接触により，対話が成立するという「多声性」(Wertsch, 2002, p. 2/ ワーチ，2004, p. 30），ならびに「人間の行為は道具や記号によって媒介されている」(Wertsch, 1985, pp. 14-15/ ワーチ，2004, p. 37）との概念に基づき，選定した 3 つの談話録を検討した。

第 3 節　結果と考察

　本節では，最初に上述の手順を経て入手した生徒 6 名による「つぶやき」の傾向を示す。続いて 3 つの談話事例を「多声性」，ならびに「媒介」の概念に即して検討する。

第 1 項　「つぶやき」の傾向

　該当学級では，33人中総計14名の生徒が当該授業の 3 校時において，合計465回の「つぶやき」を発している（see 第 5 章表 3 ）。表 7 は，その中でも年間合計回数が上位の生徒 6 名による「つぶやき」の傾向，ならびに該当生徒による英語での応答としての「つぶやき」における様式を示す。

表7　生徒6名の「つぶやき」の傾向

	大城くん	山下さん	前川くん	小笠原くん	香山くん	花井くん
回数（生徒総ターン数465回）	139	100	59	54	43	41
言語占有率（英語／母語）	17%/83%	33%/67%	14%/86%	19%/81%	30%/70%	7%/93%
英語使用の用途・頻度	復唱　9 応答　16	復唱　14 応答　19	復唱　1 応答　8	復唱　4 応答　6	復唱　0 応答　13	復唱 0 応答 3

英語での応答（計65回）における「つぶやき」の様式：普通名詞　13; 固有名詞（人名・地名等）37; 形容詞や副詞（independent/better/ same/dangerous/slow/five 等）8; 句や文（Yes./No./Pardon?/What?/My father…/This is a photo of Ratna's sister.）7

第2項　「つぶやき」の特徴

本項では，3つの事例における教師や生徒の発話，ならびに教科書の記載事項をふまえ，生徒による英語での「つぶやき」の特徴を検討する。最初に教師の信条と授業観，ならびに発話生成の文脈を示し，次に各談話事例を提示する。

(1)　教師や仲間の発話による媒介

続く〈事例13〉を含む1学期"Ainu"の授業を実施するに際し，教師は自らの信条を以下のように記した。

> 言語教育に携わる教師が，授業でことばの本質に迫る試みの一環として，「不幸なことに人類の歴史は，言語の侵略史でもあ［り］…他民族の母語を征服するためには，征服者は，…文化侵略，（言語）教育政策などあらゆる手を使う」（中村，1993, p. 76）という，ことばの社会的特性に焦点化した授業の実施が挙げられる。ことばには優劣がなく，他者のことばの尊重は真の他者理解に通ずる（東條・吉岡，2010, p. 77）。

上記信条の下に教師は，アイヌ語の普及活動に尽力した萱野茂氏を紹介した。以下は，「アイヌ・先住民・母語」の鍵概念を用いて，ことばの重要性を伝える O. I. を実施した際の導入場面からの抽出である。

〈事例13—Ainu〉2008年7月17日2年A組1校時10m00s-25m10s
国会で「アイヌ先住民認定決議」が採択された際の英字新聞記事が，教師によって掲示される．

T: Can you see this newspaper? Can you see this newspaper?
大城：*The Japan Times*…（122）
山下：えっ，先生の？（123）
T: *The Japan Times.*（124） The headline says, the headline says that <u>Diet officially declares Ainu indigenous.</u>（125） Can you imagine what this title is?
大城：アイヌはおもしろかった．
T: うーん，そうかなあ．
S: ….（不明）
T: Indigenous. What is indigenous, the word indigenous?
大城：What?（126）
T: The people, the Ainu people have lived in Hokkaido, or Ainu Mosir, for a long time. And before the, um... people from Honshu went to Ainu Mosir, went into Ainu Mosir, the Ainu people lived there. So they are indigenous. What is <u>indigenous?（127）</u> In Japanese? Any guessing?
小笠原：えっ？　もう一回．
山下：Indigenous…（128）
T: Indigenous. What is the word, indigenous, in Japanese?
Ss: ….（無言）
T: It is very difficult. Please guess, indigenous people.
大城＋香山：Pardon?（129）
T: OK. Ainu indigenous, Diet, Diet is 国会．国会 officially declared or <u>recognized….（130）</u>
山下：Recognized?（131）
T: that the Ainu people are indigenous people.
大城，小笠原＋香山：わかんない．
大城：…．よくわかんない．（—1分中略—）
T: Indigenous, umm…, for example, the umm…, <u>for example, Maori people are indigenous people in New Zealand.（132）</u>
小笠原：はっ？
前川：アイヌの人は…
T: <u>Aboriginal people are indigenous people in Australia.（133）</u>
小笠原：えっ？
S: ….（不明）．
T: うん？　言って言って．（教師はつぶやきが発せられた教室後方へ歩み寄る）

花井：もとから住んでいた人．(134)
T: もとから住んでいた人ね．**先住民と初めて認めたのね．(135)**（―10分中略―）OK? So, Diet, Diet officially, Diet officially declares Ainu indigenous. これ，どういうことだった？　日本語でいいです．これは．ちょっとむつかしかったから．国会は，どうしたんでしょう？
S: Ainu.
T: Ainu....
大城：自由になった．
T: うんー，日本語で．
前川：アイヌのものになった．
T: ううん，全然違うよ．
小笠原：日本のものになった...
T: ん？　国会はアイヌの人たちのことを？　どうだと？
小笠原：認めた．(136)
大城：認めた．(137)
T: そうそう，どういうふうに？
小笠原：最初からいた．(138)
大城：最初からいましたよ．(139)
T: うん，先住の人たちだと認めた，というね，宣言が，on June 7th, this year on June 7th, they declared this.（以下，省略）

〈事例13〉の解釈

　〈事例13〉の冒頭において大城くんは，"***The Japan Times...(122)***"と，教師が掲げた英字新聞名を読み上げている．続く山下さんの発話(123)も，英字新聞に関する反応であることから，ここでは生徒が，教師の提示した教材に出会う瞬間が捉えられている．教師は大城くんの発話を"revoicing"(O'Conner and Michaels, 1996) した(124)後に，本授業の本題となる見出し("Diet officially declares Ainu indigenous (125)")について述べた．しかしながら，"What? (126)", "Pardon? (129)" と大城くんらがつぶやくように，生徒は見出しの英語を理解できなかった．大城くんの「つぶやき」の回数は，学級内最多であり（表7），彼は率先して既知の英語定型表現をつぶやいている．しかし本事例末尾で大城くんは，小笠原くんによる母語での「つぶやき」(136), (138)を，一瞬遅れをとりながら復唱した(137), (139)．つま

り，既知の英語を用いて，大城くんが教室談話を先導し，自らの個性としての「声」を活かし，授業に参加する場合もあれば，仲間による母語での「つぶやき」の語尾を変化させることによって，個性としての「声」を発話に託す場合もあると解釈できる。

　一方，山下さんは教師が述べた英語<u>(127)</u>，<u>(130)</u>を，直後に"<u>Indigenous...(128)</u>"，"<u>Recognized? (131)</u>"と復唱している。表7によると，山下さんによる「つぶやき」の回数は大城くんに次いで多く，英語での「つぶやき」の復唱回数も他生徒より多い[34]。また，大城くんが既知の英語を用いてつぶやくのとは対照的に，山下さんは教師が述べる未習の英語を復唱しており，双方間の相違がこの場面では見られる。なお，Lantolf（2003）によると，学習者が自身に向けて発する"private speech"は，実時間［real-time］上の目標言語学習の契機とみなすことができるという。よって山下さんによる教師の発話の復唱をPSと解釈する際には，公教育における授業での生徒による英語学習過程の一端が示唆される。同時に，教師による言語使用の7割以上が英語による（see 第5章表3）ために，生徒によるこのような英語での復唱が可能になるとも考えられる。

　〈事例13〉ではまた，"<u>indigenous (127)</u>"を教師が別の表現で言い換えた<u>(132)</u>，<u>(133)</u>結果，花井くんと教師の間でやりとりが生起している（「**もとから住んでいた人(134)**」；「**先住民と初めて認めたのね(135)**」）。英語が苦手な花井くんが，O. I. の意味内容を概ね理解した上で，「**もとから住んでいた人(134)**」と述べたと考えられる。そしてその約10分後には，小笠原くんらによってこれらの発話が再生されている（「**認めた(136)**」；「**最初からいた(138)**」）。小笠原くんらは，教師が述べた「**先住民(135)**」とも花井くんの「**もとから住んでいた人(134)**」とも異なる，「**最初からいた(138)**」という表現を用いている。したがって，"<u>Diet officially declares Ainu indigenous (125)</u>"と

---

34) 山下さんが教師や仲間の発話を直後に英語で復唱する頻度は，学級内最多であった。

いう新聞見出しの和訳が，決して教師からの一方向的な入力によりもたらされたわけではなく，仲間による母語での発話を聴いた生徒が，それらを自発的に再生してつぶやくことも含め，多層的な過程を経ることが示唆される。第5章表3が示すように，O. I. 教室談話の約5割は生徒の「つぶやき」で構成されており，この「つぶやき」による「多声的な［multivoiced］」（Wertsch, 2002, p. 2／ワーチ，2004, p. 30）やりとりが，教室談話における媒介の役割を果たしていると解釈できる。続く〈事例14〉においても，このことに類似した様相が認められる。

以下〈事例14〉は，3学期 "Landmines" からの談話事例である。地雷に関する授業案を作成する事前の段階で，教師は筆者と共に，勤務校の「国際交流の日」の講師で，地雷回避教育に被害国現地において携わる，「NPO法人 難民を助ける会」のH氏を訪ねた。日本で暮らす生徒の生活実態と，地雷の危険性に晒されているカンボジアの人々の生活があまりに乖離しているため，この問題をどのように生徒に提示するかが筆者らの関心事であった。筆者が自らの勤務先で "Landmines" の授業を実施した際に，それを教師が参観し，その後に授業案を共同で作成した。

〈事例14—Landmines〉2009年3月13日 2年A組2校時27m48s-30m00s
カンボジアの地雷問題に話題が移り，「360」「68」等の数字がスライドで提示される．
T:　So there are 360 kinds of landmines in the world. OK. How about this one? Sixty-eight.（—30秒中略—）So there are, in 2006, there are about 68 countries that have people injured or killed. What countries are they? Um... by landmines. What countries are they? Can you see?（T points to the map on the screen.）
前川：やべ，韓国....
T:　Korea. And what countries are they? Afghanistan.
山下：Cambodia.(140)
T:　Cambodia. Very good. And ... what else? Can you read?
山下 + 前川：Russia.(141)
T:　Russia, very good. And India, Taiwan.
山下：Chile.(142)
T:　Philippine, Huh? Chile, very good. 他には，どう？

第8章 コミュニケーション活動での生徒による英語での「つぶやき」の検討

花井：Bangladesh.（143）
T: うん？
山下：Angola.
花井：Bangladesh.
T: Bangladesh...（教師はメガネをはずし地図に見入る）
大城：ないじゃん.
T: Bangladesh.
T: Bangladesh はどうかな？ ちょっとわからない，うん.
S: 時間がかかる.
山下：Angola.（144）
T: So there are 68 countries. OK. So what this map shows you?（教師が次の地図を投影する）
大城＋山下：つくってる.
花井：つくってる.
T: Good. Good guessing. So these countries still produce or make landmines. What countries are they?
山下：China.（145）
T: China, good.
花井＋Ss: Russia.（146）
T: Russia.
大城：America.（147）
香山：The USA.（148）
T: America or the USA.
山下：Cuba.（149）
T: Huh?
山下：Cuba
T: Cuba, Cuba, Cuba. Right, Cuba.（5 second pause）.
前川：Russia.（150）
山下：Pakistan.（151）
T: So is there 何か気がついたことない？ 前の地図とこの地図で.（152）
S: ....（不明）
大城：日本がつくってる....
花井：受けているところとさあ...同じ.
T: うん，受けてるところと.
花井：なんかさあ...いっしょのところが.
T: 作っているところが，どう？
花井：同じ.（153）

山下：違う．(154)
T: うん，違うよね．そうそう，ね．あ，きみは同じだと思ったんだよね．
大城：ははは．
B: ...言われてる．
T: そうか．あ，でもさ，同じところがつくっている国もあるね．同じようにつくっている国もあるね．つくってて，犠牲になっている国もありますね．
山下：**つくっていて犠牲になってる...(155)**（びっくりした表情で）（以下，省略）

〈事例14〉の解釈

〈事例14〉中盤では，「地雷生産国名」と「地雷被害国名」を生徒が返答する場面(140)～(151)で，教師による問いかけに対し，英語での応答がなされている．そして"China (145)"，"The USA (148)"という生徒にとっての既知の英語のみならず，"Cambodia (140)"という未習の英語で，日本語での呼称が英語音声とは異なる国名が，山下さんによって正確な強勢音と共につぶやかれている．このやりとりの約8分前のO.I.冒頭で，教師が"Cambodia"という国名を英語で語ったため，その音声が山下さんの脳裏に残り，再生された可能性も示唆される．なお，生徒の英語での「つぶやき」には，「人名・地名等の固有名詞」が多く（表7），上記〈事例14〉からもこの傾向の一端が確認できる．

また，〈事例14〉末尾部分は，世界地図上で「地雷生産国」と「地雷被害国」が提示された後の教師による発話（「So is there 何か気づいたことない？前の地図とこの地図で(152)」）において，英語から母語への"code-switching"[35]がなされたことを示している．そして，双方に該当する国々が，「**同じ(153)**」という花井くんの「つぶやき」と，双方が「**違う(154)**」とみなす山下さんによる「つぶやき」が，同時に発せられ，いずれの生徒による発話も母語に拠っている．なお，教師によるこの"code-switching"は，瞬時の即興的な判断の下でなされており，教師は「生徒にとってこの場面における発

---

35) "code-switching"とは，「2つ以上の言語を使用することができる人が，ある言語を使用中に別の言語に切り替えること．また，その切り替え」（白畑 et al., 2002, p. 55）．

話内容が難しいことに途中で気づき,英語から日本語に直感的に切り替えた(2009年4月)」と述べている。また,(140)～(151)の生徒による「つぶやき」は全て英語で発せられていたが,教師の"code-switching"を機に,生徒による母語での「つぶやき」が見られる(153),(154)。したがって生徒の言語使用は,対話者である教師の言語使用にも影響を受ける可能性が示唆される。また,この一連のやりとりを通し,山下さんは「**つくっていて犠牲になってる(155)**」とつぶやいている。ここでは,双方が「**同じ(153)**」国々である,という仲間による異質の意見と,教師のことばが媒介となって,山下さんが自らの思考と他者の思考を"orchestrat[e]"(O'Connor and Michaels, 1996, p.63)させているとも考えられる。なお,山下さんが母語で述べる「つぶやき」(155)に関しては,前述した未習の英語の復唱("Indigenous...(128)","Recognized?(131)")や再生("Cambodia(140)"),ならびに「人名・地名等の固有名詞」といった既知の英語での「つぶやき」("China(145)")とは,異なる機能が認められる。そして,教室談話全体の5割を占める生徒の「つぶやき」が,「多声的な」やりとりを生成しており,「多声性」が授業内容を学習する上での媒介として作用していると解釈できる。

(2) **教科書の記載事項,ならびに生徒の既有知識による媒介**

〈事例15〉は2学期"India"の授業において,"Gandhi"と「鑑真」に関するやりとりを経た後に,インド紙幣の写真カードが提示され,インドにおける21の公用語の存在についてが語られる場面である。

〈事例15—India〉2008年12月10日 2年A組1校時13m07s-16m42s
ガネーシャの影像が提示され,"Gandhi"を経て,インドの紙幣へと話題が移る。
T:　And there are many languages. So these are languages（ピクチャー・カードのお札の絵を指しながら）, these are Indian languages. Can you see? Indian languages.
香山：読めねぇ。
T:　Uh-huh. How many... can you guess how many?
小笠原：Guess?

T: なになにだとわかる，推測できる．How many languages are there in India?
小笠原：Hindi.（157）
大城：Hindi.（158）
Ss: Five...
T: Hindi... Five. うん，More than five. もっと多いの．
小笠原：Marathi.（159）
大城：Marathi.（160）
T: よく予習してあるね．
香山 or 大城：*Namaste*.
T: *Namaste*.（笑い）*Namaste*... Good.
山下：English.（161）
大城：English.（162）
T: English? Yes.（*Namaste* と板書）So ***Namaste*** **（163）** is a Hindi word, it means?
山下：Hello.（164）
T: Hello, good. And it means my god...
山下：Goodbye.（165）（教科書の本文に沿った内容）
T: My god says hello to your god. ね，so *Namaste* is Hindi words [a Hindi word]. So there are about twenty-one, twenty-one languages in India.
山下：えっ，多っ．
T: Umm... so, who is this girl?（次のピクチャー・カードを提示）
小笠原：誰か．
山下：Ratna's sister.
T: 予習やってきた人じゃないとわからないね．
Ss: Ratna's sister.
T: おっ，急に皆答え始めた．
前川：This is a photo of Ratna's sister.（166）
T: Good, this is a photo of Ratna's sister. What's she wearing?
山下：A sari.（167）
T: Uh-huh, she is wearing a sari. And what is Ken wearing?
Ss: Bandanna.（168）
T: Good. So Ratna's sister likes wearing a sari and Ken, Ken likes wearing a bandanna. And a bandanna, what language? What is a bandanna? えっと，あぁ，そうね．うん．A bandanna comes from where?
Ss: India.
T: India, good. Hindi words, ね．And are there any Hindi words? In English?
Ss: *Namaste*.
T: *Namaste* and ... Sham...

大城：Shampoo.［Shâmpòo］（169）
T： おっ，good, shampoo [shampóo]. So please open your textbooks to page... page 52.
　（以下，省略）

〈事例15〉の解釈

　〈事例15〉においては，教科書の予習をこなしてきた生徒たちが，自らの予備知識を自発的につぶやき，授業に参加する様相が見られる。なお，本事例で教師が二度言及しているように，生徒には授業の前段階で，予習として教科書の新出英単語の意味を調べることが課されている。そして上記事例は，多くの生徒たちがこの課題を事前にこなしてきたことを示唆している。教師は，教科書に掲載された「5ルピー紙幣」のピクチャー・カードを提示し，インドの多言語主義について尋ねた。すると生徒は，教科書に掲載されている "Hindi", "Marathi", "English", "Namaste", "hello", "goodbye"（高橋 et al., 2006, pp. 52-53, see 付録）という語彙を，自身の予備知識に基づいてつぶやいた(157)〜(165)。なお，この事例直前の場面では，「ガネーシャ」や "Gandhi" という教科書に記載のない事象に関する O. I. が展開され，生徒は自身の生活経験，他教科の既有知識や思考を反映させた「つぶやき」を母語で発して，やりとりに参加していた（see 第5章〈事例4，5〉）。しかし本事例では，教科書の英単語や本文を予習してきた生徒が，英語による本文内容を参照しながら，教師による英語での問いに予備知識を用いて英語で応答している。

　また，本事例冒頭では，既述のように大城くんが，小笠原くんや山下さんの英語での「つぶやき」を復唱している(157)〜(162)。そして教科書の本文には，"*Namaste*! This means 'hello' and 'goodbye' in Hindi"（高橋 et al., 2006, p. 53）と記載されている。したがって山下さんは，"*Namaste* (163)" が "Hello (164)" と "Goodbye (165)" の双方を含意すると知っており，この記述に沿って，彼女が予備知識を「つぶやき」に反映させていたとも解釈できる。本事例ではしたがって，教科書の記述や写真等の教具と生徒の予

備知識が媒介となり，インドの多言語主義に関する教師と生徒間の双方向的な対話が展開され，教師の英語での発問に対して，生徒が英語でつぶやくことが可能になったことが示唆される。ヴィゴツキー（2001）によれば，「生徒に対する外国語の教育は，母語の知識をその基礎とする」（p. 246）のであり，実際に第5章表3は生徒による「つぶやき」の約8割が母語に拠る旨を示す。しかしこの場面で，英語での「つぶやき」が最多となった理由としては，教科書の記載内容に関する対話が，生徒の「つぶやき」によって媒介されるのみならず，生徒全員が所持する教科書の英語表記という「道具」による媒介を経たために，可能になったと考えられる。換言すれば，「道具」による媒介が，生徒の発話を補強した結果，生徒が英語でつぶやくことが可能になったと解釈できる。

　一方，"This is a photo of Ratna's sister (166)"という前川くんによる「つぶやき」は，全36校時の授業において唯一，省略形を含まない完全な文章単位で発せられている。教科書冒頭の一文"This is a photo of my sister"（高橋 et al., 2006, p. 52）の語彙を若干言い換えることにより，彼が文章単位での英語による「つぶやき」を発することができたのだと解釈できる。なお，中学校では通常，文章単位での英語によるやりとりの成立には困難が伴う。例えば，教師は英語での発問の8割強を Yes/No 設問や Wh- 等の疑問詞設問にあてる（see 第5章表3④）一方，生徒による英語での「つぶやき」の8割強が，単語段階に留まっている（表7）。教師は，生徒の応答を予測しない真正な設問を4回（e. g., "What kind of images do you have from hearing Bouncing Betty?"）[36]英語で発する（see 第5章表3）が，生徒はそれら全てに母語で応答している（e.g.,「そこまでこわくない」，「人形みたい」）。したがってこの事例からは，授業での題材に関する英語によるやりとりの実現には恐らく，媒介としての「つぶやき」のみならず，教科書の本文や教材，教具に支

---

[36]　"Bouncing Betty"は地雷の一呼称であり，日本語訳は「おてんばベティー」となっている。

えられ負うところも大きいことが示唆される。山下さんの"A sari (167)",複数生徒による"Bandanna (168)",大城くんの"Shampoo (169)"からも,彼らが予習の段階で既にこれらの語彙に出会っていたと考えられる。つまり,英語での「つぶやき」(167),(168),(169)が,彼らの予備知識に即して発せられている。その一方で,生徒が自身の思考を述べる際には,英語以上に母語での「つぶやき」が発せられる可能性が高くなる旨が指摘できる。そして自らの予備知識を授業でつぶやくことが,周囲の仲間への新たな気づきをもたらす媒介となり,結果的にこの場面ではインドの多言語主義に関する「多声的な」やりとりが成立しているのである。

第4節　総合考察

　本節では,〈事例13, 14, 15〉における教室談話の様相を再度総括する。3つの事例分析の結果,生徒は英語音声を復唱したり,自らの既有知識を英語で述べており,O. I. の内容理解が教師による一方向的な入力にのみもたらされるわけではないことが示された。また,教師の言語使用が少なからず,生徒の言語使用に影響を及ぼす可能性,ならびに英語での「つぶやき」の生成には,教具としての教科書の記載事項が果たす役割の小さくないことが示唆された。以下では,当該O. I. 実践において生徒による英語での「つぶやき」を可能にする,教師や生徒による発話の様相と教材のあり方について,「媒介」の視点に即し検討する。

　〈事例13〉ならびに〈事例14〉では,生徒による英語での「つぶやき」を含む仲間や教師による発話が,教室談話における「媒介」として機能する様相に焦点があてられている。英語での「つぶやき」には地名を含む固有名詞が多く,既知の英語をつぶやく生徒が見られる一方で,中には教師がO. I. で述べた未習の英語を,復唱・再生する生徒も見られる。また,生徒による英語での復唱・再生としての「つぶやき」をめぐっては,教師の言語選択が,

生徒の言語使用に影響を及ぼす可能性も指摘されている。そして，生徒の「つぶやき」が構成する「多声的な」やりとりの中，生徒同士が相互の発話を聴いて，自らの思考を深化させていると考えられる。

一方，上記2事例に比して〈事例15〉では，より多くの英語での「つぶやき」が生起している。このことの誘因として，教科書に記載された英文と語彙を生徒が予習の段階で学習した結果，予備知識を得て，英語での「つぶやき」が可能になった旨が指摘できる。実際に，前川くんが文章単位で発した英語での「つぶやき」をはじめ，この事例で発せられた英語での「つぶやき」は全て，教科書の記載事項に基づく内容であった。なお，一般には，授業で出会う事象に対する生徒の反応は，多様であると考えられる。しかし統一教材としての英語教科書の記述内容は，生徒全員の間で共有されている。したがって〈事例15〉が示すように，O. I. において教科書本文に話題が移った折には，生徒による予習が前提となるものの，予備知識に基づく英語での「つぶやき」が発せられる可能性が高くなることが示唆される。また，級友による「つぶやき」と教師による英語の多用から成る，「多声的な」教室談話と教科書の記載内容が媒介となって，英語での「つぶやき」が生成される授業環境が保持されているとも解釈できる。そして，各自の予備知識に即した「つぶやき」が発せられる中，生徒は「先住民としてのアイヌ」，「地雷と世界平和」，「インドの多言語主義」について思考すると同時に，目標言語である英語の諸表現を学習していると言えよう。

なお，白畑 et al., (2002) によれば，「オーラル・イントロダクションの問題点としては，一方的に教師が語り，学習者がそれを聞く，受け身の活動になってしまうことが指摘されている。この問題を解決するために，教師が学習者に質問をしながら新教材の内容を理解させていく，相互交流的な口頭導入も提案されている。これはオーラル・インタラクション (oral interaction) と呼ばれる」(p. 215) という。したがって本研究協力者が25年間に亘り従事してきた教師と生徒間の双方向的な対話を伴う O. I. 実践は，oral interaction の一環にあると解釈できる。しかしながら，〈事例13，14，15〉で既述したように，生徒は教師による発話のみならず，級友の「つぶやき」にも耳を澄ませ，自身の思考と他者の思考を"orchestrate"（O'Connor and Michaels, 1996, p. 104）させて，授業内容を学習していることが示唆された。このことから，本実践における教師と生徒間での相互交流的な O. I. は，学習者による受動的な活動としてのみではなく，生徒が教師や仲間の発話を聴き，これらの発話と教材を媒介とする能動的な学習活動としてみなすことができる。そして一柳（2012）が，授業での児童生徒による「聴く」という行為の能動性について指摘しているように，教師による英語の多用が，英語での「つぶやき」を生む手がかりの一つになっていると解釈できる。生徒は教師の英語での発話や，仲間による「つぶやき」を能動的に聴く中で，自己内対話，教具との対話を経ている可能性が示唆される。また，コミュニケーション活動において生徒による英語での「つぶやき」が発せられる際には，自身の既有知が述べられ，新たな英語表現が復唱される一方で，生徒が自身の思考を英語で述べる場面が殆ど見られなかった。しかしながら，本章でも第 5 章でも，コミュニケーション活動における教室談話の特徴に関する，継時的で詳細な分析は行われていないことから，さらなる詳細な考察が必要であろう。

　本章は，内容重視のコミュニケーション活動としての O. I. 実践に焦点をあてて，生徒が何について，どのように英語での「つぶやき」を発するのかを，教室談話と使用教材のあり方をふまえ検討している。教室談話の様相を帰納的に分析した結果，教師と生徒ならびに生徒間での「多声的な」やりとりが，授業内容を学習する際の「媒介」として作用していることが示唆された。しかし本章は，コミュニケーション活動における教師と生徒，ならびに生徒間でのやりとりを，言語使用の観点から検討している一方で，今後はより長期的な観点から，生徒個々人ならびに教師の発話や認識の変容をめぐる，O. I. 時の教室談話の有り様を捉える試みも必要であろう。「多声的な」教室談話が学習時の「媒介」として機能し，生徒のさらなる「つぶやき」を生起

させる過程を，引き続き明らかにすることが求められている。

第Ⅲ部　総　　括

　第Ⅲ部では授業内容と教室談話の関係をふまえ，文法指導とコミュニケーション活動において「媒介」となる，生徒の発話の様相を検討している。
　第6章と第7章においては，文法授業での生徒による発話の有り様に焦点をあてている。第6章では，関係代名詞と現在完了の理解を志向して発せられた生徒の「わからない」という「つぶやき」を分析した結果，該当生徒が教師の述べる文法用語，ならびに該当項目の文法概念と文構造に，つまずきを覚えている可能性が示された。そしてこの授業が起点となり，本研究協力者教師が英語の苦手な生徒の発話に留意し，自身による教室談話のあり方を1年10ヵ月間模索した結果，第7章では生徒間対話の重要性を見出し，その有り様を追究する過程が捉えられた。生徒間対話が生起した4つの教室談話事例を時系列に沿って分析することにより，文法授業における生徒間の協働的な対話のあり方が検討され，この対話の下では，生徒と教師の双方に新たな知がもたらされることを論じた。
　続く第8章では，内容重視のコミュニケーション活動としてのO. I. 時における生徒の英語での「つぶやき」の特徴を検討した。英語でのO. I. 実践において，「つぶやき」が構成する「多声的な」教室談話の様相と，統一教材である教科書の記述に基づく生徒の予備知識が「媒介」として機能し，その結果，生徒による英語での「つぶやき」が生成される場面が捉えられた。また，英語の「つぶやき」には，地名や固有名詞といった生徒の既知の英語が多く見られる一方で，中には教師が述べた未習の英語を復唱したり再生したりする者も見られた。そして「つぶやき」の連鎖による「多声的な」やりとりが見られ，教科書の英文記述が生徒の「つぶやき」を補完した結果，英語での「つぶやき」が生起することがわかった。また，英語での「つぶやき」を包摂する「多声的な」やりとりが，生徒の英語学習を支える環境とな

ると解釈された。そして第Ⅱ部で総括したように，母語での「つぶやき」は日常生活の延長上にあって，生徒が自身の生活経験について述べ，思考を深化させることが可能になる一方で，英語で「つぶやき」を発して自身の思考を述べることには，生徒が困難を覚える可能性が示唆された。

　なお，従来の SLA 教室研究の多くは，初学者の発話に対する詳細な検討を欠いており（Ohta, 2001），学級全体での協働的対話のあり方，ならびに学習者に対する教師の関わり方を捉える論調にも乏しかった（Lyle, 2008）。また，『学習指導要領』において「コミュニケーション能力の育成」が謳われて久しい傍ら，全国の中学生の78.6％が，「文法が難しい」（ベネッセ教育研究開発センター，2009, p. 9）と述べる現状にある。しかしこの第Ⅲ部においては，異なる学習内容が扱われる際の生徒個人と集団による発話の特徴を捉え，生徒が発する「つぶやき」による「多声性」，ならびに生徒間での協働的な対話が，教授・学習過程における「媒介」として機能することが論じられている。生徒の「つぶやき」を注視し，彼らが何を「わからない」のかを捉え，より文法が「わかる」授業を教師が模索した結果，生徒間対話のあり方が再考されるようになった。そして，このことをふまえ，文法授業における生徒間での協働的な対話のあり方が検討されたのである。また，コミュニケーション活動での生徒による英語での「つぶやき」が，何についてどのように，どのような場面で発せられるのかを捉え，「つぶやき」が生起する教室談話の様相と，教材・教具の関係が論じられた。そして結論として導出された，生徒間における協働的な対話が文法の「わかる」授業を成立させ，既知の英語や教科書の記述に則った予備知識，ならびに「多声的な」教室談話が，英語での「つぶやき」を可能にするという指摘は，いずれも教授・学習過程において「媒介」として機能する，生徒による発話の有り様と教師による授業実践のあり方を示唆している。教師と生徒が英語科授業に主体的に従事することにより，「多声的な」教室談話が生成され，生徒間での協働的な対話が生起すると考えられる。換言すれば，教師と生徒による「多声的な」やりと

りと，生徒間での協働的な対話，ならびに授業においてこれらを追究する教師の働きかけと教育実践が，有機的に生徒の主体的な英語学習を支える環境を創出していると解釈できる。

　この第Ⅲ部では，教室談話における「多声性」と協働的な対話のあり方が検討された。「多声的で」協働的な教室談話は，生徒による多様な「つぶやき」や，生徒間における互恵的で対等な対話を包摂し，教師の信条と授業観に通底している。そしてこれら全てが，本教室の教授・学習過程における「媒介」の機能を果たしていることが指摘された。生徒が誤答を発しながらも，安心して授業に参加できる機会を教師が保障し，教師と生徒，ならびに生徒間における協働的な対話の構築により，教授・学習過程が成立する様相が示唆された。つまり，どのように英語の教授・学習が遂行されているのかが，参加者の認識をふまえた内在的視座から，実際の教室談話録に基づいた帰納的な分析と検討によって，捉えられたのである。

　なお，従来の英語教育研究では，文法指導とコミュニケーション活動は対立して見なされることが多く，実践的コミュニケーション能力の育成を提唱する背後における英文法廃止論の興隆（伊村，2003; 斎藤，2011）や，双方の実践をめぐる高校英語教師の葛藤（Sakui, 2004）が論じられてきた。しかしカリキュラムの内容や教育理念の提唱のみならず，年間を通して双方の授業における教室談話の様相を実証的・包括的に検討する知見が求められている。そして本研究の第Ⅱ・Ⅲ部で取り上げた15事例のうち10事例は，2008〜2009年度の同一学年に属する生徒集団の発話を分析対象としている。したがって参加者の同質性に注目し，教育内容と教室談話の関係を検討することが一定程度可能になると考えられる。

　この観点に即し，文法指導とコミュニケーション活動における教室談話の様相を再検討すると，文法指導時には，生徒による自己表現や「わからない」という「つぶやき」に始まり，「『足場かけ』としてのZPD」を含め，この教室では生徒の率直な認識や思考が述べられている。教師の信条や授業

観とあいまって，教室談話における「多声性」が担保されている。また，文法事項に関する生徒の理解のあり方に関しては，生徒間の協働的な対話が保障されることの重要性も指摘されている。一般に通常の文法指導では，生徒の回答における正誤が明白となり，英文法の理解が滞りがちな生徒にとっては，応答すること自体がはばかられることも少なくないと言える。しかし第7章で論じたように，生徒が正答を得る道筋は多種多様である。したがって文法指導時には正答へ至る道程が可能な限り多く保障され，様々な談話形式を展開させることが求められ，既述のように生徒間での互恵的で対等な対話構築が，文法理解の一助となることが示された。つまり，文法指導では教室談話における「多声性」のみならず協働的な対話も重要であり，生徒の発話を継時的に分析することで，生徒による文法理解のあり方と教室談話の関係について示唆を得ることが可能となった。

一方，この教室ではコミュニケーション活動においても，生徒が自らの生活経験や思考，ならびに既有知に即した「つぶやき」を率直に述べることが可能となっており，生徒による「多声的な」やりとりが生起していた。しかし生徒の思考をめぐっては，母語を用いて述べられることが多く，英語での発話においては，主として既知の英語や予備知識が語られる傾向にあることが指摘された。そして英語でのやりとりの様相が，教材の内容や教師の言語使用に規定される可能性も示唆された。また，文法指導時と比較した場合，コミュニケーション活動では教師と生徒間の双方向的な対話による「多声性」が見られる一方で，生徒間での協働的な対話は見られなかった。よって，文法指導とコミュニケーション活動実践における教室談話の様相と学習内容に関する理解の有り様は，必ずしも一様ではないと考えられる。

また，さらにここで英語科学習内容のあり方について，単元や教材の特質と共に論ずると，例えばコミュニケーション活動の一端を示す第8章事例14は，生徒が「地雷生産国名」と「地雷被害国名」を英語で述べる際の教室談話を照射している。しかし教科書 *New Crown 2* の第8課 "Landmines and

Children"における新出文法項目は受動態であり，本書の第7章事例11においては，文法指導時に4人の生徒が中心となって受動態を学習する際の教室談話の様相を検討している。つまり本書は，同一の文法項目を網羅する文法指導時の発話（e.g., Many bikes are sold by them in China〈第7章事例11〉）と，コミュニケーション活動時の発話（e.g., these are made to explode, under your knees (216)〈第9章事例26〉）の双方を分析している。同様に，*New Crown 3* の第4課"Hiroshima"で生徒が学習する第5文型SVOCの英文構造（e.g., We call them sembazuru, 高橋 et al., 2006, p. 31）は，"Ainu"の授業におけるコミュニケーション活動時のやりとりでも見られる（Diet officially declares Ainu indigenous (125)〈第8章事例13〉）。よって，本研究協力者教師の授業では，文法指導とコミュニケーション活動において，別々の学習内容が扱われているというよりは，むしろ双方が螺旋を描くように相乗作用している側面も見出せる。しかし従来の英語教育研究においては，同一参加者としての教師と学習者への視座を欠くのみならず，同一学習内容を含む教材や単元のあり方への視座も欠いてきた。したがって，今後は現実の教授・学習過程に焦点をあてた内在的な視座からの実証的な研究が求められると言えよう。

　続く第Ⅳ部9章と10章では，学習内容の如何にかかわらず，長期に亘っての教師と生徒による発話と意識の変容過程が時系列順に明らかにされている。すなわち，授業内容や言語使用，ならびに教師と生徒による発話について，二元論的に捉える従来の論調に代わって，教室談話のあり方に着目して双方における共通点や関係をふまえ，実証的なデータに即し，内在的に英語教授・学習の有り様を検討する。

第Ⅳ部　発生的・発達的視座から捉えた
生徒と教師の発話の特徴

　第Ⅱ部と第Ⅲ部においては，Wertsch（1985/ワーチ，2004）が唱えたヴィゴツキー心理学における3つのテーゼのうちの2つ：個人の精神機能は社会的生活に起源を持つ；人間の行為は道具や記号によって媒介される，の主張に基づき，文法指導ならびにコミュニケーション活動における授業内容の相違と教室談話の関係をふまえ，事例の分析と検討がなされている。この第Ⅳ部では，残されたもう1つのテーゼ，「発生的・発達的分析」に依拠するヴィゴツキーの主張に基づき，長期の教室談話を継時的に分析する。中村（1998）は，ヴィゴツキーの発達観について，「人間に固有な行動と心理過程の特質を明らかにするためには，その発達の過程をあらゆる局面と変化の中で，つまり，発生から死滅までの運動の中で理解することが必要である」（p. 7）と記す。したがってこの第Ⅳ部では，「発生的・発達的分析」への視座の下に，長期の言語学習・教授場面における「新たな機能が生起する過程」（R. Ellis, 2008, p. 521）に着目する。以下の第9章では，1年9ヵ月に亘る生徒3名の発話と英語科授業への参加に対する心的変容過程を描出する。また，続く第10章では，先述の第Ⅱ部と第Ⅲ部，及び第9章を含む各章で明らかにしてきた生徒の発話の様相をふまえ，調査対象を生徒から教師へと移し，約3年半に亘る研究協力者教師による発問と意識の変容過程を捉える。したがってこの第Ⅳ部においては，授業内容の相違を照射せず，英語科授業における教室談話のあり方を包括的に検討することにより，生徒の発話や意識と同様に，教師の発話や意識についても明らかにする。

第9章　生徒の「つぶやき」と心的変容過程の検討

　本章においては，中学校英語科の授業における生徒一人ひとりによる「つぶやき」の特徴を継時的に検討することにより，中学生による授業参加の仕方をふまえ，彼らの心的変容過程の一端を捉えることを目的とする。授業における教授法の系譜（see Howatt, 2005）や，学習者の第二言語習得における原理（see R. Ellis, 2008）を主として明らかにしてきた SLA 研究の課題をふまえ，本章では，中学生による英語科授業への関与のあり方に焦点をあてる。「つぶやき」の特徴を縦断的に考察し，授業への参加の仕方から，中学生による心的変容の一端を描出する。

第1節　本章の目的

　本章は，英語科授業における教室談話に焦点をあてて，生徒の「つぶやき」の特徴を時系列に沿って明らかにすることにより，中学生個々人の学習態度と心的変容の一端を捉えることを目的とする。一般に学校での集団生活における他者との相互作用は，中学生の精神発達に大きな影響を与える。人格形成の途上にある中学生の発話に注目し，「つぶやき」の特徴を検討することにより，英語科授業に参加する生徒の様相を捉えることが可能となる。
　本章では，研究協力者教師による1年9ヵ月間の授業を照射し，教師と生徒，ならびに生徒間でのやりとりにおける生徒の「つぶやき」の様相を検討している。そして，生徒3名による「つぶやき」の傾向をふまえ，教師のコメントやインタビュー結果における個々の生徒に対する教師の認識と，該当生徒による認識を参照し，生徒がどのような状況下で誰に対し，どのような「つぶやき」を発するのかを検討した上で，その変容過程を捉える。

既述のように SLA 研究では，参加者の認識をふまえた，言語習得における社会的文脈の考察が求められている（Firth & Wagner, 1997; Lantolf, 2000; Nunan, 1996）。また教育学研究では，校種や教科を問わず，授業でのやりとりと教授学習の関係が教室談話分析によって検討されている（秋田，2006）。実際に児童による教室談話への関与のあり方から，学習参加の様相が明らかにされており（O'Connor & Michaels, 1996），継時的視点から，学級における教室談話の形成過程も捉えられている（秋田・市川・鈴木，2000）。したがって本章は，日本の中学校英語科授業における生徒3名の「つぶやき」の特徴を，時間軸に沿って教室談話研究の手法に則り検討することにより，「つぶやき」を重視する授業形態がもたらす英語学習過程のあり方に，示唆を得ようとする試みでもある。

第2節　調査方法

本章における対象授業と調査手法，ならびに分析手法と分析概念は，以下の通りである。

第1項　対象授業と調査手法

（1）　2008年7月〜2010年3月の56日間全96校時（2008年度33校時；2009年度63校時）の授業を観察し，分析対象として，2008年度当初の予備調査4日間12校時に観察対象の2年生全3学級で，生徒による「つぶやき」の頻度が最多と筆者と教師が同意した，2年 A 組（33人学級：男子18人；女子15人）を選んだ。教師が2008年度2年次の各学期において最長とみなす口頭導入［oral introduction; O. I.］（1学期2008年7月17日 "Ainu"；2学期12月10日 "India"；3学期2009年3月13日 "Landmines"）の授業，3校時分の談話録を2年次データとする。

（2）　2009年4月に，学年進行による学級編成が実施され，3年生の英語科

授業は，引き続き研究協力者教師が全て担当することとなった。年度当初の4日間3年生全3学級12校時の授業観察を経て，「つぶやき」の頻度が3学級中最多と教師と筆者が合意し，かつ前年度2年A組で「つぶやき」の総数上位2名が属する3年A組（33人学級：男子18名；女子15名）に照準を合わせ，観察を続行した。2年次データと概ね同時期の授業談話3校時を，2009年度観察データから筆者が選定し，3年次データとした（1学期2009年7月13日 "Hiroshima"；2学期11月13日「関係代名詞」；3学期2010年2月5日「文型復習」）。

(3) 2年次と3年次データ6校時分の談話録に教師がコメントを記載し，筆者が教師インタビューを複数回行った。なお2007年度に実施された，生徒の「つぶやき」に対する過去の教師インタビュー・データも一部参照した。

(4) 学期末に教師が全生徒を対象に実施し，生徒が記述した授業コメントを筆者が入手し，後述の手続きを経て選定した生徒3名のコメントを抜粋し，参考資料とした。さらに生徒の「つぶやき」に対する教師と筆者の解釈の妥当性を高めるために，2009年7月17日の放課後に対象学級において対象生徒3名を含む「つぶやき」の総数が上位9名の生徒に対し，調査協力への合意を得て回顧的個別紙面アンケートを実施した。アンケートは筆者が作成し，同意を得て，教師の名の下に行われた。紙面上には各生徒の「つぶやき」を網羅する複数の談話録を提示し，生徒自身の記憶（e.g., 「あなたはこの時のことを覚えていますか」）や認識（e.g., 「あなたはなぜこのようにつぶやいたのでしょうか」）を尋ねる，共通10設問の自由記述欄に回答してもらった。事後に談話録とアンケートへの回答を比較し，筆者が教師にインタビューした。また該当生徒3名の回答も一部抜粋し，参考資料とした。

第2項　分析手法と分析概念

教室談話における教師の発話と生徒による「つぶやき」の頻度を掴むために，以下に述べる手順(1)により対象生徒3名を選定した。また個々の「つぶ

やき」の特徴を捉えるために，手順(2)により談話分析を行い，手順(3)を経て事例を選定した。

(1) 対象生徒選定のために，2年次対象学級における「つぶやき」の傾向をふまえ（see 第5章表3），各生徒の「つぶやき」の回数を比較した（see 第8章表7）。その結果，大方の教室で指摘される「男子の『雄弁』と女子の『沈黙』」（木村，1999, p. 100）の傾向に必ずしも該当しない分析結果に着目し，「つぶやき」の回数上位2名（大城くん：山下さん）と，6番目に多く毎学期増加傾向を辿った花井くんを含む，計3名を対象生徒に選定した。該当生徒3名の「つぶやき」の傾向を参考にしながら，事例を検討した。

(2) 「つぶやき」の様相を捉えるために，2010年5月に2・3年次データから該当生徒3名の「つぶやき」の特徴を，発話の結果的な影響や機能に基づき，オープン・コーディングの手法（佐藤，2004）により，筆者と教師が共同で下位12項目に分類した。後日，帰納的に6類型に集約し，❶個人的と❷社会的に二分した。

(3) 事例選択に際しては，最初に該当生徒3名いずれかの「つぶやき」を網羅する，29事例を2年次データとした。そして本章の目的と照合して，2010年5月に教師と筆者が事例間の比較をした。結果，事例解釈の折に系統性を欠くと判断した「つぶやき」の特徴1項目を示す5事例を割愛した。次に「事例選択の組織化」（やまだ，2002, p. 73）に留意し，生徒3名全員が与する14事例（1学期2事例，2学期1事例，3学期11事例）を2年次データから抽出した。そして時期と回数を考慮し，「つぶやき」6類型11項目の年間満遍ない提示と，各生徒による「つぶやき」の特徴が最も顕著に認められる事例選択を企図し，アンケート結果から筆者らの解釈の妥当性が保証された3事例を含む合計11事例（1学期5事例，2学期3事例，3学期3事例）を2年次の掲載事例とした。

2009年4月に学級編成が実施され，花井くんの3年次データが入手できなくなった。よって大城くんと山下さんが与する事例の中から，2年次との連

表8　授業進行表と各期名称及び対象事例

学年期		授業実施年月日	各期名称	学習内容略称	対象事例
2年次	1学期	2008年7月17日	つぶやき萌芽期	"Ainu"	〈16, 17, 18, 19, 20〉
	2学期	12月10日	つぶやき模索期	"India"	〈21, 22, 23〉
	3学期	2009年3月13日	つぶやき確立期	"Landmines"	〈24, 25, 26〉
3年次	1学期	7月13日	つぶやき安定期	"Hiroshima"	〈27〉
	2学期	11月13日	つぶやき拡張期	「関係代名詞」	〈28, 29〉
	3学期	2010年2月5日	つぶやき発展期	「文型復習」	〈30〉

続性を考慮し，合計4事例（1学期1事例，2学期2事例，3学期1事例）を3年次データから選定した。最終的に総計15事例を掲載することで，男子生徒2名による「つぶやき」の全特徴と，「つぶやき」6類型11項目の紹介が可能となった。全15事例を時系列に沿って並べ替え，各学期の生徒による「つぶやき」の全容を継時的視点から筆者が統括し，各期の呼称を命名した（表8）。

第3節　結果と考察

本節では，該当生徒3名による2年次の「つぶやき」の傾向，回顧的個別紙面アンケートの回答，授業コメントの内容，ならびに実際の教室談話事例と解釈，及び分析結果を提示する。

第1項　「つぶやき」の傾向

該当生徒3名による「つぶやき」の傾向を，再度以下に提示する（表9）。

表9　生徒3名の「つぶやき」の傾向

	大城くん	山下さん	花井くん
回数・学級内頻度順位（生徒総ターン数465回）	139回・1位	100回・2位	41回・6位
言語占有率（英語／母語）	17%／83%	33%／67%	7%／93%
英語の「つぶやき」における復唱／応答の頻度（回）	9／16	14／19	0／3

上記結果からは，先述のように，①大城くんが学級内最多の「つぶやき」を発している一方で，②山下さんの英語使用比率の方が大城くんより高く，英語での「つぶやき」の復唱頻度も多いこと，③花井くんが英語で3回つぶやいていたこと，がわかる。

第2項 「つぶやき」の特徴

該当生徒3名による「つぶやき」の特徴として，以下6類型12項目が見出された：❶個人的：(a)復唱（仲間／教師による発話の直後に再生された「つぶやき」）；(b)知識拡充（思考探究：同一の話題内容に関し一生徒が連続して発する思考過程の深化を示唆する「つぶやき」，既有知識：生活経験や他教科の知識に基づく一生徒による思考過程の深化を示唆する「つぶやき」）；(c)直感（ひらめき／音遊びとして発せられた「つぶやき」）と，❷社会的：(d)理解構築（代弁：仲間の気持ちや意見の代弁を示唆する「つぶやき」，援助：仲間に対する援助を示唆する「つぶやき」）；(e)反復再生（仲間／教師による発話の反復再生として一定時間後に発せられた「つぶやき」）；(f)他者評価（仲間や教師への肯定的／否定的評価を示唆する「つぶやき」）。これらを統括し，表10で示す。

表10 「つぶやき」の分析カテゴリー

類型名		項目名と定義	発話例
❶ 個人的	(a) 復唱	仲間：仲間の発話を直後再生	前川：生活． 大城：生活．(183)
		教師：教師の発話を直後再生	教師：The diet officially recognized that… 山下：Recognized?
	(b) 知識拡充	思考探究：同一の話題内容に関し，一生徒による連続的な思考過程の深化を示唆	花井：受けているところとさあ…同じ．(206) 教師：うん，受けてるところと． 花井：なんかさあ…いっしょのところが．(207)
		既有知識：生活経験や教科内外の知識に基づく，一生徒による思考過程の拡充を示唆	教師：あと歴史で習わなかった？ 花井：魏志倭人伝．(170) 教師：おお，魏志倭人伝の「倭」って今誰が言ったの？
	(c) 直感	ひらめき：ひらめきを示唆	大城：とりあえず，すごい人なんだな．(182)
		音遊び：音遊びを示唆	(考察対象外)
❷ 社会的	(d) 理解構築	代弁：仲間の気持ちや意見の代弁を示唆	前川：ガンジーってインドの人でしょ？(189) 大城：鑑真じゃないの？(190)
		援助：仲間に対する援助を示唆	大城：直樹，theyは？(227)
	(e) 反復再生	仲間：仲間の発話を一定時間後に反復再生	大城：爆発する．(―10分中略―) 山下＋香山：爆発する．(211)
		教師：教師の発話を一定時間後に反復再生	教師：Cambodia has…the problems…．(―4分中略―) 山下：Cambodia.(204)
	(f) 他者評価	肯定的：他者への肯定的評価	直樹：ちょっと待ってよ．They… are. 大城＋Ss：あー．あー．いいでしょ．(229)
		否定的：他者への否定的評価	小笠原：じゅうよんえんじゃない？ 大城：さすが，オガ，インド出身．(200)

第3項 英語科授業に関する認識

該当生徒3名によるアンケートの回答を以下に提示する（表11）。さらに，花井くんによる2年次各学期授業コメントを示す（表12）。

表11　生徒3名のアンケート回答

生徒氏名	設問内容	生徒の回答
大城くん	「オレのおじいちゃん・ばあちゃん・お父さん」と述べた理由	<u>自まんしたいんです。</u>
山下さん	ロシア語新聞記事を「ウクライナ［のもの］」と言った理由	<u>ウクライナに行った時，似たような字を見たから。</u>
花井くん	1-2年を振り返って英語の授業での自分の姿勢と態度	最近は寝る回数は，へってきてるけど，授業内容がわからなかったり，寝むかったり［sic］する時は，<u>寝ることがある</u>。最初の時よりは，楽しくなってきた
	"Ainu"で「倭人」，"India"で「ガネーシャ」と応答した理由	<u>魏志倭人伝は，社会の授業で聞いたのを覚えていたから</u>　ガネーシャはその時期にやってた［sic］ドラマのキャラだし，画像で見た事があるから

表12　花井くんの2年次各学期授業コメント

（1学期）ぼくは英語が<u>苦手</u>なので，ぼくにとっては楽しい授業ではないので，<u>ちょっときらい</u>です。

（2学期）英語<u>苦手</u>なんですが，<u>楽しい</u>です。ある程度わかれば，もっと楽しいけど，これからもよろしくお願いします。

（3学期）<u>わかると楽しい</u>と思いました。

第4項　教室談話事例と解釈

　本項では，表8が示す時系列に即した各事例に対する解釈を経て，該当生徒3名個々人による「つぶやき」の特徴と変容過程を明らかにする。また，このことのために，2年次の花井くん，2・3年次の山下さん，2・3年次の大城くんへの教師による認識と，授業における発話についての解釈も参照する。以下で示すのは，教師の認識に則った該当生徒3名に関する簡単な紹介である。

　花井くんは自他共に認める英語が不得手な生徒である（表12）。難しい家

庭環境に育つ彼は，1年次の英語科担当者によると，授業中に居眠りすることが多かったという（2008年12月）。**大城くん**は，「ウケをねらって授業中におもしろいことを言うクラスのムードメーカー」であり，「彼の発言は他生徒への影響力が大きい」（2008年7月，2009年12月）。彼の「つぶやき」の頻度は学級内最多であり（表9），行事で活躍し修学旅行実行委員長を担う前川くんと，授業中の発言回数を競い合っている（2008年7月）（see 第5章第3節第2項(1)）。**山下さん**はクラブチームでスポーツに従事し，全国大会出場や海外遠征をこなす多忙な生徒であり，「授業中の集中力が高く，まじめで向上心が強い（2008年7月）」。

以下では，各事例の背景説明や発話生成の文脈を提示した後に，談話録を分析し，「つぶやき」の様相を捉える。

(1) つぶやき萌芽期―2年1学期 "Ainu" 2008年7月17日1校時

〈事例16〜20〉は，2年次1学期 "Ainu" の授業談話から抽出している。ことばの本質に迫る試みとしてこの教師は，ことばの社会的特性（中村, 1993）に焦点化した授業を実施した。アイヌ語の普及活動に尽力した萱野茂氏を紹介し，ことばの重要性を伝える O.I. を展開している。

〈事例16―魏志倭人伝〉3m43s-4m31s
日本の先住民としてのアイヌがアイヌ・モシリで平和に暮らしていたところへ，"Wa-jin" がやってきたと教師が英語で語り，"Wa-jin" の表記を尋ねる場面である．
T: 新しく来る人のことを何て呼んでたの？
Ss: わじん．
T: うん，どういうふうに漢字で書くかな？
大城：平和の「わ」に「ひと」．（1ターン略）
T: ああ，そうだね．平和の「わ」に「ひと」（教師は「和人」と板書）．そう，こういうふうに書く時もあるし，あと歴史で習わなかった？（3ターン略）
浅井+Ss：にんべんに…．
T: おお，にんべんに？ なんて言った？
浅井+Ss：委員会の「委」．
T: そうそう，何かで見たことあるね，これね．

大城：えっと….
花井：魏志倭人伝．(170)
T: おお，魏志倭人伝の「倭」って今誰が言ったの？　溝田くん？
大城：オレ．
B:　オレじゃん．（上昇音調で）
Ss: 花井くん．
T: ああ，花井くん，すばらしい．得意なんだね．魏志倭人伝の「倭」だよね，そうそうそう．(171)（以下，省略）

　教師は当初，「魏志倭人伝(170)」と述べたのが誰であるのかがわからなかった。しかしそれが花井くんであると知って思わず，「ああ，花井くん，すばらしい。得意なんだね。魏志倭人伝の「倭」だよね，そうそうそう(171)」と応答している。花井くんは「わじん」という語の表記を推察するにあたって，社会科での既習事項を想起している。社会科で会得した知識としての「魏志倭人伝」（表11）が，英語の授業で機能している。英語が苦手で「寝ることがある」（表11）花井くんによる学習参加が，他教科の知識に支えられ可能となったと考えられる。ここでは花井くんは，題材内容に関する教師との母語でのやりとりにおいて，自らが過去に獲得した知識に基づく個人的知識拡充型つぶやきを発している。

〈事例17―もとから住んでいた人〉13m00s-14m53s
「アイヌ先住民認定決議」国会採択の英字新聞提示．
T: 国会 officially declared or recognized,
山下：Recognized?
T: that the Ainu people are indigenous people for the first time.
小笠原+香川：わかんない．(172)
大城：よくわかんない．全然わかんない．(173)
T: So indigenous means what? What does indigenous mean?（1ターン略）
小笠原：わかんねえ．(174)
T: So please guess. What is indigenous?
大城：日本語でお願いします．(175)
T: OK.
小笠原：もう，わかんねえ．(176)
T:（7ターン略）The Japanese Diet said that the Ainu people are **indigenous** people

for the first time. What is indigenous?
山下：悪いこと？
香川：…だから，それを訊いてるんじゃん．（大城くんへ）
大城：そうなの？ indigenous は，どういうことですかっていうことを訊いてんの？（上昇音調で，香川くんへ）
T: Indigenous, umm…, for example, Maori people are indigenous people in New Zealand.
小笠原：はっ？
前川：アイヌの人は…
T: Aboriginal people are indigenous people in Australia.
小笠原：えっ？
T: うん？ 言って言って．（教師は尋ねつつ「つぶやき」が発せられた教室後方へ歩み寄る）
花井：もとから住んでいた人．(177)
T: もとから住んでいた人ね．先住民と初めて認めたのね．
大城：あっ，そうなの？(178)（上昇音調で）
T: そうそう．（以下，省略）

　この事例は，困惑した生徒たちの様相を示している。教師によれば，2008年4月にこの生徒たちに初めて出会った際には，多くの生徒が英語を多用する彼女の授業様式に，戸惑いと抵抗を覚えていたという（2008年7月）。O.I.では教師の発話の約7割が英語であり（see 第5章表3），上記〈事例16〉では，英語でのO.I.の内容が「わかんない」という「つぶやき」が5回発せられ(172)～(174)，(176)，大城くんが母語での解説を望んでいる(175)。実際に4分間に渡り"indigenous"の和訳を生徒が誰も答えられない中，花井くんが唯一，「もとから住んでいた人(177)」と述べている。花井くんは"indigenous"の和訳を知っていたわけではない。教師による英語のO.I.を他生徒同様に聴き，その文脈を理解した上で，和訳を推察している。直後に大城くんが「あっ，そうなの(178)」と反応しており，花井くんの「つぶやき」が，他者への理解を促進する社会的理解構築型として機能していることがわかる。教師はこの授業を省察して，授業で寝てしまいがちな花井くんが，本時の命題に迫る「つぶやき」を発したと評価している（2008年7月）。なお，

3学期にこの学級において，「**わかんない**」という「つぶやき」が見受けられたのは，一度であった（see 第5章事例6）。

〈**事例18――最初からいた**〉24m36s-25m10s
上記〈事例16〉から10分後の授業談話である．
T： Diet officially declared Ainu Indigenous. これ，どういうことだった？　日本語でいいです．これは．ちょっとむずかしかったから．**国会は，どうしたんでしょう？**
山下：Ainu.
T： Ainu.
大城：自由になった．
T： うんー，日本語で．
前川：アイヌのものになった．
T： ううん，全然違うよ．**国会はアイヌの人たちのことを？　どうだと？**
小笠原：認めた．
大城：認めた．
T： そうそう，どういうふうに？
小笠原：最初からいた．（179）
大城：最初からいましたよ．（180）
T： うん，先住の人たちだと認めた，というね，宣言が，on June 7th, this year on June 7th, they declared this.（以下，省略）

　本事例は，約10分前に花井くんによって語られた「**もとから住んでいた人(177)**〈事例17〉」という「つぶやき」が，小笠原くんによる「**最初からいた(179)**」という異なる言い回しにより再生され，先住民アイヌについての情報が，学級において共有される様相を示している．花井くんによる「**もとから住んでいた人(177)**」という社会的理解構築型つぶやきを聴いた小笠原くんが，「**最初からいた(179)**」という社会的反復再生型つぶやきを発しているのである．
　Mercer（2008）は，授業で語られたことばや概念の初出及び反復再生場面に注目し，新学期当初に教師が指導したグラウンド・ルールが，学級で普及していく過程を談話分析によって明らかにしている．Mercerによれば，教室談話におけることばや概念の初出と再現場面を，時間経過に即して詳察することにより，児童生徒の学習過程を検討できるのである．この知見をふま

え,英語科授業でのことばや概念の初出と反復再生場面に着目すると,生徒による言語習得の軌跡の一端を示唆し得るのである.SLA 研究においては,初学者による言語習得・学習過程の縦断的な分析が必要とされている(Ohta, 2001 ; Spada, 2005)ことから,教室談話の変容過程を継時的に捉える Mercer の知見は,示唆に富むものである.

〈事例19—とりあえずすごい人なんだな〉28m00s-34m00s
アイヌ母語話者の萱野茂氏の写真を提示.
T: (教師が一人の男性の写真を提示する.) Who is this man? (生徒は,プーチン,ヒトラー,と応答する:5ターン略) He is [from] the Ainu people. (2ターン略) He is Mr. Kayano Shigeru.
大城:だれそれ?
山下+Ss:かやのしげる?
大城:あぁ,オレのお父さん.(181)
T: You, you all used this dictionary, right? When you made this, Ainu book, these Ainu book…
前川:アイヌ文様?
T: Uh-huh, you, you used this Ainu dictionary.
He compiled or wrote this Ainu language dictionary.
大城:とりあえず,すごい人なんだな.(182)
T: Oh… (PC のスライド画面操作:2ターン略) Mr. Kayano was born … (以下,省略)

　大城くんは,授業で新たな人物像を目にする際に,「あぁ,オレのお父さん(181)」;「オレのばあちゃん(203)〈事例24〉」とつぶやく.そして回顧的紙面アンケートに,彼は「自まんしたいんです」と記している(表11).このことから,大城くんが初めて授業で目にする人物を,自らの家族になぞらえ「自まん[する]」ことにより,自分の存在を学級で顕示しようとしていること,ならびに教師が授業で紹介する家族であり得ない人物を,家族と述べることで生まれるユーモア効果をねらって,個人的直感型つぶやきを発している,と推察される.
　また O. I. の内容が「わかんない〈事例17〉(172)〜(174),(176)」生徒が

多い中，大城くんが萱野氏について「とりあえず，すごい人なんだな(182)」と端的に総括する個人的直感型つぶやきを発した。一方で教師は，「良いことをつぶやいてくれて助かると思った」と，好意的にこの「つぶやき」(182)を受けとめている（2008年8月）。したがって教室という社会場面では，生徒が自分に引きつけた個人的な感触や感想をつぶやく場合においても，「つぶやき」を聴く仲間や教師によって複数の異なる解釈がなされ得る。つまり「つぶやき」は，「社会的現象」（バフチン，2002, p. 86）の一環にあり，「話し手と聞き手の相互関係の所産」（バフチン，2002, p. 90）とみなすこともできよう。

〈事例20—生活・人生・命〉42m09s-42m42s
上記〈事例18〉から8分後の授業談話。20分間の英語での「口頭導入」に関する内容理解の確認として，教師が生徒に母語で内容を再生させている．
T: So, what does this sentence mean? The life of a people is in its language. So life has three meanings. What are they? Life has three meanings.
山下：生きる．
T: うん…生きる…．
前川：生活．
大城：生活．(183)
T: 生活．
前川：人生．
大城：人生．(184)
T: 人生．
前川：命．
大城：命．(185)
T: 命．(以下，省略)

"Ainu"の授業終盤で，「口頭導入」の内容が確認されている。ここでは大城くんが，一瞬遅れをとりながら級友による正答を復唱しており(183)〜(185)，語尾を若干変えて彼が直後再生する時もある「小笠原：最初からいた(179)〈事例18〉」；「大城：最初からいましたよ(180)」。大城くんがこのように母語での仲間による発話の直後に個人的復唱型つぶやきを発する姿は，

1学期には頻繁に見受けられたが，2学期には殆ど認められなかった．1学期にはこの教師による授業様式に慣れておらず，教師に母語使用を要望し〈事例17〉**(175)**，自己顕示欲旺盛に級友の正答を復唱して談話に参加していた**大城**くんが，以下2学期12月を迎える頃には，仲間のことばを復唱しながらも英語でのやりとりに参加できるようになったことがわかる（see 第8章事例15）．

(2) **つぶやき模索期―2年2学期 "India" 2008年12月10日1校時**

　教師は英語の授業でインドを扱うのに際し，反抗期の最中にある中学2年という発達段階を考慮し，インドとイギリスの関係を視野に入れ，「非暴力・不服従」を唱えたインド独立の父，M. ガンジーを取り上げた（2008年12月）．以下は，その直後の場面においての授業談話からの抽出である．

〈事例21―鑑真じゃないの？〉03m39s-07m00s
夫のインド旅行が語られ，話題はガンジーへ移る．
T：（サリーをまとったM. Gandhiの写真提示）**Who is this man?(186)**
Ss: Gandhi.
大城：Gandhi.(187)
T: Gandhi, good. He respects…, my husband respects him.
大城：えっ，Gandhi?(188)
山下＋Ss: Gandhi?
T: Gandhi.
大城：あぁ，Gandhi.
T: In Japanese, ガンジー．
山下：ガンジーってだれ…?
小笠原：ガンジーってだれ…?
鍋田：だれ？
前川：ガンジーってインドの人でしょ？(189)
山下＋鍋田：へぇー….
T: うーん，そう．
大城：鑑真じゃないの？(190)
T: 鑑真は，えー，あのとても有名なお坊さん．
大城：え，知ってる．

小笠原：それは知ってる．
T: ね，うん．Gandhi…．so Gandhi worked very hard to make India an independent country．（13ターン略）He used the method of non-violence．（2ターン略）<u>What is non-violence？(191)</u>（3ターン略）
香山：Violence って何？
T: Violence．何だろう．
Ss: 暴力．
大城：紫．(192)（他生徒とほぼ同時に）
T: おっ，そうそう，暴力ね．あぁ，あぁ，紫は <u>violet．(193)</u> ちょっと似てたね．（以下，省略）

〈事例21〉では「ガンジー」についての談話が展開されている．"<u>Who is this man？(186)</u>" という教師の問いに対して，Gandhi が誰なのかが大方の生徒には定かではなかった．前川くんが「<u>ガンジーってインドの人でしょ？(189)</u>」と自らの既有知識をつぶやき，今度は Gandhi と鑑真を混同した**大城くん**が，「<u>鑑真じゃないの？(190)</u>」とつぶやく．サリーをまとったガンジーの写真を眺めながらも，教師による"Gandhi"と「ガンジー」という音声に誘われるままに，**大城くん**は社会科で学習した「鑑真和上」を想起したのであろう．臆することなく感じたことを言語化する**大城くん**の，端的で率直な個性が現れている．なお，生徒によるこの Gandhi と鑑真の混同は，2年生3学級全てにおいて認められており，決してこの学級に特有の現象ではない（see 第5章第3節第2項(1)）．生徒たちは，このように新たな知に接近する際に，自らの既有知識に基づき，何らかの手がかりを得ようと<mark>個人的知識拡充型</mark>つぶやきを発する．そして同時に，**大城くん**による「<u>鑑真じゃないの？(190)</u>」という「つぶやき」は，同様の疑問を抱く級友の気持ちや意見を代弁しており，<mark>社会的理解構築</mark>の機能も果たしていると解釈できる．

またこの事例冒頭において**大城くん**は，仲間や教師の英語を復唱していた<u>(187)</u>，<u>(188)</u>．しかし事例末尾では，教師による"<u>violence(191)</u>" という英語音声を聴き，"<u>violet(193)</u>" と勘違いしながら，その和訳をつぶやいた<u>(192)</u>．新出語彙である "violence" に対して，**大城くん**は自らの既有知識

第9章 生徒の「つぶやき」と心的変容過程の検討 227

に基づき，「紫(192)」と応答したのである．1学期には母語での級友による正答を復唱していた大城くんが，2学期には「つぶやき」に自らの思考を込め，誤答を発しながらもやりとりに参加する様相が認められる．

〈事例22―ガネーシャ〉07m15s-08m03s
インド土産ガネーシャの木像が提示される．
T: Can you see this?（ガネーシャを提示）
前川：埴輪．
大城：はい，残念だったな．(194)（前川くんへ）
T: Can you see this?（2ターン略）
山下＋Ss：象．
大城：は，象じゃねーし，マンモスだし．
香山：象だよ．横から見たらわかる．
大城：手，たくさんあるべ．
T: Not 埴輪．（2ターン略）
花井：夢をかなえるゾウ．
大城：鳥になったゾウ．
T: So…（木像を手に20秒間ほど巡回）He bought this, he bought this for his mother.
花井＋鍋田：ガネーシャ．(195)（ほぼ同時）
T: おっ．よく知っているね．（1ターン略）ガネーシャ．何で知ってたの？何で今わかったの？
鍋田：テレビでやってる．（1ターン略）
T: ああ，テレビでやってるの？ガネーシャの？（ガネーシャの確認：4ターン略）So this is a kind of deities. (196)（以下，省略）

〈事例22〉では教師が提示した木像の「ガネーシャ」に関する情報の共有が，学級全体で協働的になされている．ここでは花井くんらが「ガネーシャ(195)」と述べており，この「つぶやき」は，当時放映されていたテレビ番組『夢をかなえるゾウ』に端を発している（表11）．花井くんは1学期同様に，自らの既有知識に基づいた個人的知識拡充型つぶやきを，母語を介した題材理解の折に述べている．

ここでさらに注目したいのは，花井くんの「つぶやき」における変化である．表13は，花井くんによる各学期の「つぶやき」の回数と内容を示す．

1学期は2回であった彼の「つぶやき」が，2学期には4回に増え，3学

228　第Ⅳ部　発生的・発達的視座から捉えた生徒と教師の発話の特徴

表13　花井くんの各学期「つぶやき」の回数と内容

時期・回数	「つぶやき」の内容
1学期2回	「魏志倭人伝」(170)　　「もとから住んでいた人」(177)
2学期4回	「夢をかなえる象」　　「ガネーシャ」(195)　　「漫画?」　　「ドラマ」
3学期35回	「地雷」「プノンペン」「プノンペン」「爆発している地雷の数」「巻き込まれた人の数」「地雷…」「種類」"Bangladesh" "Bangladesh"「つくってる」"Russia"「受けているところとさぁ…同じ」206)「なんかさぁ…いっしょのところが」(207)「埋められている」「除去するお金」「お金?」「探知機」「あっ,3メーター?」「爆発する範囲」「範囲?」「その範囲しか…」「一日に」「みつかった…」「悪魔」「えっ,まさか政治犯だ,政治犯」(214)「ひざから下」(216)「あっ,横にひっかけるの…」「爆弾」「ジャンプ?」「自分にひっかかっちゃったら…」「手榴弾だ」「手榴弾」「子どもたち」「人間」「地球」

期には激増し，新たな「つぶやき」の特徴も見られる（表14）。花井くんの授業コメントも，変化している（i.e., 表12「苦手・ちょっときらい」→「苦手・楽しい」→「わかると楽しい」）。一方，筆者が観察した2年次の英語科授業全ての中で，生徒による英語の「つぶやき」が最多（i.e., 8回／分，全体平均1.63回／分）の本事例5分後の場面では，花井くんの「つぶやき」は一度も見受けられない。花井くんは英語の授業においてテレビ番組や社会科での既有知識は述べられるのだが，教師と生徒間の英語でのやりとりには，依然として参加できないのである（see 第8章事例15）。

〈事例23―インド出身〉08m42s-12m23s
〈事例7〉の1分後，インドの地図カードの提示．
T:　Um, the capital city of Japan is Tokyo. The capital city of China is Beijing. So what is the capital city of India?
Ss:　…．(不明)
大城：Capital city?
前川：Capital cityってどこだよ．
T:　Umm. Capital city, Tokyo. Beijing…
香川：首都．(197)
T:　うん，そう．首都．書いてある．(教師がカードを提示)

山下：Deity？（198）
大城：Dehi？
香山：Diji？
T： Oh, so…Delhi. New Delhi.（20ターン略：教師がインド紙幣カードを提示）So, can you read this？ This is English. Five…（板書：6ターン略）
小笠原：Rupee.
T： Ah, so rupee. Rupee. So five rupee is …（板書）
大城：さすが，オガ．さすが，インド出身．（199）（小笠原くんに向けて）
T： そんな根拠はどこにあるの？（大城くんへ）
大城：この間言ってたの．
T： そんなこと言うんじゃありません．（7ターン略）えー，one rupee is 2.84円ね．
小笠原：じゅうよんえんじゃない？
大城：さすが，オガ，インド出身．（200）
T： あっ，計算速いね．Fourteen yen，はい，大城くん，しつこいよ．（以下，省略）

　大城くんが小笠原くんに対して「<u>インド出身（199），（200）</u>」と述べ，教師が大城くんを叱責した。教師は，「この発言に関しては，差別 or 蔑視の気持ちを感じ，すぐにやめさせたいと思いました。それほど悪気はないでしょうけど，幼さゆえのからかいの言葉と感じています」と記している（2008年12月）。実際に4月以来，大城くんを含めた男子生徒数人が授業内外で「級友に対してイジメともとれるような意地悪を言う」ことを教師は憂慮している（2008年7月）。「<u>インド出身</u>」という級友を揶揄する大城くんの否定的<u>他者評価型</u>つぶやきには，彼に関し既述してきたのとは異なる，級友との調和を乱す様相が認められる。

(3) つぶやき確立期―2年3学期"Landmines" 2009年3月13日2校時
　〈事例24～26〉は3学期"Landmines"から抽出している。教師は，「クレイモア」という地雷や「スタングレネード」という手榴弾，「マシンガン」等武器を用いる戦闘ゲームに興ずる男子生徒に言及し，仮想ではない現実世界に対峙させ，平和を追求する自律的な姿勢の育成を志向する（2009年4月）。

〈事例24―日本人？〉21m35s-28m12s
カンボジアの地雷問題が語られる際の談話である．
T: Cambodia has one of the worst problems in the world. (201)（―約4分中略―）
　　（写真提示：複数人中の一人の女性指示）So do you remember her?
山下：日本人？(202)
大城：オレのばあちゃん．(203)（山下さんとほぼ同時に）
香山：だれ？
T:（2ターン略）Do you remember her? You met her last May.（10ターン略） I asked her to talk about landmines. So she told me.（―約2分中略―）So in 2006, there are about 68 countries that have people injured or killed. What countries are they?（2ターン略）Can you see?（スクリーン上地図提示）
前川：やべ，韓国….
T: Korea. And what countries are they? Afghanistan.
山下：Cambodia. (204)
T: Cambodia. Very good.（8ターン略）他には，どう？
花井：Bangladesh.
T: うん？
花井：Bangladesh.
T: Bangladesh.（メガネを外し地図に見入る）
大城：ないじゃん．(205)（花井くんに対して）
T: Bangladeshはどうかな？ ちょっとわからないね，うん．（以下，省略）

　この事例は，教師が"Cambodia(201)"という新出語彙を初めて導入し，その約6分後に山下さんが正確な強勢音と共に，"Cambodia(204)"と英語で「反復再生」する様相を提示している．英語の"Cambodia"は，強勢音が日本語とは異なっており，山下さんが正確な英語音声を述べていることから，彼女が反復再生型つぶやきを発して，教師による英語音声を再現した可能性が示唆される．山下さんによる反復再生型つぶやきは頻繁に認められている．例えば，新出語句としての"capital city"については，2009年12月10日の時点〈事例23〉で，香山くんが「首都(197)」と述べたが，それから3ヵ月を経た2010年3月13日の本時に，山下さんが「首都」と「反復再生」した．また大城くんが述べた新出語彙"explode"の和訳「爆発する」を，約10分後に山下さんと香山くんが「爆発する(211)」〈事例26〉と「反復再

生」している。詳細については後述するが，山下さんは学校の授業と自宅学習を中心に英語学習に臨んでおり，塾には通っていない。したがって例えば，"explode"という語彙の学習に際しては，大城くんが発したことばを山下さんが聴きとり，自らのことばとして内面化した可能性が示唆される。

　この事例においてはさらに，山下さんの「つぶやき」における固有性にも注目したい。海外で地雷回避教育に携わる「国際交流の日」の講師が写ったアンゴラでの映像を直視して，山下さんは教師の質問に対し，「日本人？(202)」という個人的直感型つぶやきを発した。しかし大城くんは山下さんとほぼ同時に，「オレのばあちゃん(203)」という個人的直感型つぶやきを述べている。山下さんはクラブチームに属し，海外遠征をこなす生徒である(2008年7月)。教師は，自らの家族を「自まんしたい（表11）」大城くんの「つぶやき」と比較して，「日本人？」と述べる山下さんの「つぶやき」が，「遠征を繰り返す彼女の日常生活に端を発している」と解釈する。「肌の色が異なる同年齢の子どもたちと，同じ舞台で競い合う山下さんが，『この子，どこの国の子？』というような鋭い国際感覚を持ち合せるのは当然」と教師は述べる(2009年12月)。つまり同じ写真を見てほぼ同時に発せられた二人の生徒の「つぶやき」の中に，教師は質における差異を見出している。本事例はしたがって，「つぶやき」を生む各生徒の社会的文脈に，教師が思いを馳せている様相も示唆している。

〈事例25—同じ？　違う？〉29m08s-29m56s
カンボジア地雷被害と世界地雷類型数，被害国提示．
T:　So what these maps show you?（世界地図上地雷生産国と被害国スライド提示）So is there 何か気がついたことない？　前の地図とこの地図で．（1ターン略）
大城：日本が作ってる…．
花井：受けているところとさあ…同じ．(206)
T:　うん，受けてるところと．
花井：なんかさあ…いっしょのところが．(207)
T:　作っているところが，どう？
花井：同じ．(208)(山下さんとほぼ同時に)

山下：違う．(209)(花井くんとほぼ同時に)
T：うん，違うよね．そうそう，ね．あ，きみは同じだと思ったんだよね．
大城：ハハハ．(笑い)(210)
B：…言われてる．
T：そうか．あ，でもさ，同じところが作っている国もあるね．同じように作っている国もあるね．作ってて，犠牲になっている国もありますね．(以下，省略)

　この事例では，地雷被害国に続き，地雷生産国が世界地図上で提示され，双方間における異同について，教師が尋ねている。その際に，生徒の意見が一致しない様相が認められる。ここで教師は，授業以前の教材研究の段階で自らが想定していた「地雷被害国と生産国の差異」に近い内容を含意する花井くんの「受けているところとさあ…同じ(206)」という「つぶやき」を取り上げた(2009年4月)。しかし花井くんは双方間の共通性に着目し，個人的知識拡充型つぶやき(206)～(208)を発しており，山下さんが双方間の相違を指摘している「違う(209)」。したがってこの場面では生徒2名による正反対の意見がほぼ同時に交わされ，結果として花井くんが大城くんに笑われており(210)，教師はこの展開に困惑している。

　　確かにロシアなど自ら地雷を生産し被害にあう国もあるのに，ここで私が花井くんを否定したため大城くんに笑われてしまい，花井くんに申し訳なく思いました。その場で花井くんのことばを受けとめられなかった自分の認識の甘さを反省していました(2009年4月)。

〈事例26―政治犯だ〉39m28s-40m09s
上記〈事例25〉の後約10分が経過した．
T：(教師が地雷模型を一つ提示) This is a small landmine, and this is made to explode. What is explode?
山下＋香山：爆発する．(211)
T：うん，under your ankle. Ankle, ankle. What is ankle?
大城：くるぶし．
T：くるぶしから under. (212)
大城：下．(213)
T：This is made for that. (4ターン略) And this one… this one… (模型提示)

第9章　生徒の「つぶやき」と心的変容過程の検討　233

桜井：お鍋だ，お鍋….
前川：どんだけ持ってんだ，先生？
花井：えっ，まさか政治犯だ，政治犯．（214）
松田：先生，持ってちゃいけないんだ．
T：　No, no, no. I borrowed these.
山下：こわっ．
T：　This, this and this, these are made to explode, under your knees.（215）
山下＋花井：ひざから下．（216）
T：　Uh-huh, under your knees．（以下，省略）

"Landmines"の授業も終盤にさしかかり，花井くんが登場する最後の転載事例である．この3学期の花井くんによる「つぶやき」に関しては，頻度のみならず，その質における変容が示唆される．NPO法人から教師が借用した，複数の地雷模型が提示されると，花井くんはそれらを目にして，「えっ，まさか政治犯だ，政治犯（214）」と述べる．教師はこの「政治犯だ」という花井くんの個人的直感型つぶやきを聴き，「そんなこと言わないで（2009年4月）」と感じていたという．自身が「政治犯」と犯罪者扱いされることへの抵抗感，ならびに模型を事前に借用する等，授業準備に余念がなかったにもかかわらず，その労力が認められずに，「政治犯」と評されることに落胆を覚えていたという（2009年4月）．

花井くんは1・2学期には，題材理解を志向して，教師による母語での問いかけに対し，自らの既有知識に即した個人的知識拡充型つぶやきを述べていた．しかし3学期には総計35回の「つぶやき」を発しており（表13），そのうちの3回は地雷被害国名を英語で述べている（表9）．また上記〈事例26〉では，教師による"these are made to explode, under your knees (215)"という英語の語りかけに対し，彼は自発的に「ひざから下（216）」とつぶやいた．これは，直前の大城くんと教師による「くるぶしから（212）」；「下（213）」というやりとりに触発された，部分的反復再生型と解釈し得る．またこの花井くんによる「ひざから下（216）」という「つぶやき」は，筆者が観察する限り，教師による英語での語りかけに対し，花井くんが初めて能

動的に発した「つぶやき」である。表11,12のアンケート結果と授業コメントをこの事実と併せて考察することにより，1年間の英語科授業における彼の姿勢の変容が示唆される。

(4) つぶやき安定期—3年1学期"Hiroshima"2009年7月13日5校時

教師が3年次に世界平和の重要性を訴えるために，最長の授業時間を割く(2010年4月)"Hiroshima"からの抽出である。

〈事例27—ウクライナ〉34m49s-35m16s
広島市平和記念公園の「原爆の子の像」のモデルとなった佐々木禎子氏に関する世界の著書や新聞記事が，ピクチャー・カードとして提示される．
T: They are the students of Moscow. What is Moscow?
大城＋山下＋Ss: モスクワ．
T: モスクワ，Good. They are the students of the United States of America.
大城＋山下＋Ss: アメリカ．
T: Uh-huh. They are …. They are, they learn about Sadako and they make paper cranes.
山下：あー．
T: So this is the newspaper in what language, can you guess?
Ss: …（応答なし）
山下：ウクライナ．(217)
T: ウクライナ？　ずいぶん遠いところにきたね．
野坂：ロシア．
T: あっ，そうそう．It's the newspaper of Russia.（以下，省略）

　教師が提示したキリル文字によるロシア語新聞記事を見た山下さんは，新聞が「ウクライナ(217)」のものである，とつぶやいた。この授業の直後に教師は，山下さんが恐らく「ウクライナ」に行ったことがあるから，このように述べたのではないか，と語っている（2009年7月）。2009年7月17日に回顧的紙面アンケートにおいて，このことについて山下さんに尋ねた。すると実際に「ウクライナに行った時，似たような字を見たから」と彼女は記している（表11）。したがって新聞のキリル文字を見て，「ウクライナ」と発した

個人的直感型つぶやきは山下さん自身の経験を反映しているとも解釈できる．

(5) つぶやき拡張期―3年2学期「関係代名詞」2009年11月13日4校時
〈事例28, 29〉は「関係代名詞」を扱う2学期の談話から抽出した．

〈事例28―cheapとtall〉15m40s -16m33s
「関係代名詞」の学習時，"The pen that I lost yesterday is a cheap one." の和訳をめぐって，cheapという新出単語の意味が問われている．
山下：Cheap one って何？
T： Cheap one ってなんだろう．
大城：お金．
野坂：安い，安い．
T：（one の機能も確認される：9ターン略）「なくしたペンは，安物です．」
B： Cheap は安い？（上昇音調）
T： Cheap は安い．（下降音調）
大城：へー．
高麗：へー．
T： チープシックって言うじゃない．はい，この反対語は？　高い．What is the opposite word of cheap?
大城：Tall. (218)
T： えー？　ちょっと本気で心配になるんだけど(219)．（教師が黒板にcheap⇔と記しながら，述べる）Expensive.
大城：へー．
松田：聞いたことない．Expensive なんてあったっけ？
T： Expensive は値段が高い．（1ターン略）これは値段が安い，cheap と値段が高い．Cheap と，値段が高い．覚えておいてね．あっ，そうか．背が高いの高いで tall って言ったの？(220)
大城：そう．
T： あー．高さにもいろいろあるから，標高が高いとか(221)，背が高いとか…．（以下，省略）

　この事例で大城くんは，"cheap" の対語が "Tall(218)" であると述べている．注目したいのは，大城くんが "cheap" の対語の「高い」が，「値段が高い」にも使えるかどうかと考えて，"Tall" とつぶやいたことである．大城くんは，2年次同様3年次にも既有知識からの推量に拠る直感的な個人

的知識拡充型つぶやきに，自らの思考を反映させている。教師は当初，大城くんが"cheap"の対語が"tall"であると信じて，応答したかのように受けとめていた（「えー？　ちょっと本気で心配になるんだけど(219)」）。しかし途中で，大城くんの真意に気づき，確認している（「背が高いの高いでtallって言ったの(220)」）。この"Tall"はしたがって英問英答時に，大城くんが自らの思考を主体的に編み出したことを示しており，その姿には2年次当初に，母語での級友のことばを復唱して授業に参加していた片鱗は認められない。なお，「高さにもいろいろあるから，標高が高いとか(221)」という教師の応答は，彼女が学生時代に登山部に所属していたことに由来すると推察される。

〈事例29―いーこと言っちゃって〉45m40s-46m22s
「関係代名詞」プリントの答え合わせの場面．
T：　はい，じゃあ3番［The man（　）she is talking with is Mr. Davies.］どうでしょう？
松田：はい　（挙手）．（大城・野坂くんも挙手）
T：　松田くん．
松田：that．
T：　どうして？
松田：え？
大城：いいじゃん，まっちゃん，あってるよ．(222)
松田：the man が….
T：　the man が，先行詞が，何？
松田：先行詞が人で，is だから….
T：　人で…？　えっ，is じゃないぞ．
大城：すごい，いーこと言っちゃって….(223)
松田：she だから．
T：　そう．She is，そう，ちょっとそこに書いてくれる？（板書：16ターン略）これは，松田くん，何格なんだろう？
松田：主格じゃない，えっと目的格．（周囲の反応を見て迷いながら）
T：　そうだよね．目的格ですね．（板書：6ターン略）で，ここでは何が入れられる可能性がある？
大城：That．
山下：Whom．
T：　that なんだけど，そうそう．Whom でもいいんだよね．（以下，省略）
（凡例：波線は生徒の公式発言）

関係代名詞の目的格"that"を正答した松田くんが，その理由を教師に尋ねられ，一瞬ひるんで「え？」と，口ごもる。すると大城くんがすかさず，「いいじゃん，まっちゃん，あってるよ(222)」；「すごい，いーこと言っちゃって…(223)」と述べる。教師によれば，松田くんは学級委員を務める英語が苦手な生徒であり（see 第6章），大城くんと同じ仲間のグループには属していない。そして，大城くんは松田くんに，全幅の信頼を寄せているという（2009年12月）[37]。

なお，実際の大城くんによる他者評価型つぶやきにおける変容は，以下に示す通りである。大城くんは2年次には，肯定的な他者評価型つぶやきを一度も発しておらず，良き仲間でありライバルであった前川くんに対し，頻繁に否定的な他者評価型つぶやきを発していた〈事例22(194)〉。また親交がさほど厚くはない小笠原くんや花井くんを揶揄したり，嘲笑したりする場面も見られ〈事例23(199)，(200)，事例24(205)，事例25(210)〉，教師は「イジメともとれるような意地悪を言う」大城くんらの態度に，懸念を抱いていた。一方，大城くんは3年次には上記のように肯定的な「つぶやき」を発して松田くんを鼓舞し，次の〈事例30〉で登場するスポーツ万能で仲が良いが，英語が苦手な直樹くん（2009年8月）に対しても協働的な支援を提供している。また教師は，花井くんによる変容を述懐した際に，大城くんら周囲の子どもたちの変容も見届けている（see 本章第3節第5項(2)）。2年次の大城くんによる否定的な他者評価型つぶやきは，級友への謂われない中傷も含んでいた。しかし3年次には対等な仲間の長所を認めて，調和を働きかける肯定的な他者評価型つぶやきも見受けられるようになった。

---

37) 教師はここで，大城くんたちが学年優勝を狙っていた合唱祭にまつわるエピソードを述懐した。合唱祭の数週間前に学年内の学級演奏順を決定した際，「1番目」の「外れクジ」を引いた学級委員の松田くんに対し，「まっちゃんが引いたんだからしょうがない」と大城くんが真っ先に述べて，意気消沈した学級全体の雰囲気を和ませたという。

(6) つぶやき発展期―3年3学期「文型復習」2010年2月5日4校時
高校受験を間近に控え,生徒たちは真剣に学習に取り組んでいる。

〈事例30―あーいいでしょ〉33m40s-35m16s
以下は直樹くんが,be動詞についての質問を教師に投げかけた際の談話である.この日,直樹くんは既に"angry"が形容詞であることについて,一斉授業の場で教師に尋ねている.ここではさらに,"be"が主語と時制により変化することについて,彼が尋ねる.
T: be っていうのは,いつも be なわけじゃないでしょ?（3ターン略）
野坂：主語によって変わんの．（下降音調）
大城：え,主語と時間じゃないの?（上昇音調）
T: そうそう,主語と時間によって,変わるの．
直樹：変わんだー．（224）（下降音調）
T: 変わるよ．（直樹くんを見て驚いたように上昇音調で）
Ss: ハハハ（笑い）．
T: 変わるよ,ちょっとさあ．（下降音調）
大城＋Ss: ハハハ（笑い）．
B: 先生,やばいよ．（2ターン略）
大城：直樹のための授業になってる．（2ターン略）
直樹：何が変わんの?（225）（上昇音調）
T: え,あのさ….（代名詞の格変化表 I you he she it を教師が板書：1ターン略）
直樹：あー,そういうことか,それはわかる．
大城：過去だって知らなかっただろ．（226）（直樹くんに対して）
直樹：be動詞だっていうんだろ,それはわかる．
T: はい,Iの時は何?
直樹：am.
T: Youの時は?
直樹：are.
T: そう．（1ターン略）He, she, it の時は?
直樹：is.
T: そうだ．（2ターン略）
大城：直樹,they は?（227）（直樹くんに対して）
直樹：…（無言）
大城＋Ss: ハハハ（笑い）．
直樹：ちょっと待ってよ．They…（1ターン略）are.（228）（大城くんに対して）
大城＋Ss: あー,あー．いいでしょ．（229）
奈良：じゃあ, we は?（230）（この調子で,直樹くんの理解が確かめられる：10ターン略）

野坂：何年生の授業なんだよ．
Ss： ハハハ（笑い）．（以下，省略）

　主語や時制によってbe動詞が「変わんだー(224)」；「何が変わんの(225)」という直樹くんによる質問が発せられ，学級全体でbe動詞の復習がなされている．大城くんが，「過去だって知らなかっただろ(226)」と直樹くんを否定し，いなす一方で，「直樹，theyは(227)」と理解確認の設問を発する．直樹くんが「are(228)」と正答すると，「あー，あー．いいでしょ(229)」と肯定的な「つぶやき」を発し，大城くんに続き奈良くんが，次の設問を投げかける(230)．そしてこの授業ではこのやりとりの約10分後に，大城くんが黒板を使って学級全体の前で，S, V, O, C という用語と概念がわからない直樹くんに説明を施すに至った（see 第7章事例10）．このように大城くんを中心に，学級内の生徒間対話が生起し，直樹くんによる理解の萌芽が見られたのである．

　大城くんは2年次1学期には，級友の正答を母語で復唱して授業に参加しており，2・3学期には相手を選ばず，否定的他者評価型つぶやきを発していた．そして3年次3学期の上記事例においても，依然として仲間に否定的な「つぶやき」(226)を発している．しかし大城くんによる「直樹，theyは？(227)」という問いは，後続の奈良くんによる問い(230)を促し，結果的に直樹くんへの援助と化している．また大城くんによるこの問い(227)を，2年次の社会的理解構築型つぶやき（「鑑真じゃないの？(190)〈事例21〉」）と比較すると，より他者に開示され直接的で，仲間への積極的な関与が示唆される．大城くんは3年次3学期には，英語が苦手な友人の本音を聴き取り，必要とされる援助をさりげなく的確に提供し，学級での協働的な対話における中心的な役割を担うようになった．そして彼が高圧的な態度で否定的なつぶやきを公然と発し，小さな声でつぶやく英語が不得手な級友の揚げ足をとるような場面は，見られなくなった．

第5項「つぶやき」の特徴と教師の認識

本項では，上述した各期の生徒3名による「つぶやき」の特徴を総括し，3名の生徒個々人に対する教師の認識を記す。

(1)「つぶやき」の特徴

ここで，各期の生徒3名による「つぶやき」の特徴を総括する。

2年次1学期に花井くんは既有知識に基づく個人的知識拡充型つぶやきを発しており，彼の「つぶやき」が社会的理解構築型として機能し，級友を援助することもあった。そして花井くんによる「つぶやき」は徐々に増加傾向を辿り，3学期にはより多様な機能が認められるようになった。

一方，山下さんによる2年次～3年次の「つぶやき」には，殆ど変化が見られなかった。山下さんは個人的直感型つぶやきと社会的反復再生型つぶやきを発して，英語科授業への参加を怠らなかった。

大城くんは2年次1学期には個人的直感型・復唱型つぶやきを発し，級友の母語での正答を直後再生して，授業参加を図ることもあった。また2学期には彼の個人的つぶやきが社会的理解構築型として，級友への援助となる場面が見受けられた。一方で，2学期に続き3学期に至っても，彼の級友に対する否定的他者評価型つぶやきは散見された。しかし3年次2学期には，大城くんの肯定的な他者評価型つぶやきが認められるようになり，さらに新出単語に関する英問に対し，結果的には誤答となったが，彼は英語で既有知識に則った個人的知識拡充型つぶやきを発していた。そして3学期には，大城くんによる否定的な他者評価型つぶやきのみならず，肯定的なつぶやきも並行して見られるようになった。以下に時間経緯に即した生徒3名による「つぶやき」の特徴を示す（表14）。

表14 該当生徒3名による「つぶやき」の特徴

年期		花井くん	大城くん	山下さん
2年次	1学期	個人的知識拡充（既有知識） 社会的理解構築（援助）	個人的復唱（仲間） 個人的直感（ひらめき）	
	2学期	個人的知識拡充（既有知識） 社会的理解構築（援助）	個人的復唱（教師） 個人的知識拡充（既有知識） 社会的理解構築（代弁） 社会的他者評価（否定）	
	3学期	個人的知識拡充（思考探究） 個人的直感（ひらめき） 社会的反復再生（教師・仲間）	個人的直感（ひらめき） 社会的他者評価（否定）	社会的反復再生（教師・仲間） 個人的直感（ひらめき）
3年次	1学期		社会的他者評価（肯定）	個人的直感（ひらめき）
	2学期		個人的知識拡充（既有知識） 社会的他者評価（肯定）	
	3学期		社会的他者評価（肯定・否定）	

(2) **教師の認識**

ここでは，3名の生徒各々に対する教師の認識を示す。

花井くんの「つぶやき」に対する教師の認識を時系列に沿って記すと，概ね以下に示す通りである。〈事例16〉における「**ああ，花井くん，すばらしい…魏志倭人伝の『倭』だよね(171)**」という応答は，「他の誰でもない花井くんが今，正答を言っているのだ」という教師の喜びを示しており，教師は，花井くんによるこの「つぶやき」を高く評価している。しかし同時に，教師は彼のことを「まだまだ自信がない」とも評しており，既有知識に基づく「つぶやき」に花井くんの小さく控えめな個性を見出している（2009年8月）。

ところが2年次3学期には，花井くんは教師に対し「**政治犯(214)**〈事例26〉」と述べており，彼のこの「つぶやき」に教師は抵抗感を覚えたと語っている。しかし一方で，教師は，花井くんによる「つぶやき」の増加傾向を好意的に受けとめ，その質的変容については以下のように記す。

花井くんの発言が多くなることを私はとても好意的に受けとめています。彼が眠ってしまうと，私の授業がつまらないのかな，と残念に思いました。眠ることが多い花井くんが，授業の鍵となることばをつぶやき，それを私が褒めることにより，英語の授業に彼がもっと参加し，力をつけること，なおかつ「お前，ゲームばっかりやっているから勉強できないんだよ」と普段花井くんを馬鹿にしている他の子どもたちに彼を認めさせること，という二つの意図があったと思います。「地雷」の授業での花井くんのことばについての私の印象は，それまでだせなかった，彼が本来持っている攻撃性[38]が初めて立ち現れた，という感じです。花井くんが級友に認められるようになり，彼が何を言っても，周りの子どもたちも彼を責めなくなるほどに成長し，大人になった。私が彼らに出会ってからほぼ一年が経ち，私との距離感が近くなったと彼が捉えて，「**政治犯**」とつぶやくに至ったとも考えます（2010年4月）。

　ここには，一人の生徒の発話生成に影響を及ぼす，当該生徒の意識変容のあり方について，具体的には**花井くんが委縮せずに自らの思考を率直に述べるようになる様相**を，成長の証と捉える教師の見解が描かれている。**花井くんの「つぶやき」における傾向と特徴**を検討することにより，教師が認識する彼自身の変容，彼と級友との関係，彼と教師との関係，教師と生徒たちとの関係における変容という4側面での変容過程が示唆される。

　山下さんに対する教師の認識を尋ねると，教師は2009年12月の3年次進路面談における彼女の母親のことばを述懐した。母親によれば，この進路選択は今後の娘の選手生命に密接に係わっており，15歳にして人生の岐路に立たされているという。校外の時間が殆ど練習にあてられるために，勉強時間を確保できないという悩みもこの時に語られている（2009年12月）[39]。

---

[38] 花井くんに関する「攻撃性」という教師の表現が，些か強い語気を含むように筆者は感じ，2010年5月にこのことについて改めて教師に尋ねた。すると教師は花井くんが，自分よりもさらにおとなしい級友の田口くんを「攻撃する」という，学級内人間関係における負の連鎖を見抜いており，このような表現を用いたと述べた。

[39] なお，山下さん本人に教師が後日詳細を確認したところ，平日は毎日18:00～21:00まで，週末は9:00～18:00まで全日練習という日程を，小学校6年生以降4年間続けていたという。

これらのやりとりは，山下さんの英語学習を学校教育が中心に担っていることを示唆している。教師は，研究授業等のビデオ映像で折に触れ，山下さんがノートを頻繁にめくり記載事項を確認し，教師による英語音声を熱心に復唱する姿を目にしている。実際に，山下さんによる英語使用率，ならびに英語復唱頻度は他生徒より高く（表9）[40]，彼女が**反復再生型**つぶやきを発し，談話に参加する回数も概して多い。また教師は授業中の山下さんの集中力が，クラブ練習によって培われた集中力と無縁ではないと感じており，他教員との間でも授業における彼女の集中力の高さが，たびたび話題に上ったという（2009年12月）。これらの教師の発言からは，山下さんによる授業参加の様相を捉える際に，教師自らが授業において直接見聞きする情報に加えて，家庭環境を含む生徒の校外での生活や他教師との間で交わされる生徒理解のあり方を統合させ，生徒の発話が生成される社会的文脈について考慮していることがわかる。

　大城くんに関しては1年9ヵ月の観察期間中に，教師と筆者間の話題が彼に及ぶことも少なくなかった。その中には，「発言が多く研究授業等では欠かせない生徒」という彼に対する評価が，この教師と同僚との間で一致してなされたこと（2010年5月），「肝っ玉の大きい気さくなお母さんに育てられた」，「平成に生まれた昭和の香りがする子ども」という教師のことば（2008年12月），また彼の存在が「諸刃の剣」であるという表現が含まれている（2010年5月）。

　教師は**大城くん**の変容過程を語るに際して，2年次同級で良きライバルであった，前川くんの変容過程と対比させている（see 第5章第3節第2項(1)）。「**ガンジーってインドの人でしょ？(189)**〈事例21〉」と述べた前川くんは，教師が見たところでは，**大城くん**同様に学級の中心人物であり，2年次には**大城くん**以上に安定した「つぶやき」を発して，協働的な対話構築に貢献する

---

[40] 山下さんが他者の発話の直後に英語で復唱する頻度は，学級内最多であった。

生徒であった（2010年4月）。しかし3年次の学級編成で**大城**くんらと異なるC組に属して以来、前川くんは、「全く異なる路線を歩む別人」と化し、「前川くんの気持ちが修正不可能なくらい自分から離れてしまい、距離感が大きくなる一方で、さびしかった」と教師は語っている。教師は、時折甲高いキンキンした声を発して、落ち着きのない前川くんの3年次の姿を回想し、その変容の理由として、「受験というプレッシャーに耐えられなかった、彼の繊細さと孤独感が根底にあって、学級編成による構成員の変化により、拠り所となる支えと均衡を失ったこと」を挙げている（2010年5月）。一方、**大城**くんは仲間を時に支え、また仲間に支えられて、2年次の前川くん同様に、協働的な対話構築になくてはならない人物と化していった。これらのエピソードからは、中学生の自己変容と人格形成において、受験や進路選択、学級風土や仲間という社会的文脈が重要な役割を果たす旨が示唆される。

第4節　総合考察

　本節では、生徒3名の「つぶやき」の特徴と変容過程を総括し、各人の英語科授業に対する参加の仕方をふまえ、「つぶやき」に認められる中学生の心的変容と社会的文脈について考察し、本章の意義と課題を示す。

(1)　「つぶやき」の特徴と変容過程

　花井くんの「つぶやき」は年間を通して増加傾向を辿り（表13）、アンケートの回答と授業コメント（表11, 12）からも、英語学習に対する意欲の一端が見られる。2年次3学期の「つぶやき」は35回を数え、「英語が苦手」な花井くんが授業中に寝ることもなく、能動的に授業に参加する姿が見られた。また既有知識に則った個人的知識拡充型つぶやきは、社会的理解構築型としても機能するようになり、「つぶやき」の増加に伴い、思考探究型の「つぶやき」も散見されるようになった（表14）。

Lampert（1990）は研究者及び教員として，アメリカにおける小学校5年生の算数の授業で児童が使用する言語形式に注目している。そして"I think"という表現の方が，"I know"や"It is"よりも解答に対しての児童による不確実性が高い一方で，断定的な意味合いが薄れ，誤答の際に意見が変えやすく，発言内容に「意味または自己［sense or self］」（Lampert, 1990, p. 54）を反映させやすいと主張する。この指摘に沿って<u>花井くんの個人的知識拡充型</u>つぶやきを再考すると，新たな視点が付与される。具体的には，花井くんによる1学期の「<u>魏志倭人伝（170）</u>」は，"I think 型"とも"I know 型"とも両義的に解釈できる一方で，どちらかというと，「…だと知っている・わかる」という"I know 型"の色合いが強いと考えられる。しかし3学期には先述した通り，教師による英語での語りかけに初めて，彼は「<u>ひざから下（216）</u>」とつぶやいている。また，「<u>受けているところとさあ…同じ（206）</u>」；「<u>なんかさあ…いっしょのところが（207）</u>」という「つぶやき」はいずれも，不確実性の高い「I think 型つぶやき」とみなすことができる。これらの「つぶやき」を重ねて花井くんは，大城くんに笑われた<u>(210)</u>後にも思考を深めていると考えられる〈事例26〉。花井くんは1・2学期には，母語での「I know 型つぶやき」に自らの既有知識を控えめに慎重に込めていた。しかし3学期にはより大胆に，自らの素直な思考を断定性の低い「つぶやき」に反映させて，他者との英語での対話的なやりとりに参加していたことが指摘できる（表9）。また彼の「つぶやき」の特徴も，1・2学期に比べ多様になっている（表13, 14）。

一方，山下さんによる「つぶやき」の様相は，1年9ヵ月間を通して安定しており，筆者が観察する限りにおいては，大きな変容は認められなかった。山下さんは，該当生徒3名の中で最も英語での復唱としての「つぶやき」が多く（表9），彼女は多くの反復再生場面において，ひたむきに「つぶやき」を発し，能動的に授業に参加していた。

大城くんによる「つぶやき」は，2年次には学級内最多であり，1学期に

彼は，級友による母語での正答の直後に個人的復唱型つぶやきを頻繁に発していた。続く2学期には，新出単語の和訳をめぐって既習知識に基づく個人的知識拡充型つぶやきを発するようになった。そして3年次には，未習の単語について英語で，自らの思考に則った"I think 型"の個人的知識拡充型つぶやきを発する姿が見られた。よって母語での仲間による正答の模倣に始まった大城くんによる授業参加が，英語での「つぶやき」に自らの思考を託し，誤答を発しながらも教師との間で英問英答を成立させるに至ったと考えられる。さらにこの経緯は，「つぶやき」を奨励する教師の授業様式に，大城くんが順応していく過程を示唆している。

　また大城くんによる「つぶやき」の質は，端的で飾り気のないものであり，基本的にはその質は変わらなかった。しかしそれが発せられる状況，及び「つぶやき」が誰に宛てられているかという「宛名性」(Bakhtin, 1986, p. 95) に変容が認められた。例えば2年次には，大城くんの「つぶやき」が理解構築型と化す場合（「鑑真じゃないの？(190)」）と，否定的他者評価型と化す場合（「インド出身(199), (200)」）が混在しており，教師による「諸刃の剣」という表現は，級友を助けたり傷つけたりする彼の有り様を示唆している。続く3年次に大城くんは，自らの端的で率直な個性を発揮して，「過去だって知らなかっただろ(226)」と仲間をあしらう一方で，英語学習においての支援の一環にある肯定的な他者評価型つぶやきも発していた（「あー，あー。いいでしょ(229)」）。つまり「諸刃」と目される大城くんによる二面性は，2・3年次に共通して見受けられる。しかし彼が用いる「剣」の振り幅や矛先が徐々に多様になり，より柔軟に「剣」を遣いこなすようになったとも考えられる。2年次の大城くんは相手を選ばず，否定的な他者評価型つぶやきを発していた。しかし3年次には否定的な他者評価型つぶやきと共に，彼が一目置く仲間への友情の証としての励ましを含意する，肯定的な他者評価型つぶやきも認められるようになった。したがって2年間の大城くんによる「つぶやき」には，端的で率直な質における一貫性が認められる一方で，「つぶやき」が

発せられる文脈が一様ではなく，場面や状況，時間と共に「つぶやき」の機能が変容していったと言える。

(2) 「つぶやき」に認められる生徒の英語授業に対する心的変容

上述した**大城**くんの「つぶやき」に関する議論は，彼と級友との人間関係や学級集団のあり方を考察することにより，授業に対する彼の心的変容過程の一端が捉えられることを示唆している。実際に**大城**くんを含む生徒集団は，2年次当初，教師による授業実践に不慣れなため委縮して母語での解説を求めていた。しかしこの教師による指導の下で1年以上を経た結果，**大城**くんと**花井**くんは誤答を恐れずに，「I think 型つぶやき」を発するようになっていった。したがってこの一連の過程は，「つぶやき」が生成される教室環境が，教師の指導により徐々に構成されていく過程とみなすことができる。また，**大城**くんによる肯定的な他者評価型つぶやきの増加と「宛名性」(Bakhtin, 1986, p. 95) の変容は，学級集団としての規範，信頼関係の成立と教室環境の充実という変容過程の一端を示唆するものでもある。そして教師もまた，**花井**くんによる変容の背後に**大城**くんらの成長を見届けており，さらに**大城**くんによる変容の背後に，2年次に同級であった前川くんの変容と対人関係の変化を読み取っていた。よって生徒による学習参加のあり方を捉える際には，発話の傾向や様相に加えて生徒の友人関係，学級内の権力関係と教師の生徒理解の有り様にも留意することが求められる。

同様の趣旨は，**花井**くんの「つぶやき」についても指摘できる。**花井**くんによる「つぶやき」の様相と年間の授業コメントを併せて考察すると，彼の動機づけのあり方や，授業態度の変容が示唆される（表11, 12）。一方，教師は**花井**くんの円滑な授業参加を志向し，彼の「つぶやき」を活用して周囲の反応を注視しており，**花井**くんによる「つぶやき」の変容過程を，学級における自己解放の軌跡と捉えている。つまり授業における**花井**くんの変容は，彼の認識の有り様や意欲の増進と共に，他者の配慮に支えられ，自分の思考

を率直に述べることが可能になった，いわば彼の意識の拡張と相俟って，多層的な教室談話への参加が可能となる過程とも解釈できる。さらに彼の「つぶやき」の多様化は，**花井くんの存在を受容する級友の意識変容過程**を示唆するものでもある。しかし一方で，中学生の複雑な心的変容を捉えるためには，授業における発話を分析し検討するだけでは十分とは言えまい。したがって他のデータ収集や分析結果と関連付けて，多角的にこのことを検討する必要がある。

⑶ 「つぶやき」に認められる生徒の社会的文脈

　既述のように各生徒の「つぶやき」は独自固有であり，「つぶやき」の考察により，生徒の英語授業に対する心的変容の一端が示唆された。ここではこれら全てに通底し，「つぶやき」生成の基層をなす，生徒の社会的文脈に言及する。

　一般に公教育では授業・行事・特別活動等を通し，教師と生徒，さらには家庭や地域を巻き込んでの人間関係が築かれる。その連綿と続く教育実践における一こまが英語の授業であり，そこでは生徒の個性が如何なく発揮される。また英語の授業中に，他教科の既有知識が活用され（e.g.,「**魏志倭人伝(170)**」），生徒の友人関係（e.g.,「**インド出身(199), (200)**」）や家庭生活の一端（e.g.,「**ガネーシャ(195)**」）も垣間見られる。実際に山下さんの「つぶやき」（「**日本人？(202)**」；「**ウクライナ(217)**」）を聴いた教師は，彼女の校外生活の実態を想起していた。したがって生徒の発話を聴く教師が，各人の社会的文脈を考慮し解釈していることが示唆され，生徒の発話を考察する際には，教室内外の社会的文脈を検討する視座が求められる。

　また公教育で教師は，生徒の人格形成と学力向上を志向する。そして授業での多層的な対話空間に身を置き，耳を澄ませて生徒理解に努め，発話の固有性を聴きもらすまいと試みる。本章では生徒の発話に対する教師の認識を捉えることで，発話生成の背後にある教師信条や学級風土，生徒の仲間関係

や家庭環境を含む，生徒の社会的文脈をより明確に捉えることが可能となった。しかしこの知見は，一人の英語教師による教育実践を対象とした事例研究から導出されていることから，言語習得における社会的文脈をより厚く記述した，さらなる実証的で生態学的な研究が望まれる。

(4) 本章の意義と今後の課題

　本章では，時間経過に即した〈事例16〜30〉の分析を通して，生徒3人による「つぶやき」の特徴と変容を捉え，生徒の英語授業に対する心的過程と社会的文脈の一端を検討している。この社会的文脈を本章では，教師の生徒に対する働きかけや，学級集団のあり方と友人関係，生徒の校内外における生活実態と同義とみなしている。これらの文脈が複合的・重層的に絡み合い，生徒の発話に関連しているという指摘は，言語習得における社会的文脈を照射する，実証的で生態学的な英語教育研究の端緒を開く。本章は，通常のSLA研究の域を超えて，教師による生徒理解や学級での仲間関係のあり方をふまえ，生徒による発話の様相を検討しているのである。

　加えて本章は，教師が生徒の「つぶやき」を尊重してきた経緯を前提に，教室談話の様相を検討している。結果として「つぶやき」は，公的場面としての一斉授業における発話規範が，教師により緩和されて社会的圧力が下がる中で生起し，質疑や感想の提示を伴う生徒から教師への多対一の対応を基軸に，生徒間での多対多の会話的な発話が隙間を埋めていくものと解釈できる。また本章では，他者の応答を得ない自身に向けたPSとしての「つぶやき」が見られる一方で，授業の妨げとなる級友への嘲笑としての「つぶやき」が，教師により制御される場面を捉えている。そして教師が瞬時に「つぶやき」の質を見極め活用することにより，生徒との間で協働的に授業を構築していく過程を描出している。つまりこの指摘は，授業観察で得られたデータを，帰納的に分析し考察することから導出されており，既存のPS研究が射程として捉え得なかった，中学校英語科授業における生徒の動的で多

彩な「つぶやき」の様相を明らかにしている。そして授業で「つぶやき」を奨励する教師が,「彼らの実践場面で教師固有の豊かな知見を形成し機能させている」(佐藤, 1997, p. 40) 場面を示唆している。しかし一方で, 授業中に「つぶやき」を発さずに, 内容理解を志向している多くの生徒による学習過程を照射することも必要と考えられる。

　また本章は, 研究の蓄積が多くはない外国語初学者の発話の様相を検討することにより, 当初は英語を聞いてもわからないと戸惑っていた生徒たちが, 母語での「つぶやき」が許容される学習環境において, 英語での「つぶやき」を発するようになる過程を描出している。そして授業中の正規の質疑応答以外に,「つぶやき」を発して自らの思考を容易に述べることのできる雰囲気が, 英語での発話を促す可能性も示唆している。さらにこのことは, 教室におけるやりとりと同時に, 参加者の認識を記述し内在的視座から検討する教室談話分析を経て, 中学校における英語学習過程が多角的に捉えられ, 可能になったためと考えられる。またこの手法を用いた結果, 本研究協力者の姿を介し授業実践者は, 自らの心情や経験を重ね合わせることができ, 研究者は, 教師との協働による参加者を主体とする教育研究のあり方を再考し得るであろう。「つぶやき」の様相を捉えることにより, 英語科授業における特定の内容の習得という側面だけではなく, 授業関与の質の背景にある, 中学生による個人・集団としての心的変容や社会的文脈の一端を本研究は示唆している。したがって引き続き教師と生徒の発話や態度, 認識を包括的に捉え, 言語習得の認知的・社会的側面を考慮し, 集団生活における複雑な相互作用の有り様を検討することが望まれる。言語の習得や学習内容の理解を照射する知見を超えて, 学習者と教師による長期的な言語教授・学習への関与や態度の変化と共に, 彼らの認識を問うていくことが必要である。

第10章　教師の発問と意識の変容過程の検討

　本研究の第4章～第9章では，授業で入手した実証的なデータを分析，考察した上で，生徒による発話の様相を検討してきた。本章では，これらの生徒による発話表出を促す教師の発話に着目し，研究の主眼を生徒から教師へと移し，3年半の授業における本研究協力者教師の発問と意識の変容過程を捉える。

第1節　本章の目的

　本章の目的は，教職歴27年目を迎える一人の英語教師による3年半の発問と意識の変容過程を明らかにすることである。具体的な分析対象としては，実際の教室談話録，ならびに授業前後に教師が筆者宛てに記した授業に関するコメントの内容を検討し，筆者によるインタビュー時に教師が自らの授業について述べる事柄を参照する。そして教師が2010年以降，勤務校で「生徒の認識を活かした授業」の実践を追究するようになった事実に着目し，実際の授業実践がどのようになされているかを捉え，授業に関する教師の学習過程を描出する。

　なお，既述のようにSLA研究においては，教師教育という見解に代わって教師の学習という概念が提唱されており（Freeman & Richards, 1996; Johnson & Golombek, 2011, 2016），教師各人により異なる教授経験をふまえての議論が求められている（Hawkins, 2004）。また日本でも同様に，教師教育から教師の学習過程へ視点を移すことの必要性が問われ（秋田，2009b, 2017; 佐藤，2016; 高井良，2016），英語教師の授業実践に関する省察の重要性が指摘されている（吉田・玉井・横溝・今井・柳瀬，2009）。本章では，秋田（2009b）が言及

する教師の学習における三段階：(a)信念・知識や思考の段階；(b)これらを具体的な行動に移す実践の段階；(c)これら全てを省察する段階，に着目し，わかっているが行動できないなど，「レベル間の変化の時間のずれ（デカラージュ）」(p. 56) を考慮した上で，実時間に即した現職教師の学習過程を捉える。具体的には，大規模調査を実施して対話的な教室談話の特徴を示したNystrand, Wu, Gamoran, Zeiser and Long (2001) の知見に鑑み，生徒の応答を予測せずに教師が発する真正な質問のあり方を分析する。教師の真正な発問に対し，生徒が自らの思考を反映させて応答することで，学級規模による協働的な知識構築過程が担保されると考えられよう。

　また上述の議論は，授業における生徒による発話量の保障が望ましいという結論も導出している。しかし日本の中学校英語科授業での生徒による発話の保障を具体的に示す実証研究は，殆ど見当たらない。このことに即して本章では，教師が2010年2月に生徒主体型授業の可能性に気づき（see 第7章事例10），以来生徒中心の教室談話を志向するようになった事実に着目する。そして教師が自らの教師生活を顧みて，これまでの授業経験に基づき，類似の教案や教材の反復に陥りがちであった「反復期（2008～2009）」と，自らの授業を再考し「生徒の認識を活かした授業」実践を試みるようになった，「再考期（2010～）」の教室談話を，Nystrand et al. (2001) に依拠し，協働的な対話の特徴の一つとされる生徒への教師による真正な発問の頻度と質に焦点をあてて検討する。なお，本章では教師による発問を以下の様に分類し定義する：教師が生徒の応答を予測せずに真意を尋ねる真正な発問；教師が生徒の応答を予測して尋ねるテスト発問；生徒の応答の訊き直しや，授業運営上必要で尋ねるその他の発問；そして真正な発問とその他の発問の双方を含意する準真正な発問。実際の談話録における教師の発問を，上記4類型に即して量的に分析し，生徒による応答の質をふまえた上で，質的に考察する。さらに「反復期（2008～2009）」と「再考期（2010～）」に，教師が筆者に寄せた授業コメントを量的・質的に検討し，教師による意識変容の過程を明らか

にする。これらの試みにより,「生徒の認識を活かした授業」がどのように実践されるかを捉えることが本章の目的である。

第2節　調査方法

最初に,本研究協力者教師による近年の授業観と認識を,東條・吉岡(2013)に基づき提示する。次に,本章における対象授業と調査手法,ならびに分析手法を示す。

第1項　教師の授業観と認識

教師は,2008年3月の卒業式に英語が苦手な生徒から,「英語がわからない子にもわかるように説明してあげてください」というメッセージを受け取った。しかし当時は自らの課題を認識せず,過去の自作プリントによる教師主導型授業の反復にも,さしたる疑問を抱かなかった。そして教師が実際にこの卒業生によることばの真意を理解し,「生徒の認識を活かした授業」を実践するまでに3年を要した。書籍を読み他者の授業を見ても,自らの課題に対峙し,一度確立した様式を斥けることは容易ではない,と教師は記す。なお,この間に教師の自己変革を促す最大の転機の一つとして,2010年4月の現任校への異動経験が挙げられる。表15は,前任校と現任校において近似の授業内容を扱う際(後掲表19事例31, 32)に,現任校での発話頻度が前任校に比べ,相対的に少ない傾向にあることを示す。

現任校への着任直後は,生徒の発話頻度の少なさ故に,彼らの反応が冷や

表15　時期別発話頻度・比率の相違

授業70分	前任校 (反復期2008〜2009)	現任校 (再考期2010〜)	"India" 10分	前任校 (反復期2008〜2009)	現任校 (再考期2010〜)
生徒発話	726回（53%）	290回（40%）	生徒発話	153回（58%）	40回（26%）
教師発話	639回（47%）	442回（60%）	教師発話	112回（42%）	114回（74%）
発話総計	1365回	732回	発話総計	268回	154回

かに感じられ，前任校で可能であった教師と生徒間の双方向的な対話が成立せずに，教師は指導法の再考を迫られた。折しも自らの軌跡を可視化するために，教師生活26年間の変遷年表を作成し，4期：(「新人期（1985～1987）」；「育児期（1988～1996）」；「自立期（1997～2007）」；「発展期（2008～)」)に大別した。さらに直近の第4期「発展期」を，意識変革を伴い指導法を再考した現任校への異動前後で分割し，①「反復期（2008～2009）」と②「再考期（2010～）」と命名する作業を通して，自らの課題を自覚するに至った。

　教師によれば，2013年3月時点での発問と授業様式は，以下に示す通りである：(a)生徒の「どうして…？」や「わからない」という発話や誤答を受容し，該当生徒の認識を重んじて推察する；(b)4人グループでの討議時間を設け，事後に学級全員で思考を共有する；(c)学級単位でも生徒相互による説明の機会を保障し，多様な理解構築の過程を担保する。しかし「生徒の認識を活かした」このような授業は難しく，試行錯誤を続けているとのことである。なお，自身にこれらの変化をもたらした主たる体験談を，以下のように時系列に即し記している。

> 生徒の疑問や誤答を受容する必要性を認識したのは，2009年11月の授業時であった。関係代名詞の復習時50分間に，19回「わからない」とつぶやいた生徒がいたにもかかわらず，私はこの事実を看過した。当時は自らの指導法を自省することなく，授業がわからないことの責任を生徒に転嫁していた。しかし冒頭の卒業生のことばも想起され，徐々に生徒が何を「わからない」のかを注視するようになった。また2009年12月のグループ学習時に，ハゲワシと共に写真に映った栄養失調の子どもの手首に，栄養状態診断用計測メジャー（二の腕リング）とおぼしきものを見つけた生徒がいた。私が気づかなかったこの事実を生徒に教えられ，生徒の思考が教師の意図を超えるのを実感し，以来一斉授業とグループ学習の往還を試みるようになった。また，2010年2月の授業が契機となり，生徒相互間の対話を重視するようになった。SVOがわからないと述べた生徒に対する説明を，他生徒に請うた結果，教師生活で初めて生徒にチョークを渡すこととなり，生徒間での対話が生起した。最後に私が説明を加えると「何か先生が言うから余計わかんなくなる」と当該生徒に指摘され，教師主導型の談話を見直す機会となった。

授業時間内での進行と収拾を図ろうと,長年教師が主導権を握ることに固執していたが,掌で生徒をころがすに留まらない生徒主体型授業の新たな可能性を感じたのである(2011年8月)。

本章では,「生徒の認識を活かした授業」実践の構築過程を,教師の授業に関する学習過程と同定し,そのあり方に着目して,3年半に亘る教師による生徒への発問と授業コメントの変容過程を検討する。

第2項　対象授業と調査手法

教師は,既述の自己変革を志す以前から,新任期以来長年に亘り目前の生徒の実態に鑑み,教科書の題材を批判的に解釈し,英語でのoral introduc-

表16　授業進行表

年		月・課名	形態時間	対話形式	実践の方法・内容・背景説明
①反復期	2年	2008年 7月 Ainu	O. I. 24分 事例31	教師生徒間	新聞見出し"Diet officially declares Ainu indigenous"の理解を中心に据え,アイヌ・先住民・母語の鍵概念に基づく英語でのO. I. を実施した。教師主導型授業の一環にある。
		12月 India	O. I. 15分	教師生徒間／生徒間	インド独立の父ガンジーに関するO. I. を実施し,ガネーシャの影像を提示した際,自然に生徒間での対話が生起した。
	3年	2009年 11月 関係代名詞	文法 31分 事例33	教師生徒間	試験直前の授業で,時間内にプリント課題を終わらせることが必至の,教師として心理的ゆとりのない教師主導型授業であった。松田くんが19回「わからない」とつぶやいた。
②再考期	2年	2010年 7月 Sumatra	O. I. 24分 事例32	教師生徒間	熱帯雨林伐採を示す写真3枚についての疑問文に対する英語での回答を,グループで完成させるO. I. 授業の一環にある。「生徒の認識を活かした授業」実践の萌芽期に該当する。
		12月 India	O. I. 15分	教師生徒間	非暴力・不服従を貫くガンジー中心のO. I. を実施した。従来の手法に固執したために,教師主導の失敗授業となった。
	3年	2011年 4月 受動態	文法 31分 事例34	教師生徒間／生徒間	"Gian hit Nobita./ Nobita was hit."の絵と英文に関する意見交流の場を学級で設け,教師が生徒の真意を尋ねた。グループ活動における生徒間対話が認められる授業である。

tion［O. I.］を作成し実施する授業に力を注いできた。また上述した通り1990年代に入り，教科書のコミュニケーション活動に関する記述量の増加と，「文法軽視の風潮」（高橋，2010, p. 13）を懸念した教師は，英語でのO. I. による内容重視のコミュニケーション活動実践と，自作プリントによる文法指導の同時並行により，授業における双方の均衡を維持してきた。したがって本研究では，教師によるこの実践に倣い，2008年7月～2011年4月に実施された中学2・3年生対象の授業から，学習内容と時期を考慮し，以下の方法に則り計6校時を抽出した：①「反復期（2008～2009）」に実施された題材に関するO. I. 中心の授業2校時と，文法に関する授業1校時（計70分）；②「再考期（2010～）」の概ね同時期に，同年齢生徒に対し実施した，O. I. 授業2校時と文法授業1校時（計70分）（表16）の談話録を，教師が装着したICによる録音と筆者のメモを基に作成した。なお，教師と筆者が協議し，「組織的事例選択」（やまだ，2002, p. 73）の手順を経て合意に至った4事例を，該当の6校時から抽出した。

第3項　分析手法

　以下の手順によった：(a)調査対象とする授業での教師による発話の傾向を明らかにするために，発話総数と言語占有率を算出した；(b)教師の発問における真正性（Nystrand et al., 2001）を明らかにするために，談話録に基づき，教師による授業中の意思決定のあり方について複数回インタビューを実施した。さらに，談話録に沿って該当授業の進行過程を振り返りながら，生徒による応答内容，及び教科書の記載事項をふまえ，教師が事前に生徒の回答を予測して発問していたかどうかに即して，真正，準真正，テスト発問，その他，に全発問を分類し，量的に分析した。教師と筆者間の一致率は90％で，合意に至るまで不一致部分について協議した；(c)教師が筆者宛てに授業後に送信したeメールにおける「反復期（2008年4月～12月）」9日分の授業に関するコメントと，「再考期（2010年12月～2011年4月）」7日分のコメントを，

筆者が抜粋した。一命題につき一文で区切り，「反復期」の118命題（平均約13命題／日）と，「再考期」の116命題（平均約17命題／日）を，オープン・コーディング（佐藤，2004）に即し，下位10項目（①事実；②感想［驚き等］；③認識［忌避等］；④葛藤等；⑤批判；⑥自負等；⑦憧憬等］；⑧信条［理念等］；⑨実践知［英語教授等］；⑩推測）に分類した（図5）。後日，帰納的に上位8カテゴリー：❶回想的事実；❷暫時的感情；❸自戒的省察；❹批判的意識；❺挑戦的志向；❻理念的信条；❼実践的見解；❽推量的直感に集約した（図5）。量的分析の結果，教師と筆者間の一致率は98%で，全て一致するまで協議した；(c) 2011年5月に紙面アンケートを実施し，教師の見解と授業コメントに関する詳細を尋ねた（e.g., ○○と記していますが，どうしてですか）。事例解釈と授業コメントの考察時に，筆者が回答を一部抜粋し，参照した。

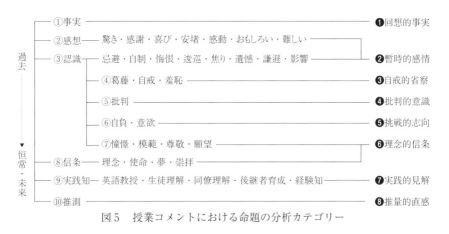

図5　授業コメントにおける命題の分析カテゴリー

第3節　結果と考察

教師による発問の分析結果を示した後に，教室談話録を提示し，授業コメントの分析結果を付す。

第1項　教師による発話と発問の傾向

全6校時における教師の発話傾向を捉えるために，教師による発話総数と言語占有率を算出した（表17）。また，教師の発問を，4種：①テスト発問；②準真正な発問；③真正な発問；④その他，に分類し，頻度と比率を抽出した（表18）。

表17によれば，教師による発話の傾向として，「反復期」の7月と12月のO. I. では，英語による発話占有率が約6割〜7割であり，文法指導時の発話の約9割は母語に拠っている。しかし「再考期」になると，いずれの授業

表17　教師の発話総数，ならびに言語占有率

		発話総数	母語	英語
反復期	2008年7月 Ainu	204回	59回（29%）	145回（71%）
	2008年12月 India	112回	41回（37%）	71回（63%）
	2009年11月関係代名詞	323回	287回（89%）	36回（11%）
	計	639回	396回（62%）	243回（38%）
再考期	2010年7月 Sumatra	117回	88回（75%）	29回（25%）
	2010年12月 India	114回	51回（45%）	63回（55%）
	2011年4月受動態	211回	207回（98%）	4回（2%）
	計	442回	362回（82%）	80回（18%）

表18　教師による発問の種類と頻度・比率

		①テスト	②準真正	③真正	④その他	計
反復期	2008年7月 Ainu	61回（92%）	0回（0%）	0回（0%）	5回（8%）	66回
	2008年12月 India	48回（84%）	0回（0%）	3回（5%）	6回（11%）	57回
	2009年11月関係代名詞	111回（67%）	2回（1%）	1回（1%）	52回（31%）	166回
	計	220回（76%）	2回（1%）	4回（1%）	63回（22%）	289回
再考期	2010年7月 Sumatra	33回（41%）	31回（38%）	11回（14%）	6回（7%）	81回
	2010年12月 India	36回（95%）	1回（2%）	0回（0%）	1回（2%）	38回
	2011年4月受動態	34回（27%）	27回（22%）	22回（17%）	43回（34%）	126回
	計	103回（42%）	59回（24%）	33回（13%）	50回（21%）	245回

においても，英語での発話占有率が減少し，母語の使用頻度が増加している。また，表18は，「反復期」の教師による発問の76％が①テスト発問であり，②準真正・③真正な発問が，全体の２％を占めることを示す。しかし「再考期」には，①テスト発問が42％，②準真正・③真正な発問が37％を占めるようになった。なお「反復期」と「再考期」における④その他の発問の占有率は22％と21％を示しており，④に関しては大きな相違が認められなかった。

第２項　教室談話事例と解釈

最初に発話生成の文脈を説明し，次に「反復期・再考期」のO. I.，文法指導における各談話事例を提示する。事例解釈では，既述の分析結果と後述の授業コメントも参照する。

(1)　「反復期」と「再考期」のoral introductionにおける発話生成の文脈

事例31―４月に出会った２年生に対し，初めて英語を多用するO. I. を試みた（表19）。"Diet officially declares Ainu indigenous"という新聞見出しを提示し，"indigenous"の意味を生徒に捉えさせようとした場面である。事例32―熱帯雨林伐採を示す写真３枚から連想される英語の疑問文を，前時に４人グループで作成した。本時に教師は各グループに対し，どのような思考に基づいて個々の疑問文を作成したのかを尋ねている（表19）。

(2)　事例

表19　「反復期」（事例31）と「再考期」（事例32）の比較

（事例31）2008年７月17日，２年A組，Ainu, 13m00s-14m53s	（事例32）2010年７月７日，２年E組, Sumatra, 10m56s-15m12s
T:　Ainu, indigenous. Diet, Diet is 国会．（英字新聞を見せて）国会 officially declared or recognized... 山下：Recognized? T:　that the Ainu people are indigenous people. **大城，小笠原＋香山：わかんない．**	T:　それから**5班さんは**, What are the names of the tigers?　どういうこと？(236) 渡辺：トラの…名前は…なん，なんですか？ T:　**トラの名前は何ですかってどうして思った？**(237) 渡辺：いえ…うーん…．（４ターン略）

大城：…よくわかんない．
T： for the first time.
大城：全然わかんない．
T：（1ターン略）So indigenous means what?（231）
Ss： …
小笠原：わかんねぇ．
T： So please guess. What is indigenous?（232）
大城：日本語でお願いします．（1ターン略）
小笠原：もう，わかんねぇ．
T： So they are, the Ainu people are in the Diet.
前川，山下＋小笠原：Diet?
T： Diet means 国会．（6ターン略）What is indigenous?（233）
山下：悪いこと？
香山：…だからそれを訊いているんじゃん．（大城に対して）
大城：そうなの？ indigenous は，どういうことですかっていうことを訊いてんの？（香山に対して）
T： Indigenous, umm.... for example, Maori people are indigenous people in New Zealand.
小笠原：はっ？
前川：アイヌの人は…
T： Aborigines are indigenous people in Australia.
小笠原：えっ？
T： うん？ 言って言って．（つぶやきが発せられた教室後方へ歩み寄りながら）
花井：もとから住んでいた人．（234）
T： もとから住んでいた人ね．先住民と初めて認めたのね．（235）
大城：あっ，そうなの？ （以下，省略）

T： 白井さん，言ってみて．（238）
白井：動物園にいる．
T： あ，動物園にいるってね，この檻が既に動物園にいるって思ったんだよね．（2ターン略）だから名前は何なのかって思ったんだよね．（4班も同様の解釈：7ターン略）2班さんはどうですか？ 浅野くん．どう思って書いた？（239）
浅野：かごの中．
T： かごってことは動物園じゃないと思った？（240）
浅野：（うなずく）
T： あー，そうだね．動物園じゃないって思ったグループと，動物園の中の檻なんじゃないかって思ったグループとがあったんですね．（2ターン略） あと，5班さん．Why do they cut down trees?ってなってますね．Do they って，どういうこと訊いたんだろう？ 野口さん，どう？（241）
野口：なぜ，森林とか…を切るんですか…
T： なぜ，森林とかを切るんですかって，誰が切ってるって思ったんだろう？（242）
新田：人間．
T： 今，人間って言った？
新田：うん．
T： 人間が，っていう意味って言ったのかな？うん，はい．（4ターン略）他にも，9班さん，Why do they cut down trees?って書いてありますね．（9班は they を写真の人たちと解釈：10ターン略）6班は Why do we cut down trees?（1ターン略）どうして we にしたんでしょうか？（243）
保坂：私たち人間が…（以下，省略）

(3) 事例31と32の解釈

　事例31「反復期」"Ainu" の授業における教師の発問3回は，いずれもテスト発問である (231)，(232)，(233)。教師は自らが述べる "indigenous" の意味を，生徒に理解させようとしたが，生徒は5回「わかんない」と述べ，母語での説明を求めた。授業以前に教師は，「英語が得意な香山くんが，『先住民』と言ってくれそうだと思っていた（2008年7月）」が，思惑通りには進まなかった。しかし事例末尾で英語が苦手な花井くんが，「もとから住んでいた人(234)」という表現を用いて正答を発し，教師も彼の発言を尊重して

"revoicing"（O'Conner and Michaels, 1996）した（「もとから住んでいた人ね」(235)）。教師は後に，「生徒がわかる単語は，Ainu だけだとわかっていたが，あえて強いボールを投げた。つぶやく時間の確保や私のヒントなども貧弱になってしまい，十分にはできなかったが，『indigenous という単語をわかってくれればいい，日本の議会がそれを認めたことがわかればいい』という気持ちだった（2008年7月）」と記した。このコメントには，英語での O. I. において生徒の「わからなさ」を省みることよりも，「わかる」ことを優先させたいという教師の意志が認められる。

　一方，事例32「再考期」"Sumatra"の授業で教師は，真正な問い(240)，ならびにグループ内での真意の確認と授業運営上の手続きのために，準真正な問い(236), (237), (238), (239), (241), (242), (243)を発した。結果として教師は，スマトラ・トラが動物園にいると解釈した生徒と，しなかった生徒がおり，森林伐採に加担する人間として自らを含意する生徒と，しない生徒がいることを知った。表17は，"Ainu"の授業と"India"の授業に比べ，この"Sumatra"の授業では，母語の占有率が高いことを示している。また表18は，"Ainu"の授業では（準）真正な問いが0回で，"Sumatra"では42回発せられたことを示している。この"Sumatra"の授業を振り返り，教師は「あの種類のグループワークは，想定外の発話も見られ，いろいろな意見が出てよかった（2010年7月）」と記した。さらに「『生徒の認識を活かした授業』では，生徒による発話が母語に拠ることが多く，生徒の発話を繋いだり，リヴォイシングしたり，『それどういうこと？』と確認したりする，教師のことばかけが増える（2012年9月）」ことから，母語占有率が高くなる傾向が示唆される。一方，この5ヵ月後の"India"（2010年12月）の授業では，英語の占有率が5割を超えており，準真正な問いが1回発せられたに留まる（表18）。教師は，この2010年"India"の授業を「従来の手法に固執した…教師主導の失敗授業」（表16）とみなしている。教師によると「失敗授業」という認識は，「英語が得意な生徒3人が教室談話を廻し，寝てしまう生徒も

おり，授業後の振り返りシートにガンジーについて記した生徒が殆どおらず，教師としての理念伝達の使命が先走り，『生徒の認識』からは程遠い授業となったこと（2011年5月）」に起因するという。さらに教師は，「［2010年］"India"の授業時には，真正な質問への認識は確実にあった。わかっていたけれども，前任校と同じやり方が通用するのではないか，と従来の手法に固執していた部分がある。見事に幻想は打ち砕かれ，本格的に既存の方法が通用しないと認識した（2011年5月）」とコメントした。つまり，母語を多用し，(準) 真正な質問を発して即興的に「生徒の認識」を捉えるという新たな手法は，「再考期」に入り必ずしも安定的に試行されているわけではないと考えられる。生徒主体型授業を志向する意識転換後にあっても，教師による実践は一様ではないことが示唆される。「意見が出て…よかった」時もあれば「失敗授業」と化すこともあり，「生徒の認識を活かした授業」の実践は恒常的には行われていないと解釈できる。

　なお，「反復期」と「再考期」の O. I. における言語占有率を比較して，近年の母語使用頻度が増加する傾向にあることについて，教師自身は「全く無自覚であった（2012年9月）」と述べている。そして，「O. I. における母語の増加については全く無意識だが，生徒の認識を活かそうとすると，英語の授業でも母語多用は避けられないように思う。しかし英語の授業なので，英語はできるだけ多用するべきだとも思う。したがって，そこにどのように折り合いをつけるのかは，まだよくわからない。［退職までの］あと数年で答えがみつかるのか，どうか…（2012年9月）」と続けている。さらに，上記の変容を招く要因として，「『反復期』の方が『挑戦的志向』が強く，多少わからない生徒がいても，『強いボールを投げる』ことに意義を見出していたからだと思う。また，前任校では英語力がある生徒が多く，現任校との生徒の質の相違も関係している。加えて，『楽しくわかりやすい英文法』，ならびに『公平な言語観の育成とことばとは何かを考えさせる授業』を信条に，25年間自分なりに追究してきた教育実践が，東條さんとの共同研究により，新た

な地平へと誘われ，結果的に『生徒の認識を活かす授業』の実践を追究するようになっていった（2012年9月）」とも綴られている．したがって，教師による信条と授業観の変容，ならびに勤務校の生徒の実態を含む社会的文脈の有り様が，教師の言語使用や教育実践に密接に関連することが示唆される．

(4) 「反復期」と「再考期」の文法指導における発話生成の文脈

　事例33—関係代名詞のプリント課題の答え合わせを，学級全体で行った場面である（表20）．関係代名詞には，主文末尾の名詞に関係代名詞節が続く「尾っぽ型」と，主文の主語の後に関係代名詞節が挿入される「サンドイッチ型」がある．長年の教師経験から，入試に頻出する「関係代名詞を用いて二文を一文にする」問題において，多くの生徒が無自覚に「尾っぽ型」を採用することを熟知する教師が，このことを授業で扱う場面である．事例34—受動態の文構造の理解を目標にした授業で『ドラえもん』を例示し，"Gian hit Nobita."における"hit"の時制に関する説明を教師が生徒に求めている（表20）．

(5) 事例

表20　「反復期」（事例33）と「再考期」（事例34）の比較

(事例33) 2009年11月13日，3年A組，関係代名詞，04m40s-07m00s	(事例34) 2011年4月15日，3年C組，受動態，20m48s-21m40s
T:　(This is the hottest summer we have had in twenty years.) What does this sentence mean?（大城くんと野坂くんが挙手）大城くん？	T:　Gian hit Nobitaって言った時，このhitなんですけど，これって時はいつ？（4ターン略）
大城：やった．これは私が20年間生きてきた中で一番暑い夏です．（3ターン略）	佐々木：現在．(250)
松田：hadって何？	T:　現在．
T:　うん，we have hadって，どんな形？（2ターン略）	佐々木：過去．
川口：現在完了．	T:　過去…，どっち？（4ターン略）これ，実は見分けがつくんですね．（2ターン略）これは現在の文，過去の文，どちらですか？　白井さんはどう思う？
T:　うん，そうだ．現在完了の経験的用法だね．	白井：現在．(251)
松田：何それ？(244)	T:　現在．黒川さんはどう思う？（2ターン略）
	黒川：過去．
T:　何それって…．質問されるのすごい困るんだけ	T:　さぁ，どうして二人とも？　白井さん，どうし

ど…，現在完了が何って訳かれると，すごい困るんだけど…(245)(22ターン略)(The woman you met last night is a doctor.の和訳が尋ねられ，野坂くんが挙手)野坂くん？ 野坂：その女性は，昨晩あなたが会った医者です．(246) T：え，違うよ．(247)(1ターン略)そういう順番にサンドイッチ型って訳すんだっけ？ 野坂：そう．(248) T：えー？先生，そう教えませんでしたよ．(249) 　(以下，省略)	てこれ現在って思うの？(252) 白井：え，なんか原形な感じだから． T：原形な感じがするからね，なるほど．(253)黒川さんはどうして過去だと思うの？(254) 黒川：え，どれ？ (以下，省略)

(6) 事例33と34の解釈

　事例33「反復期」関係代名詞の談話録は，生徒の質問 (244)や返答 (246)，(248)に困惑し，忌避する教師の応答 (245)，(247)，(249)を示している（表20）。しかし事例34「再考期」受動態では，予測しなかった生徒の誤答 (250)，(251)を教師は受容し，即興的な判断の下に真正な質問 (252)，(254)を発して，生徒の認識への接近を図った (253)（表20）。「反復期」には，誤答を発する生徒の認識を教師が慮ることはなかったが，「再考期」には教師は「原形(253)」と生徒のことばを"revoicing"し，生徒の思考への接近を図った。実際に表18は，「反復期」と「再考期」におけるその他の発問の占有率が変化しない中，「反復期」にはテスト質問が約7割を占め，「再考期」には，全体の約4割ずつをテスト発問と（準）真正の発問が占めるようになったことを示す。教師は「お恥ずかしいですが，長年特に文法の授業では生徒の正答を前提に歓迎し，誤答には厳しく…自分の教え方を振り返らず，生徒に責任をおしつけてきた（2011年5月）」とコメントした。加えて「生徒による『説明がわかりやすい』，『前の英語の先生の時よりわかりやすく，英語が好きになった』という言葉に代表される感想により有頂天になり，自分に非がある，とは思えていなかった。また，同地区内の異動を繰り返した自分への評判が，保護者間で決して悪くはなかったことも，図に乗る原因と関係している（2011年5月）」とも記している。そして「私が自らの教授・学習

経験により『わかりやすいだろう』と考えて実施する説明だけでなく，各々の『わかる』にフィットした生徒の言葉による説明も必要だと今は思えるようになった（2010年8月）」，「『生徒のことば・思い』に寄り添う授業を今後はもっと追究できたらよいと思う（2011年5月）」とのコメントは，「反復期」を経て「再考期」に至り，「生徒の認識を活かした授業」を志向する教師の意識変容を示している。さらに「困難な点としては，生徒が想定外の間違いをした場合の言葉掛けがまだ私に十分備わっていないことが挙げられる（2011年5月）」という自らの葛藤も綴られている。したがって事例33～事例34に至る変容が，必ずしも円滑にもたらされなかったこと，ならびに教師が事例34の現状を十全と捉えているわけではないことが示唆される。

　なお，表17の結果からは，「反復期」と「再考期」双方の文法授業では，O. I. と比較した場合に，教師による母語の占有率が高い傾向がわかる。教師はこの現象について，自身が大学時代にゼミで原書を読み，文法について考えることが多かった経験を挙げ，「英語が第一言語でない者にとっては，とても難しいといつも感じていたため，文法は日本語で説明してきた（2012年9月）」と記している。さらに，「All in English で実施されている研究授業を見るたびに，違和感を抱いていた。生徒全員が本当にわかっているのかどうか，甚だ疑問に感じたからである。しかし授業で一定程度，英語使用の機会を担保することにより，聞く力や推測力は伸長できるとも考えており，O. I. については教科書本文を補完し英語で，文法については母語で行っている（2012年9月）」と付記している。そして，「私の場合，恩師や先輩教諭から教わった想いを語るもの，『伝統を引き継ぐもの』を教師としての使命の一つとしているところがある。また，自分が本や新聞を読んだり，絵画や映画を見たり，音楽を聴いて感じたこと・考えたことを生徒に伝えたい，という気持ちが他の教師より強いかもしれない。あくまでも私のフィルターを通してだが，自分のことばで世界を語りたいという気持ちが働いているのも事実である（2012年9月）」と記している。

第3項　授業コメントにおける内容カテゴリー

教師が筆者に宛てた授業コメントの分析結果は，以下の通りである（表21）。

表21は，「再考期」には❶回想的事実として，授業の実際を回顧する教師による記述が増加したこと（15％→61％）と，❸自戒的省察として，「反復期」よりも教師が内省的に課題や葛藤を記すようになったこと（8％→15％）を示している。「再考期」における一日あたりの授業コメント平均命題数が増加した（13命題→17命題）にもかかわらず，既述の2項目を除く全てのカテゴリー比率が減少したことから，授業コメントの内容が，上記2点に徐々に集約されつつあるとも解釈できる。例えば「反復期」には，教師による他者（教委・同僚・生徒）との比較や批判を基層とする，授業前段階におけるコメントが認められた（e.g.,「教委のお気に召すよう『買い物』など無難な指導案を書き始めたのですが，自分らしくやろうと，X中学のY先生の実施したものとは違う授業をすることにしました（2008年8月）」）。しかし「再考期」には授業での実際を回想し，過去と現在の自己を反省的に比較した上でのコメントが見受けられるようになった（e.g.,「自分の思いを『語る』ことに比重を置きすぎ，生徒の理解構築にあまり目を向けてこなかったことを今更ながら，どうしていけばよいやらと悩みつつ，授業をしています（2010年12月）」）。また「反復期"Ainu"（表19事例32）の授業直後の「あえて強いボールを投げた…十分にはできなかったが，『indigenousという単語を…日本の議会がそれを認めたことがわかればいい』（2008年7月）」というコメントには，生徒の「わからなさ」への教師に

表21　教師の授業コメントにおける内容カテゴリー比率

	❶回想的事実	❷暫時的感情	❸自戒的省察	❹批判的意識	❺挑戦的志向	❻理念的信条	❼実践的見解	❽推量的直感
反復期	15%	21%	8%	4%	10%	10%	28%	4%
再考期	61%	7%	15%	0%	0%	1%	15%	1%

よる「自戒的省察」より，「わからせること」への「挑戦的志向」が前面に出ている。しかし「再考期」受動態（表20事例34）の授業１ヵ月後には，「生徒間での水平的で協働的な対話」の利点と共に，「自分の教え方を振り返らず，生徒に責任をおしつけてきた（2011年５月）」という「自戒的省察」が記された。さらに「受動態の復習時に，黒崎くんが『過去分詞って何？』と言うので，『過去分詞って何かな？　誰か黒崎くんに説明してくれる？』と聞き…生徒に説明してもらった…以前だったら，『○○って何？』という質問に対して，黒崎くんは授業に集中していないからわからないのだと思い，『しっかり聞いていなさい』と言ってしまっていたかもしれない（2011年５月）」とも綴られている。授業で生起する事実，授業における「子どもの事実」（佐藤・岩川・秋田，1990, p. 186）に教師が学び，即興的に「子どもの理解」（pp. 186-187）の把握に努め，「反省的実践家」（ショーン，2001）として自らの実践を省察するようになっていったと推察される。

第４節　総合考察

　本節では生徒の認識を活かした授業の実践をふまえ，既述してきた教師による具体的な授業経験に着目する。そして教師が教えることを学ぶ過程を，教師の学習における「デカラージュ」に即し検討する。最初に３年半に亘る教師の変容過程を総括する。

　「反復期」～「再考期」への意識転換の経緯として教師は，(a)グループ学習の導入（2009年９月～），(b)生徒による疑問・誤答の受容（2009年11月～），(c)生徒間対話の生起（2010年２月～），(d)新任校への異動（2010年４月～）を挙げた。教師は2009年９月にグループ学習を導入し，12月には題材に関する未知の情報を生徒に授けられ，グループ活動の有効性を再認識した。また2009年11月には，生徒の「わからなさ」に気づき惑い，冒頭で掲げた卒業生のことばを想起した。2010年２月には，教師が生徒に初めてチョークを手渡した

際に，文法事項に関する自発的な生徒間対話が生起し，教師主導型の教室談話のあり方を省みるようになった。このような経緯により教師は，自らが想定しない生徒のことばに授業で出会い，即興的に真正な問いを発するようになった。そして生徒による応答の正誤にかかわらず，彼らの認識に思いを巡らし，思考のあり方を母語で尋ねるようになっていったと考えられる。一方，生徒主体の授業を志向する以前の「反復期」においても，教師と生徒間の双方向的な対話が成立しており（表15），生徒間の対話が生起することもあった（表16）。しかし勤務校異動後の「再考期」には，生徒の発話頻度が教師の発話頻度を上回ることはなく，前任校で可能であった教師と生徒間の活発な対話が成立せず（表15），教師は苦悩した。この悩みの克服と上述の経緯が重なる中で，既存の授業様式に頼らずに新たな手法として真正な質問を発し（表18，表19事例32，表20事例34），教師は「生徒の認識を活かした授業」を志向するようになっていったと解釈できる。またこの間の教師の発話においては，母語の使用頻度が増加し（表17），教師による授業コメントは徐々に内省的なものとなり，授業中に生起した事実に関する詳細な省察がなされるようになった（表21）と考えられる。

　上記の過程において，教師は時に困惑し教えることの学びにつまずく中で，自らの課題をその都度見直していたことが指摘できる。例えば「再考期」"Sumatra"（2010年7月）の授業において教師は，（準）真正な質問を42回発していた。しかし5ヵ月後に実施された"India"（2010年12月）の授業では，生徒の認識を重視する以上に教師の思いが先行し，結果的に半数以上の発話が英語で述べられ（表17），準真正な質問が1回発せられるに留まっている（表18）。実際に教師自身が認めているように，"India"の授業案を作成する段階において，真正な質問を伴う生徒の認識を活かした授業の実践を，教師が選択肢として考えなかったわけではなかったという。けれども「前任校と同じやり方が通用するのではないか」と「従来の手法に固執したために，失敗授業となった」（表16）。この事実は，わかっているが行動できないなど，

「レベル間の変化の時間のずれ（デカラージュ）」（秋田，2009b, p. 56）を示しており，「現職教師がいかに教えることの学びにつまづ［sic］［くか］」（p. 47）を示唆する。そして教師の自己変革が，時間経過に即応して直線的に進むわけではないことを示すと考えられる。「従来の手法に固執し…見事に幻想は打ち砕かれ，本格的に既存の方法が通用しないと認識した」という経験を介して教師が，この後に生徒主体の授業への志向性をより強固なものにしていったと推察される。実際に「受動態」（2011年4月）の授業では，（準）真正な質問が49回発せられていることから（表18），自らの失敗経験に学ぶ教師の姿が想起される。

　また教師がグループ学習を初めて導入したのは，2009年9月のことである。そして既述のように，実際にグループ学習の利点を実感したのは同年12月のことである。したがって秋田（2009b）による教師の学習における三段階に即すると，(a)2009年8月以前のグループ学習を思考する段階，(b)9月の実践する段階，(c)12月の省察する段階を経て，教師はグループ活動を介し教えることを徐々に学んでいったと推察される。しかしその一方で教師は，2010年4月に「グループの時間を切るなどまだ獲得していない事柄が多すぎ，自己嫌悪に陥っている」とも記している。よってこれら一連の流れは，「反省的実践家」として教師が省察を繰り返し，生徒主体型授業を学習する過程と同時に，わかっているが行動できないなど，「デカラージュ」を経験し苦悩する過程も示唆している。

　このように現職教師は，様々な時期に異なる次元の「デカラージュ」を経験し，葛藤と苦悩を繰り返し，そこからの脱却を志向する中で教えることを学ぶのだと言える。秋田（2009b）も，教師が新しい授業法を獲得する際には，その方法を実際に授業で適用し，授業後に自らの行為を省察するという段階を繰り返す，と述べている。なお一般に英語の授業では，教師と生徒の英語についての知識における差異が甚大で，授業で生徒が既有知識を活用する機会が限定される。また授業でのやりとりにおいて，生徒の応答における

正誤が，明白となることも多い。さらに教師には授業で，生徒の言語運用能力を訓練する役割も求められる。その中において教師は，自らの発問を再考し新たな談話構造の創出を企図して，試行錯誤を重ねていたと考えられる。本章においては，教師による「デカラージュ」を捉えることで，現職教師が多様な自己変容の過程を介し，新たな授業様式を追究していく様相を明らかにした。教室談話に加えて，授業をめぐる教師の志向性と葛藤の双方をふまえ検討することにより，「授業における教える行為と教えることを学ぶことの関連性を，他者の目から研究として記述し捉えること」(p. 47) が可能となったと言えよう。

　最後に，教師による「反復期（2008〜2009）」から「再考期（2010〜）」への意識変容について今一度総括したい。岩川 (1994) は「教師はキャリアを積む中で，定型化された自己の授業の枠に閉じこもる危険をつねに抱えている。その危険は，教職を反復的なルーティーンワークとみなす『ベテラン』教師だけでなく，創造的な実践に挑戦しつづけてきた教師にもつきまとう」(p. 100) と指摘する。教師自身もこの指摘が，「反復期」の自らの有り様に該当すると紙面アンケート上で認めた上で，後日以下のように述べている。「恩師や先輩教師の方々の思いを引き継ぐ文化の継承者としての意識が強く，自分の O. I. に酔いしれ，自分が辿り着かせたいゴールに生徒を連れて行くことで満足していた。しかし一つ目の山に登ったら，また全く違う山がそこにあることに気付かされた (2012年9月)」。そして教師が「反復期」を乗り越えようとしていた矢先に，勤務校の異動を経て新たな生徒との出会いを体験し，より「生徒の認識を活かした授業」の実践，または生徒主体の授業の可能性と重要性を，以前にも増して明確に意識したのだと考えられる。このような意識変容が生起する傍らで，教師は「反省的実践家」として省察を深化させ，教えることを学んでいったとみなすことができる。

　本章では，教職27年目を迎えた中学校英語教師による3年半の発問と意識の変容過程を捉え，新たな授業実践の追究過程を検討した。結果として，現

職教師が教えることを模索し学ぶ過程，ならびに「反省的実践家」として授業に関する省察を深化させる過程の一端が明らかになった。また本章の教授的示唆としては，本研究協力者教師の姿に授業実践者が自らの心情や経験を重ね合わせた上で，自身の教育実践を振り返ったり，教師教育従事者が教員養成のあり方を再考し得る点が挙げられよう。しかし本章の知見は，一人の教師を対象とした縦断的事例研究から導出されていることから，今後は多様な年齢層の現職教師による教育実践を考察することが望まれる。

第Ⅳ部　総　　括

　第Ⅳ部では，長期の教室談話の様相を継時的に分析するために，主たる考察の対象を授業内容の如何にかかわらず，生徒または教師による発話の特徴とし，「発生的・発達的分析」(Wertsch, 1985, pp. 14-15/ ワーチ，2004, p. 37) への視座の下に，教室談話の様相を明らかにし，英語の教授・学習過程のあり方を検討している。

　第9章では，1年9ヵ月間に亘る生徒の「つぶやき」の特徴と変容を捉え，学級における生徒の心的過程，ならびに発話を生成する教室内外の社会的文脈を検討している。その結果，「つぶやき」の特徴として，個人的①復唱型；②知識拡充型；③直感型と，社会的④理解構築型；⑤反復再生型；⑥他者評価型が挙げられ，「つぶやき」の様相が変容する生徒としない生徒がいること，及び「つぶやき」に生徒の固有性が認められることが明らかになった。そして「つぶやき」の機能を分析し，社会的環境との相互性をふまえることで，当初は英語を多用して「つぶやき」を奨励する教師の授業様式に慣れずに，母語使用を要請していた生徒が，徐々にこのことに慣れていく過程と，学級集団としての規範に即して信頼関係が構築され，教室環境の充実が図られる中，生徒が学習参加を全うする様相が捉えられた。加えて，生徒の発話を聴く教師が，各人の社会的文脈を考慮し解釈している旨も示唆された。さらに，生徒の授業態度と教師の認識を並行して参照することにより，言語習得における認知的・社会的側面の双方を照射した上で，「つぶやき」を重視する授業形態による英語の教授・学習過程が示され，参加者を主体とする実証的な英語教育研究の具現が可能となっている。また，生徒と教師間での多対一の関係から，生徒間での多対多の会話的な発話への移行に伴って，「つぶやき」が機能することもわかった。

　続く第10章では，3年半に亘る教師の発問と意識の変容過程が明らかにさ

れている。そして，本研究協力者教師が2010年以降に志向している，「生徒の認識を活かした授業」実践の追究過程が，教師の授業に関する学習過程とみなされ，捉えられている。教師は，自らの授業経験と内省を手がかりに，既存の授業様式に頼らずに，新たな手法として真正な質問を発し，母語の使用頻度を増やしていった。また，この間の教師による授業コメントは徐々に自戒的なものとなり，授業で生起した事実に関する詳細な省察がなされるようにもなった。なお，教師によるこのような自己変革は，時間経過に即応して直線的に進むわけではなく，教えることの学びにつまずく中で，自らの課題に対峙し克服を企図することが示唆された。現職教師は，「反省的実践家」として省察を深化させ，様々な時期に異なる次元の葛藤と苦悩を抱え，そこからの脱却を志向しながら，教えることを学んでいくことが指摘された。

　なお，従来のSLA教室研究では，初学者の発話に対する詳細な検討を欠いており（Ohta, 2001），外国語教育を対象とする縦断的な（Spada, 2005）参加者を主体とする実証的研究（Bailey and Nunan, 1996; Firth and Wagner, 1997）の蓄積も多くはなかった。また，外国語初級学習者による累積的な目標言語の学習過程が明らかにされていないことに加え，言語学習・教授場面において「新たな機能が生起する過程」（R. Ellis, 2008, p. 521）を捉える論調も稀薄であった。しかし第9章では，1年9ヵ月間に亘る中学生の発話の様相を検討することにより，英語の苦手な生徒が初めて英語での「つぶやき」を能動的に発する場面や，仲間への援助を含意する協働的な「つぶやき」が増加していく過程が捉えられている。つまり「発生的分析」（Lantolf, 2000, p. 3; Wertsch, 1985, p. 27）への依拠により，縦断的な研究志向性のみならず，「新たな機能が生起する」場面も示されている。同様に，続く第10章では，3年半に亘る教師の発問と意識の変容過程が検討され，教師が真正な質問を発して母語を多用し，自己内省を深化させていく過程が分析され，歴史を変化過程から捉えることが可能になった。したがってこの第Ⅳ部は，英語学習を始めて間もない中学生の授業における発話を時系列に沿って分析し，当該生徒

の認識のみならず，教室環境の整備と充実を企図する教師の認識や授業の学習過程も検討している。そしてこれらに関する記述により，本研究は参加者を主体とする実証的な英語教育研究の端緒をなすと考えられる。しかし一方で，より多くの学習者や教師による認識をふまえ，英語科教授・学習過程に焦点をあてた教育研究も必要である。

　近年の SLA 研究では，各教室における社会的文脈（Canagarajah, 1993, 1999; Pennycook, 2001）をふまえ，生態学的見地に立つ論調（van Lier, 2004）が求められており，加えて教師個人により異なる，具体的な経験を照射することが必要とされている（Hawkins, 2004）。したがって第9章では，英語での O. I. の内容が当初は理解できずに戸惑いを覚えていた生徒集団が，「つぶやき」を活用する教師の下で，母語でのやりとりに始まり，最終的には英語での対話に参加するようになる様相から，「つぶやき」の生成を介した教育実践のあり方が示されている。一方で，授業における発話や意識の変容は，生徒にのみ見られるものではなく，授業において教えることを学ぶ教師にも見られる。したがって第10章では，本研究協力者教師が生徒の「つぶやき」を活用する既存の授業様式に甘んじることなく，生徒主体型の授業を志向し，発問のあり方を追究する様相が捉えられている。また，これらのことが可能になったのは，生徒の発話生成の背後にある教室内外での社会的文脈を，教師と研究者が協働で（Allright, 2003, 2005; Spada, 2005）解釈することにより，教室における「『生きている現実』の豊かさと複雑さの維持」（Lantolf, 2000, p. 18）が可能になったためだと考えられる。加えてこの第Ⅳ部は，授業での生徒による発話生成のあり方をふまえ，意識の解放と拡張を成長の証とみなす教師の視座や，学級における生徒個人・集団の心的変容を捉えており，従来の SLA 研究の域を超えた，生態学的な視座に即した知見を導出している。

第Ⅴ部　本研究の総括

　本研究の第Ⅰ部では「問題と目的」，第Ⅱ部，第Ⅲ部，第Ⅳ部では，実証的な英語教育研究への視座の下に，実際のデータに基づく帰納的な分析を経て，教室談話の様相について論じてきた。具体的には，Wertsch（1985/ワーチ，2004）が主張するヴィゴツキー心理学における3つのテーゼ：「人間の精神機能における社会的生活の起源」；「道具や記号による媒介」；「発生的・発達的分析」（pp.14-15/p. 37）に即して，文法指導とコミュニケーション活動における教師と生徒による発話の特徴を，彼らの認識と共に検討している。なお，この第Ⅴ部は，第11章「中学校英語科における教室談話の特徴」における第1節「結果の総括」と，第2節「本研究の成果」，ならびに終章「今後の研究課題」により構成されている。具体的には，第Ⅰ部～第Ⅳ部において導出された結果を総括した上で，中学校英語科における授業内容と教室談話の関係について総合的に検討する。

第11章　中学校英語科における教室談話の特徴

本章では，これまでの結果の総括，ならびに本研究の成果と，今後の研究課題を提示する。

第1節 結果の総括

本節では，本研究における実証部分に相当する，第Ⅱ・Ⅲ・Ⅳ部で導出された各知見を概観し総括する。このことに先立ち，以下では第Ⅰ部の「問題と目的」で明らかにされた，従来の英語教育研究における諸課題について，概説する。

第1項　第Ⅰ部のまとめと考察

外国語学習を含む広義のSLA研究では，従来から理論が先行する論調が主流であり（Block, 2003; Lantolf, 2000），参加者を主体とする実証的な研究志向性に乏しく（Bailey & Nunan, 1996; Firth & Wagner, 1997），生態学的見地（van Lier, 2004）に立つ知見が少なかった。中でも外国語初級学習者の言語習得・理解の様相を縦断的に捉える視座（Ohta, 2001; Spada, 2005）を欠き，各教室における社会的文脈（Canagarajah, 1993, 1999; Pennycook, 2001）を捨象する傾向が優勢となっている。また，教室でのやりとりに焦点をあてたSLA教室研究においては，教師と学習者の発話が別途考察され（see Chaudron, 1988, 2001），各発話の機能が使用言語ごとに分類される（see Spada & Fröhlich, 1995）。加えて国内の英語教育研究においては，授業内容をめぐる議論が，例えばその目的が教養にあるのか，実用にあるのか（平泉・渡部, 1975），さらには文法指導とコミュニケーション活動（斎藤, 2011; Sakui, 2004）のよ

うに，二項対立的に論じられてきたきらいがある。

また，日本の公教育における英語科授業では，母語の使用頻度が高い傾向が指摘され（Kaneko, 1992），授業内容と教室談話の関係に着目し，英語教授・学習過程における教師や学習者による発話の傾向と特徴を考察する知見の必要性が指摘されている（山岸・高橋・鈴木，2010）。そこで本研究では，従来の英語教育研究において別途考察される傾向にあった，文法指導とコミュニケーション活動の様相，英語と母語の使用，教師ことば［teacher talk］と学習者言語［learner language］を包括的に検討するにあたり，言語習得・学習における二項対立の克服（Lantolf and Poehner, 2008, p. 4）を企図する，社会文化理論［Sociocultural Theory; SCT］（Lantolf, 2000）に依拠した。さらに，ヴィゴツキー心理学の中核をなす3つのテーゼ：「精神機能における社会的生活の起源」；「道具や記号による媒介」；「発生的・発達的分析」（Wertsch, 1985, pp. 14-15/ ワーチ，2004, p. 37）に即し，中学校英語科授業における教室談話の有り様を多角的に捉えた。

なお，本研究における分析対象と分析概念はいずれも，入手したデータの特徴に即し帰納的に選定されている。教室談話研究（秋田，2006）の手法を採用して，教師と生徒による発話と意識を内在的視座から検討し，教室における「知的営為としての談話」（藤江，2006, p. 55）の保障を前提に，英語科授業が各参加者にとってどのような質のものとなるのかを，授業における教授・学習過程をふまえ捉えている。入手したデータの一部を事例として取り上げ，教室談話の様相を分析し，文法指導とコミュニケーション活動における英語科教授・学習過程の有り様を，包括的に検討した。

以下では，本研究第Ⅱ・Ⅲ・Ⅳ部を通して導出された各々の考察結果，ならびに総括を示す。

第2項　第Ⅱ部のまとめと考察

第Ⅱ部では，「個人の精神機能は社会的生活に起源を持つ」（Wertsch, 1985,

pp. 14-15/ワーチ，2004, p. 37）という見解に則り，「社会的生活に起源を持つ発話の特徴」を分析した。第4章では文法指導時の，英語が苦手な生徒3人を含む，5人の生徒の発話における本音や個性としての「声［voice］」（Bakhtin, 1986, 1994/バフチン，1987, 1988a, 1988b）について論じた。文法授業においては，「対話的なアプローチはとることができない」（Bakhtin, 1994, p. 352/バフチン，1987, p. 168）と言われる中，本研究協力者教師が自己表現活動を介し，生徒の発話における「声」を聴き分け，「知的営為としての談話」の創出に着手していたことが示唆された。その結果，英語が苦手な生徒でも，自らの生活経験に基づく本音や個性を発話に込めることが可能になることが示された。さらに，教師が生徒との間で，定型表現を用いた教師主導の対話を介し，生徒を正答へ誘っていたことが明らかになった。

続く第5章では，コミュニケーション活動実践における生徒の母語での「つぶやき」の様相を検討した。教室談話の量的な分析の結果，O. I. 時の教室談話全体の5割以上が生徒の「つぶやき」に拠っており，教師と生徒間の双方向的な対話が生起していたことがわかった。また，教師が発話の約7割を英語で述べても，生徒による「つぶやき」の約8割は母語で発せられることが示された。そして，生徒による母語での「つぶやき」には，既有知識と生活経験の一端が捉えられた。加えて，発言回数を競い合う生徒同士，ならびに英語が苦手な生徒が「つぶやき」を発し，授業に参加する様相が見られた。

上述の議論は，文法指導とコミュニケーション活動実践の双方において，共通して生徒の発話における「声」の表出，ならびに教室談話における「多声性」が認められることを示している。授業中の「声」の表出と「多声性」が，従来対立的に捉えられてきた文法指導とコミュニケーション活動において，「媒介」の機能を果たしているのである。生徒は母語での「つぶやき」に自らの生活経験と思考を反映させることが可能になっており，発話における「声」と「声」の接触により，他生徒による「声」の表出が促され，「多声性」が生成されるという現象は，文法指導でもコミュニケーション活動で

も，共通して認められる。生徒に本音を語らせ，個性を発揮させることを尊重し，教師と生徒間の双方向的なやりとりを志向する教師の働きかけの下で，「多声的な」教室談話が生成される中，生徒は互恵的な知の構築過程に従事していると考えられる。また，生徒が個性を活かし，率直に本音を述べることができる対話空間では，授業内容の如何を問わず，英語が苦手な生徒による授業参加が可能となっていた。つまり本研究協力者教師の授業では，英語が苦手な生徒が，生活経験に基づく「つぶやき」を発して，教室談話の一翼を担っていたとみなし得る。

なお，文法指導とコミュニケーション活動での生徒の発話における「声」の有り様と教室談話の「多声性」に関しては，複数の共通点が認められる。しかしこれら全ては，必ずしも一様ではない。例えば，文法指導の一環にある自己表現活動では定型表現に則って，生徒の生活経験の一端 (e.g., 流れ星) が示された。しかしコミュニケーション活動における生徒の「つぶやき」には，生徒の生活経験と共に各人の思考の一端 (e.g., 象じゃねーし，マンモスだし) も捉えられた。加えて，文法指導時の自己表現活動における教室談話の様相からは，生徒個人が自作の英文に本音や個性を込めながらも，教師の問いに英語の定型句を用いて応答する，教室の秩序だった静的な参加構造が示唆された。しかしコミュニケーション活動時の教室談話は，母語での「つぶやき」を介した教師と生徒間の双方向的なやりとり，ならびに生徒間対話を包摂し，より多層的で動的な参加構造を示唆していた。なお，この両者間の相違の誘因が何であるのか，例えば，学級集団の相違に拠るのか，授業内容や使用言語の差異に拠るのか，または自己表現活動と O. I. という学習課題内容の違いに拠るのか，それとも英作文の音読，あるいは「つぶやき」という発話様式の差異に拠るのかが，この第Ⅲ部では明らかになっていない。したがって，より多くの文法指導，ならびにコミュニケーション活動場面における，教室談話の様相を検討することが求められている。例えば，文法指導の折に，生徒は自らの「声」や思考をどのように発話に反映させるのか，ま

た，文法授業における動的で「多声的な」やりとりとは，どのようなものとなり得るのか，さらにはコミュニケーション活動においての生徒による英語での「つぶやき」には，どのような特徴が見られ，生徒が自らの思考を英語で述べることが可能なのかについて，引き続き検討する必要があろう。

第3項　第Ⅲ部のまとめと考察

　続く第Ⅲ部においては，「道具や記号による媒介」(Wertsch, 1985, pp. 14-15/ ワーチ，2004, p. 37) の概念に即し，「学習内容の理解を媒介する生徒の発話の特徴」について検討した。

　第6章では，一人の生徒が文法事項の理解を志向して発する「わからない」という「つぶやき」に着目し，当該生徒が文法について何がどのように「わからない」のかを分析し検討した。結果として，現在完了と関係代名詞の「統語・文構造」に関するつまずきに加え，生徒の内言では「文法用語・文法概念」に関する「語義と意味」(ヴィゴツキー，2001) が一致していない可能性が示唆された。続く第7章では，本研究協力者教師が上記の授業経験をふまえ，2010年2月以降英語の苦手な生徒による発話の有り様に留意して，生徒間対話を重視するようになった点に注目した。そして，文法授業における生徒間の協働的な対話の特徴を明らかにした。当初この教師は，教師主導の授業を実施していたが，授業中に偶発的に生起した生徒間対話の有効性に気づき，徐々に生徒間の協働的な対話のあり方を追究するようになっていった。また，生徒間の協働的な対話が，授業内容を学習する際の媒介として機能することが示唆された。

　次の第8章では，コミュニケーション活動における生徒による英語での「つぶやき」の特徴を明らかにした。生徒は，教師の述べる英語の語彙を復唱・再生する「つぶやき」を発しており，教師の言語使用の有り様に影響される可能性が示唆された。また，教科書の記載事項と予備知識が，英語での「つぶやき」を生成する「媒介」として機能していることが示された。さら

に，生徒が自身の思考に即した「つぶやき」を英語で発することには，困難が伴う旨が指摘された。

　この第Ⅲ部では，「道具や記号による媒介」の概念に基づく検討がなされた。そして文法指導において，「媒介」として機能するのが，生徒による「わからない」という「つぶやき」であり，生徒間での協働的な対話であると解釈された。また，コミュニケーション活動で生徒が英語での「つぶやき」を発する際には，教科書の記載事項や教具，生徒の既有知や予備知識が支援となることが示された。そして，コミュニケーション活動での「つぶやき」と「つぶやき」の接触が「多声的な」やりとりを生成し，文法指導時の生徒間の協働的な対話により，互恵的な知の構築が可能になるとみなされている。よって，英語科教室談話における「多声性」と協働的な対話は，生徒による授業内容の学習を促進する「媒介」の役割を果たしていると考えられる。また，上述の議論は，「多声性」と協働的な対話を企図する教師自身の存在が，本研究における教育実践全体に通底する「媒介」として機能していることを示す。英語と母語使用においての「媒介」，文法指導とコミュニケーション活動においての「媒介」，「つぶやき」による「多声性」においての「媒介」，ならびに生徒間の協働的な対話においての「媒介」として，教室談話の全容に教師の発話や認知が影響を及ぼしていると解釈できる。加えて，この「媒介」としての教師の存在は，生徒の生活経験や思考，ならびに生徒の既有知を統合させ，生徒による授業参加と英語学習を促進する機能も果たしていると考えられる。そして文法指導とコミュニケーション活動においては，共通の学習内容が螺旋を描くように扱われることも少なくないことから，双方を包括的に論ずる必要性が論じられた。

　さらにここで，「第Ⅱ部のまとめと考察」で導出された，生徒の思考が英語科授業での発話にどのように反映されるかについて，この第Ⅲ部でも検討する。例えば，第6章における生徒の「わからない」という「つぶやき」は，当該生徒によるもどかしさや葛藤を含意し，困惑する生徒による即応的な思

考表出の一端として解釈できた。しかしこれらの「つぶやき」は同時に，文法理解への志向性の下に発せられているとみなすこともできる。したがって，当該生徒による学習内容の理解に向けた「媒介」の機能を果たす発話とも考えられる。そして当初は真実の美的な「声」の交換を企図する，教師主導の静的な授業の一環にあった文法指導時の教室談話が，2009年11月以降，生徒の「わからなさ」を徐々に顧みるようになった教師により再考され，生徒の思考の有り様や自らの文法指導実践に対する省察を深化させていった。その結果，第7章においては，文法指導時の生徒の発話における正誤のあり方を超えて，生徒による学習内容の理解構築過程における思考表出の必要性に教師が気づき，生徒間の協働的な対話のあり方を追究する様相が捉えられた。教師と生徒が協働的に知識構築を図る際に，教師は対話における主導権を生徒に委譲し，生徒間の議論を傍らで見守る（Sawyer, 2006, p. 187）のである。また，この協働的な対話の特徴を検討することにより，生徒がどのような思考過程を経て，正答を得るようになるのかが示唆された。生徒間の協働的な対話においては，生徒相互の意見交流が可能となり，結果として生徒自身の思考を反映する対話が生起し，学級単位による授業内容に関する学習の機会が担保され得るのである。一方，コミュニケーション活動での生徒による英語での「つぶやき」を可能にする要因として，共通教材としての英語教科書の記述事項と生徒による既有知や予備知識，ならびに教師による英語での発話が「媒介」として機能する旨が指摘された。これら全てが生徒による英語学習に作用し，英語での「つぶやき」生成の基層をなしていることが示唆された。その一方で，英語での「つぶやき」には，生徒による思考が反映されることが殆どなかった旨が指摘できる。さらに，O. I. 実践における「多声的な」教室談話が実際にどのように成立するのかも明らかにされておらず，どのような過程を経て「知的営為としての談話」に発展し得るのか，そしてこの過程における参加者の認識はどのようなものなのかを，明らかにする必要がある。この第Ⅲ部と前述の第Ⅱ部を通して，O. I. 時の教室談話の様相

に関する，継時的な分析が未だなされていないのである。

　なお，文法指導時の経緯から推定すると，コミュニケーション活動の一環にある O. I. 実践においても，同様に教室談話の様相が変容する過程が認められると考えられよう。したがってこのことを明らかにした上で，授業内容の差異にかかわらず，中学校英語科教授・学習過程のあり方に関する包括的な考察が待たれるのである。具体的には，学級集団による教室談話の様相をふまえ，「つぶやき」を生成する社会的文脈に焦点をあてて，生徒個々人による言語学習，ならびに思考の有り様に関する検討が必要である。参加者を主体とする実証的な研究（Bailey and Nunan, 1996; Firth and Wagner, 1997）への視座の下に，「個別独自な存在としての教師や子どもの存在と声［を］欠落」（秋田，2005a, p. 21）させることなく，生徒各人，ならびに教師個人の発話と認識を，「発生的分析」への視座から，明らかにすることが求められている。よって次の第Ⅳ部第9章における，生徒個人の発話に関する縦断的な考察へと，議論が引き継がれるのである。

第4項　第Ⅳ部のまとめと考察

　第Ⅳ部においては，「発生的・発達的分析」（Wertsch, 1985, pp. 14-15/ ワーチ，2004, p. 37）の概念に即し，長期の継時的な事例考察を介し，教室談話の様相が検討された。

　第9章では，1年9ヵ月間の授業観察の結果，使用言語にかかわらず，生徒による「つぶやき」の特徴として，6類型12項目が捉えられた。そして観察当初は，英語を多用する本研究協力者教師の授業実践に慣れず，戸惑いを覚え，母語での解説を求めていた生徒集団が，教師による授業様式に慣れるにつれ，母語での「I know 型つぶやき」から，英語や母語での「I think 型つぶやき」を発するようになる過程が捉えられた。また，英語が不得手な生徒が，3学期になって初めて O. I. 実践において英語での「つぶやき」を能動的に発し，授業参加を実現させていく過程が捉えられ，このことは学級に

おける生徒の自己解放の軌跡，ならびに生徒集団の受容的な雰囲気の成立と信頼関係の確立過程としても解釈できた。生徒が自身の思考を込めて「つぶやき」を発することが許容される雰囲気が教師により担保され，生徒間での会話的な発話として「つぶやき」が生起し，英語での発話が促進される可能性が示唆された。

　次の第10章では，3年半に亘る授業観察の結果，本研究協力者教師が，「生徒の認識を活かした授業」実践を志向して，自らの発問のあり方を再考し，母語での発話と真正な問いを増加させる過程の一端を捉えた。また以前には，学習内容に関する理解停滞の責任を生徒当人を含む他者に対し転嫁していた教師が，「反省的実践家」（ショーン，2001）として，授業についての内省を深化させる過程も明らかになった。そして，授業に関しての教師の学習は，時間経過に沿って即応的に進むものではなく，教えることの学びにつまずき，葛藤と苦悩を抱える中で，現職教師が教えることを学ぶことが示唆された。

　なお，前述の第Ⅱ・Ⅲ部においては，英語科授業での生徒の発話における思考表出のあり方が検討されてきた。したがって，この第Ⅳ部でも引き続きこのことについて論ずる。これまで繰り返し述べてきたように，一般に英語科授業においては，生徒が自らの思考を発話に込め，授業に参加することが難しいと考えられる。また，教師には授業中に生徒の言語運用能力を訓練し向上させることも問われ，結果として教室談話が教師主導となる傾向（Ellis, 2008, p. 797; Kaneko, 1992）も否めない。なお，本研究協力者教師が，2007年当初文法指導時に従事していたのが，自己表現活動であった。しかし後日，生徒間の協働的な対話の効用を認識した教師は，生徒が正答へ至るまでの思考のあり方を授業中に尋ねるようになり，結果として第10章で既述のように，真正な発問を発するようになっていった。一方のコミュニケーション活動実践において教師は，観察当初から生徒による英語・母語での「つぶやき」による「多声性」と，生徒との双方向的なやりとりの創出に専心していた。そ

の結果，生徒による母語での「I know 型つぶやき」から英語・母語での「I think 型つぶやき」が生成されるようになり，「つぶやき」を介した英語学習の可能性も示唆された。しかし教師は2010年以降の授業において，新たに真正な質問を発して，「生徒の認識を活かした授業」の実践を追究するようになっていった。また，生徒の思考について尋ねるために，O. I. 時においても母語の使用頻度を増加させていた。なお，教師は，この自らによる言語使用の変容については「無自覚であ［り］」，今後の方向性も「まだよくわからない」としながら，近年の自身による信条と授業観の変容，ならびに勤務校での生徒の実態に拠るものであると述べた。これらのことは，一人の英語教師による教育実践を対象とした場合でも，複雑な教授・学習過程が展開されることを示唆している。本研究においては，教師個人の具体的な経験を捉え（Hawkins, 2004），教師と研究者の協働を介し，内在的視座に即した参加者を主体とする実証研究に着手することにより，その複雑な教授・学習過程の一端を明らかにすることが可能となった。しかし一方で，より多くの英語教師を対象とした多角的な知見が求められているとも言えよう。

　また，上記の議論は総じて，教室談話全体の有り様が，教師の理念や信条と授業観，ならびに社会的文脈としての生徒集団の様相と密接に関連していることを示唆している。そして，いずれの場面においても教室談話のあり方をめぐり，大きな影響を及ぼすのが，「媒介」となり得る教師の存在である。したがって以下では，文法指導とコミュニケーション活動双方間で共通して認められる教師の認知の有り様を示し，本研究の成果を論ずる。

第2節　本研究の成果

　本節では，本研究の成果を示す。
　本研究では，一人の英語科教師による5年間の教育実践に着目し，異なる学習内容が扱われる際の教室談話の様相を，参加者の認識をふまえ検討して

きた。なお，以下では，文法指導とコミュニケーション活動において「媒介」の役割を果たす教師の認知過程に着目し，本研究で明らかにした教室談話の特徴を時系列に沿って統括する。

　教師が「反復期」と称する2007年当初の文法指導時には，自己表現活動での生徒による「声［voice］」の表出が認められた。この「声」は，本研究では生徒自身の発話に反映される本音や個性と同定され，生徒の所属する部活動等の生活経験をふまえることにより，生徒の本音や個性を捉えられることが可能となった。また，英語が苦手な生徒が，発話に自らの本音や個性を込め，英語科授業に参加する様相も捉えられた。そして，内容重視のコミュニケーション活動の一環にあり，教師が新任期以来専心してきた O. I. 実践における，2008年時点での教室談話の傾向と様相が分析された。教師は O. I. 時の生徒による「つぶやき」を重視しており，当該教室では，教師と生徒間の双方向的な対話が生起していた。そして英語・母語での生徒による「つぶやき」の様相が検討された結果，「多声的な［multivoiced］」やりとりが創出されていたことがわかった。また，O. I. 時に英語が不得手な生徒が授業への参加を果たしており，教師の信条が反映される O. I. の内容をめぐって，生徒集団による「『つぶやき』のシャワー」も見られた。さらに，O. I. 実践における生徒による英語での「つぶやき」の様相を検討した結果，教師による英語での発話のみならず，教科書の記述に即した生徒の予備知識や定型表現による既有知が，英語による「つぶやき」生成の支援となることが示された。そして「発生的分析」への視座から，1年9ヵ月間の生徒による「つぶやき」の様相を検討した結果，母語での「I know 型つぶやき」から，英語・母語での「I think 型つぶやき」への移行過程を通して，生徒が英語での対話に徐々に参加できるようになる過程が捉えられた。

　一方，「反復期」から「再考期」に至る文法指導実践に関しては，最初に2009年時授業における一人の生徒による「わからない」という「つぶやき」の有り様が検討された。その結果，当該生徒が，現在完了の文法用語や文法

概念，ならびに統語や文構造につまずきを覚えていることが示唆された。なお，教師はこの時点で，生徒の「わからなさ」に対する責任が，教師自身よりむしろ，生徒各人にあるものとみなしていたという。しかしこの授業を経て，教師は英語が苦手な生徒の思考過程により留意するようになり，2010年以降の「再考期」には，生徒間の協働的な対話の重要性と有効性を認識し，生徒が英文法を「わかる」授業を追究するようになった。したがって，一人の生徒による「わからない」という「つぶやき」の詳察が「媒介」となって，英語科授業での教室談話のあり方について，教師が再考し意識するようになった可能性も示唆される。そして，既述の「多声的な」やりとり，ならびに生徒間の協働的な対話の各々が，文法学習における「媒介」となることが示された。一方で教師は，生徒が「わかる」授業を志向して，母語の使用と真正な発問を，徐々に増加させており，さらには，教師自身による授業に関する省察の深化過程も捉えられた。こうして「再考期」には，「生徒の認識を活かした授業」が実践されるようになり，この間の教師による発問と意識変容のあり方が明らかにされ，授業に関しての現職教師による学習過程が示唆された。なお，図6は，上述した教室談話の特徴を図式化したものである。

　この教師は，2007年「反復期」の観察当初から，授業における生徒の「声」の表出（第4章），ならびに「多声的な」教室談話の可能性と有用性を自覚していた（第5・8章）。そして，授業での生徒による母語・英語での「つぶやき」を歓迎し，教師と生徒間の双方向的な対話の追究に従事していた（第9章）。しかし筆者との継続的な共同研究を介し，英語の苦手な生徒による発話の様相の検討（第6章）と授業の省察を通して，教師の信条と授業観が変容し，さらに教師による勤務校の異動を経て，新たに生徒間の協働的な対話の重要性と可能性を認識するようになっていった（第7章）。その結果，文法授業のみならず，コミュニケーション活動においても，母語を使用し真正な質問を発して，「生徒の認識を活かした授業」の実践と「生徒主体の対話」のあり方を追究するようになっていった（第10章）。なお，このことは，

第11章　中学校英語科における教室談話の特徴　291

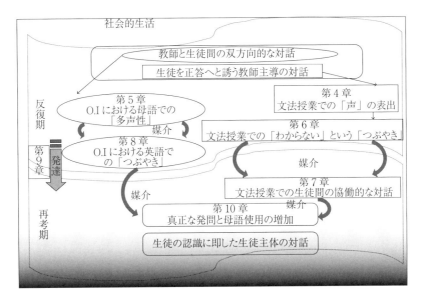

図6　英語科授業における教室談話の特徴

教師の認知が教室談話の様相に直接の影響を及ぼしており，加えて2010年以降の「再考期」における教師の認知が，文法指導とコミュニケーション活動双方間の「媒介」として機能していたことを示唆している。また，この教室では既述のように，同一の学習内容が文法指導とコミュニケーション活動の双方で扱われることも少なくない。次に，教師と筆者が共通して「経験の結晶化」（箕浦，2009, p. 94）とみなし得る2007年〜2011年までの授業エピソード，ならびに教師による認知変容過程を以下に示す（図7）。

図7は，教師の認知が，文法指導とコミュニケーション活動における「媒介」として機能することを示している。また，教師の認知が，いかに生徒の発話の有り様と密接に関連しているかが捉えられている。具体的に述べると，2007年と2008年の時点では，文法指導とコミュニケーション活動のあり方をめぐって教師の認知は二分されており（図7①②），限られた授業時間内に「自己矛盾を抱えながら」（吉岡，2008），双方の均衡維持が志向されていた。

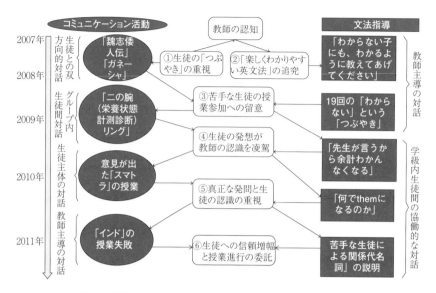

図7 授業エピソードと教師による認知変容過程の関係図

しかし2009年を境として、英語が「③苦手な生徒の授業参加への留意」が起点となり、「④生徒の発想が教師の認識を凌駕」し、「⑤真正な発問と生徒の認識の重視」と「⑥生徒への信頼増幅と授業進行の委託」を経て、教師の認知が文法指導とコミュニケーション活動双方間の往還を通し、有機的に融合するようになっていった。なお、このことに通底するのは、「反省的実践家」（ショーン，2001）として教師が自身の授業実践に対する省察を徐々に深めていった旨が指摘できる。実際に、2007年〜2009年の「反復期」には、授業で「わからなさ」を訴える生徒に教師の目が届かぬ場面も見られ、授業で生起する事実、授業における「子どもの事実」（佐藤・岩川・秋田，1990, p. 186）が看過されることも少なくなかった。しかし2010年以降の「再考期」には、教師が自らの失敗経験に学び、自己内省の深化と共に、より生徒を中心とする対話が志向されるようになっていった。また、2007年当初は「①生徒の『つぶやき』の重視」と「②『楽しくわかりやすい英文法』の追究」のように、

教師の示す指標が顕在的で可視化されやすいものであったと言える。しかし後年には,「⑤生徒の認識の重視」,ならびに「⑥授業進行の委託」のように,より潜在的で捉え難く蓋然性の高い,教師による「不確定な状況への敏感で主体的な関与」(p. 196) を含意する指標が提示されるようになった。なお,近年認められる⑤,⑥の指標と傾向は,創造的な熟練教師による授業についての実践的知識のあり方 (p. 196) にも共通するものである。このように本研究は,現職教師による具体的な授業経験をふまえ,教師の認知変容過程を捉えた上で教室談話の特徴を検討し,授業における教授・学習過程を継時的に明らかにしている。以下では,本研究の意義を3点述べる。

　本研究の意義は,第一に,教室における社会的文脈を照射し,参加者の発話と認識をふまえ,内在的視座から教室談話の様相を,実際のデータに基づき帰納的に分析した点にある。本研究では,公教育での英語科授業における社会的文脈の有り様のみならず,教師と生徒の発話に認められる生活経験をふまえ,学級集団のあり方や人間関係,さらには各自の家庭生活の一端にも言及している。しかし従来の英語教育研究では,参加者の社会的文脈を捨象し,複雑な経緯を辿る教授・学習過程の一部を細分化し,研究者が外在的視座に即して調査対象とみなす事象を局所的に考察し,既存の理論を教育実践の各場面にあてはめる論調が優勢であった。さらに本書では,教師と生徒の認識をふまえ,内在的な視座に即して34の事例が分析され,各事例を教師と協働で検討する手順を経て,参加者の実感をそこなわない考察が可能になった。

　第二に,本研究は公教育における英語教授・学習過程を縦断的に捉え,文法指導とコミュニケーション活動,英語と母語,教師発話と学習者言語の各々を包括的に検討した。従来の外国語教育研究においては,教師の発話と学習者の発話や言語使用の有り様が別々に考察され,日本の英語教育界においては,文法指導とコミュニケーション活動の双方が,二項対立的に捉えられてきた。また,英語教授・学習過程の一環にある教師や学習者による発話

の傾向と特徴を，累積的に検討する知見も求められている。本研究においては，5年間に亘る教育実践を縦断的に検討した結果，図7が示すように，教師の認知が，文法指導とコミュニケーション活動間で往還していることがわかった。加えて，生徒の「つぶやき」や，生徒間対話を含む多層的な教室談話の様相，ならびに授業で扱われる学習内容が単元を超えて，文法指導とコミュニケーション活動実践双方においての共通点として捉えられた。そしてこのことが明らかになったのは，本研究が一人の教師による教育実践を対象とした事例研究であり，教師と生徒の発話を縦断的に分析した，生態学的で実証的な外国語教育研究であるためと考えられる。さらに，「発生的・発達的分析」への視座に基づく検討がなされており，教師と生徒の発話における変容過程が捉えられ，教室談話の様相が多角的に示された。

　第三番目の意義として，質的研究の利点としての「転用可能性［transferability］」が挙げられる。本研究では，研究協力者教師による信条と授業観に鑑み，授業観察を経て入手した教室談話の様相が，生態学的見地から帰納的に，内在的視座に即して考察されている。結果として，参加者の認識が参照され，発話生成をめぐる社会的文脈が捉えられている。したがって，本研究の読者は，実際の教室でのやりとりや教師の認識を含む臨場感あふれる記載を介し，例えば授業実践者は，自らの教育実践を振り返って再考することが可能になると考えられる。加えて，授業研究者としての読者は，研究者と教師との共同研究のあり方をめぐって，新たな視座を得ることが可能となろう。またこのことにより，理論と実践の乖離を避けることができるともみなし得る。

　本研究は，教室におけるやりとり，ならびに参加者の認識を時系列に沿って詳細に記述し，内在的視座に即し帰納的な考察を可能とする教室談話分析に拠り，中学校英語科における教授・学習過程の有り様を多角的に検討した。そして，授業における言語の習得や学習内容の理解に関する側面だけではなく，授業関与の質に密接に関連する，中学生による個人・集団としての発話

の様相や心的変容，ならびに英語科教師による発話のあり方や意識過程を，包括的に捉えた。言語習得・学習における認知的・社会的側面の双方を考慮し，集団生活において連綿と続く複雑で豊饒なやりとりを検討し，参加者の息遣いが感じられる人間味あふれる研究志向性の下に，教師・生徒各人の唯一無二の存在に焦点をあてて，一人ひとりの生徒の名前が付された授業研究が遂行されたのである。

　以上から，本研究の知見は，外国語初級学習者の言語習得・学習の様相を捉え，公教育における英語科教授・学習過程を明らかにした，参加者を主体とする実証研究に資すると考えられる。

　さらに，本研究の教授的示唆として，研究協力者教師による授業中の言語選択のあり方，ならびに教員研修に関する指針に言及した上で，本章を終えることとする。一般に日本の公教育における中等英語教育では，母語の使用頻度が高い傾向（Kaneko, 1992）にある。そして2013年度には折しも，『高等学校学習指導要領外国語・英語』において「授業は英語で行うことを基本とする」方針の完全実施が行われ，2017年に告示の『中学校学習指導要領』においても同様の旨が示されている。しかしここで注目に値するのは，この教師がO. I.「授業［を］英語で行う」能力を十分に有し，新任期以来約25年に亘り「英語で行［ってきた］」事実に加え，生徒による英語での発話が見られた（第8・9章）にもかかわらず，近年の「生徒の認識を活かした授業」の実践において，O. I. 時の自身による英語使用頻度を減らす傾向にある点についてである。具体的には，2008年のO. I. 時には，約7割の発話を英語で述べていた教師が，2010年には英語の占有率を概ね半減させていた。このことからは，どのような示唆が得られるのであろうか。

　この教師は「反復期（2007～2009）」の文法授業をめぐり，「長年，文法の授業では特に生徒の正答を前提に歓迎し，誤答には厳しく…自分の教え方を振り返らず，生徒に責任をおしつけてきた（2011年5月）」と述べた。そして，「生徒による『説明がわかりやすい』，『前の英語の先生の時よりわかりやす

く，英語が好きになった』という言葉に代表される感想により有頂天になり，自分に非がある，とは思えていなかった….（2011年5月）」と記していた。さらに，「自分の O. I. に酔いしれ，自分が辿り着かせたいゴールに生徒を連れて行くことで満足していた。しかし一つ目の山に登ったら，また全く違う山がそこにあることに気付かされた（2012年9月）」とも述べている。よって上記のコメントを，教師による授業コメントの変容（see 第10章表21）と併せて検討すると，「反復期」には学習内容を問わず，教師が自らの授業実践を事後に省察し，生徒の「わからなさ」への熟考を欠く傾向にあったことが示唆される。また，他者の授業を客観的に認識し解釈する一方で，自らの教え方を顧みる機会が「反復期」には相対的に少なかったと考えられる。しかし「再考期（2010～）」には，現任校での新たな生徒との出会いを経て，教師は生徒の「わからなさ」により敏感になり，円滑な理解のあり方を模索する傍ら，自らの教育実践の有り様について全面的に再考するようになったと解釈できる。そして結果として，教師が生徒の「わからなさ」に自覚的になるにつれ，O. I. 実践における母語の占有率を高めていったことが示唆される。

　なお，この結果は，教師生活の限られた5年間の教育実践より得られたことから，今後のさらなる授業経験を通して，教師が異なる認識や志向性を新たに抱く可能性がある。実際に，この教師は「生徒の認識を活かそうとすると，英語の授業でも母語多用は避けられないように思う。しかし英語の授業なので，英語はできるだけ多用するべきだとも思う。したがって，そこにどのように折り合いをつけるのかは，まだよくわからない….（2012年9月）」と記していた。加えて，「再考期」に入ってからの2011年5月の時点において，「『"5割・半分"くらいの生徒を取りこぼしてしまう』ことに対しては，正直『致し方ない』部分があるとも思っている…もちろん，学校規模，システムのせいではなく，授業で救えないのが最も罪深いことなのだが…」と綴っていた。しかし2011年12月の文法授業において英語が苦手な菅沼くんによる説明を聴いた経験の後の2013年4月には，「以前にお話しした『5割の生徒

のとりこぼし」について，菅沼くんの授業を経験した後の現在においては，『全員がわかる』授業を目指すべきだと思っている」と記した。つまり同じ「再考期」にあっても，この教師の意識には，変容が認められるのである。したがってこれらのことから，引き続きこの教師の意識変容を捉えるのみならず，他の教師による意識過程と併せて，英語教授・学習過程のあり方を明らかにする必要性が指摘できる。

　また，上記において教師が述べた「『全員がわかる』授業を目指すべき」という信条は，佐藤（2012）が述べる「教師の使命と責任」(p. 15) に通底する。佐藤は，「学校の公共的な使命と責任は『一人残らず子どもの学ぶ権利を保障し，その学びの質を高めること』にあり，学びの〈質と平等の同時追求〉によって『民主主義社会を準備すること』にある。教師の使命と責任も同様である」と述べている。よって換言すれば，本研究協力者教師は，学級で最も英語が苦手な生徒の一人による文法事項に関する説明を聴いて，生徒の可塑性に気づき，固定観念を抱いて生徒を見ることを恥じた。そして教師独力では当該生徒の理解を促進できなかったが，生徒間の対話を介してこのことが成されたことを知り，「一人残らず子どもの学ぶ権利を保障し，その学びの質を高めること」の重要性と，「教師の使命と責任」を再認識したと解釈できる。そして教師は，生徒の学ぶ権利を保障し，全員が学習内容を理解する授業を追究していく過程で，英語が「わからない」生徒が「わかる」ようになることを志向し，O. I. 実践における英語占有率を低下させていったとも考えられる。

　つまり上記の議論は，「授業を英語で行う」という英語授業での言語使用についての観点を超えて，「公教育，ならびに教師の使命と責任」に関わる旨に言及しているのである。そして上述の教師による意識の変容過程は，「『伝統を引き継ぐもの』を教師としての使命（2012年9月）」とし，「自分のことばで世界を語り（2012年9月）」思いを伝えることにより「市井の人を育成すること（2009年4月）」に価値を見出していた教師が，授業中に生徒が感

じるもどかしさと，やるせなさに鋭敏になるにつれ，生徒全員が「わかる」ようになることを優先させて母語の使用を増加させ，生徒全員の学びの保障を志向し，学級における民主主義社会の充実に心を砕くようになったことを示唆している。なお，このことは，『教えることの復権』(2003) に記されているように，近年の日本の教育界において「教師が『教える』ことよりも生徒が『学ぶ』ことに重点を置きはじめられた」(表紙表3) という，大村はま・苅谷剛彦・夏子による指摘に通ずる議論である。しかしその一方で，「教師が『教える』こと」と「生徒が『学ぶ』こと」のように，授業における営みを二極化して捉えることに対する批判も免れ得ないと言える。また，現行の高校英語科学習指導要領ならびに次期中学校学習指導要領においての言語使用を巡る方針が，既述してきた教師個人の認知変容や教授経験のあり方とは，そぐわないものであることも指摘できる。「教師の瞬時にわたる言語選択を形づくる，個人的な，文脈上の，社会文化的要因を説明することができない限界」(Ellis, 2008, p. 796) を超える方法が模索される今日，より多くの教師による個別の「声」を反映させた知見が求められる。そしてこのことは，英語教師に対して一律に実施される悉皆研修のあり方にも通ずると考えられる。実際に本研究においては，教師の認知や発話が授業運営における核となり，教育実践上の仲立ちの機能を果たすことを明らかにしてきた。したがって今後は，教師を集団としてみなす視座に代わり，異なる社会的文脈に身を置き多様な信条を持つ，教師各人による授業実践のあり方をふまえ，教師自身による問いに即した研修のあり方や教育上の提言，及び授業改善がなされることが望まれる。

終章　今後の研究課題

　本研究は，公立中学校英語科授業における教授・学習過程の一端を捉え，教室談話のあり方を検討することを目的とした。具体的には，現職英語科教師による5年間の授業実践に着目し，文法指導ならびにコミュニケーション活動における，教師と生徒による認識をふまえ，発話の様相を明らかにした。しかし，以下2つの理論上の研究課題が残されている。

　第一に，日本の英語教育研究における社会文化理論［Sociocultural Theory; SCT］の精緻化の必要性が挙げられる。SCTは1990年代以降，Lantolf (2000) らを中心に提唱され，様々な議論にさらされながら，今日まで発展を遂げてきた。しかし，本研究の第2章で既述のように，日本の英語教育を視野に入れ，SCTの可能性と課題を包括的に論じた研究は殆どない。SCTの系譜と特徴をふまえ，各教室環境の様相を捉えて，実証的に外国語教授・学習過程を明らかにすることで，従来は看過されてきた事象が再考され，新たな地平が拓かれる可能性がある。したがって，今後はより多くのSCT系譜の研究が着手されることが望まれる。

　第二に，SCTに理論的枠組みを求めた本研究は，主としてVygotsky (1962, 1978), Bakhtin (1981, 1986, 1994), Wertsch (1985, 2002) による見解を説明概念として，教室談話を分析してきた。しかし複雑な教室談話の様相を捉えるにあたっては，SCTのみならず多様な理論に依拠し，異なる分析手法を採用した多角的な検討が求められる。したがって，より多彩な分析手法を採用しての詳細で多元的な考察が望まれる。なお，本研究は上記以外にも，以下で示す3つの側面に関する研究課題を有する。

　第一点目の限界は，本研究の知見が一人の教師による授業実践を対象とした事例研究から導出されており，他校，ならびに他教師による教育実践への

言及がなされていないことである。また，研究協力者教師による5年間の教育実践の一端に焦点があてられている一方で，当該教師による今後の授業実践の有り様については，未知なる可能性が残されている。したがって，これからはより多くの英語科教師による授業実践を照射することも含め，実証的で継続的な教育研究が手がけられる必要がある。

　第二点目には，本研究では生徒の内的認知過程への可能な限りの接近を企図して教室談話分析に着手しており，授業中の音声記録に基づき，教室談話のあり方についての検討がなされている。しかし音声のみならず，映像記録を併用することにより，生徒のしぐさや表情を含めた，さらなる詳細な考察が可能になると考えられる。加えて，本書は教師の信条や授業観に即して，教室談話の様相を明らかにしている。しかし例えば，教科書本文の読解や練習課題の遂行時，ならびにグループ学習における参加者の発話の特徴は考察されていない。さらには，授業中の問題演習やノートの記載事項を調査対象とみなし，生徒の書く作業を分析する手法も有益であると考えられる。なお，教室談話研究の一環にあるこの書くことへの注視は，授業中にことばを発さずとも自らの思考を深化させ，授業内容の理解に努める多くの生徒の学習過程を捉えることを可能にし得る。したがってより多くの授業場面を照射し，多様な研究手法を用いた参加者を主体とする教育研究が求められている。

　第三点目として挙げるのは，分析手法に関わる課題である。本研究は，主として教室談話における教師と生徒による発話の様相を，研究協力者教師の授業観と信条に鑑み検討している。しかし，当該教室における発話連鎖のあり方や，参加構造についての検討がなされていない。また，教師と生徒の英語発話量の関係や，英語運用能力との相関についての検証もなされていない。このことから，より多くの複合的な分析手法を採用した研究が望まれる。

　本研究は，英語科授業で多大な時間が費やされる，文法指導とコミュニケーション活動における実際の教室談話の様相を帰納的に分析し，生徒が内容理解を志向してどのように英語を学習・習得し，教師がどのように英語を

教授するのかを，内在的視座から検討している。長らく対立的に捉えられてきた文法指導とコミュニケーション活動が，同一の教師と生徒集団によってどのように追究され，生徒が授業内容を学習・習得し理解するためには，どのような教室談話の質が求められるのかについての示唆も得ている。ヴィゴツキー心理学に通底する3つの視座に即し，SCTの諸概念を用いて，多様な学習内容が扱われる際の教室談話の有り様を，教師と生徒の認識のあり方と共に縦断的に精査し，共通点と相違点を実証的に示すことで，中学校での長期に亘る英語科授業での教授・学習過程分析が可能になった。今後の研究においては，上記の研究課題をふまえ，さらに多くの校種における英語科授業での教室談話の有り様を明らかにする，多角的で詳細な教育研究が待たれる現状にある。豊かで複雑な教室談話の様相に焦点をあてて，内在的な視座に即し精緻な考察を伴う，参加者を主体とする実証的な教育研究が求められているのである。

引 用 文 献

阿部真理子（2013）.「学習者英語の学習段階別分析：学習レベル別の英語の特徴を解明する」. In 投野由紀夫・金子朝子・杉浦正利・和泉絵美.（Eds.）,『英語学習者コーパス活用ハンドブック』.（pp. 132-139）. 東京：大修館書店.

秋田喜代美（1998）.「談話」. In 橋口英俊・稲垣佳世子.（Eds.）,『児童心理学の進歩・1998』.（pp.53-77）. 東京：金子書房.

秋田喜代美（2002）.「教室における談話」. In 稲垣佳世子・鈴木宏昭・亀田達也（Eds.）,『認知過程研究―知識の獲得とその利用』.（pp. 180-191）. 東京：放送大学教育振興会.

秋田喜代美（2005a）.「子どもと教師が生きる場の発達研究」. In 秋田喜代美・恒吉僚子・佐藤学（Eds.）,『教育学のメソドロジー』.（pp. 15-24）. 東京：東京大学出版会.

秋田喜代美（2005b）.「学校でのアクション・リサーチ」. In 秋田喜代美・恒吉僚子・佐藤学（Eds.）,『教育学のメソドロジー』.（pp. 163-190）. 東京：東京大学出版会.

秋田喜代美（Ed.）.（2006）.『授業研究と談話分析』. 東京：放送大学教育振興会.

秋田喜代美（2009a）.『基礎学力を問う：21世紀日本の教育への展望』. 東京：東京大学出版会.

秋田喜代美（2009b）.「教師教育から教師の学習過程研究への展開：ミクロ教育実践研究への変貌」.『変貌する教育学』.（pp. 45-75）. 東京：世織書房.

秋田喜代美（2017）.「授業づくりにおける教師の学び」. In 佐藤学・秋田喜代美・志水宏吉・児玉重夫・北村友人（Eds.）,『教育 変革への展望5 学びとカリキュラム』.（pp. 71-104）. 東京：岩波書店.

秋田喜代美・市川洋子・鈴木宏明.（2000）.「アクションリサーチによる学級内関係性の形成過程」. 東京大学大学院教育学研究科紀要第40巻, 151-169.

秋田喜代美・ルイス, C.（2008）.『授業の研究 教師の学習：レッスンスタディへのいざない』. 東京：明石書店.

浅井幸子（2008）.『教師の語りと新教育：「児童の村」の1920年代』. 東京：東京大学出版会.

安藤貞雄（2008）.『英語の文型：文型がわかれば, 英語がわかる』. 東京：開拓社.

バフチン, M.（1987）.『小説の言葉』.（伊東一郎, Trans.）. 東京：新時代社.

バフチン, M.（1988a）.『言語と文化の記号論』.（北岡誠司, Trans.）. 東京：新時代社.

バフチン, M.（1988b）.『ことば 対話 テキスト』.（新谷敬三郎,・伊東一郎・佐々木寛, Trans.）. 東京：新時代社.

バフチン, M.（2002）.『バフチン言語論入門』.（桑野隆・小林潔, Trans.）. 東京：せりか書房.

ベネッセ教育研究開発センター.（2009）.「第1回中学校英語に関する基本調査（生徒調査）速報版」.『中学校英語に関する基本的調査（生徒調査）：中学生の英語学習に対する意識と実態』. http://berd.benesse.jp/berd/center/open/report/chu_eigo/seito_soku/pdf/data_00.pdf

土井捷三・神谷栄司（2003）.『「発達の最近接領域」の理論：教授・学習過程における子どもの発達』. 大津：三学出版.

江利川春雄（2009）.『英語教育のポリティクス：競争から協同へ』. 東京：三友社出版.

江利川春雄（Ed.）.（2012）.『協同学習を取り入れた英語授業のすすめ』. 東京：大修館書店.

藤江康彦（1999）.「一斉授業における子どもの発話スタイル：小学校5年の社会科授業における教室談話の質的分析」.『発達心理学研究』, 10, 125-135.

藤江康彦（2006）.「教室談話の特徴」. In 秋田喜代美（Ed.），『授業研究と談話分析』.（pp. 51-71）. 東京：放送大学教育振興会.

藤森千尋（2011）.「英語による自己表現学習に関する授業比較」. 東京大学大学院教育学研究科紀要第50巻, 253-263.

藤森千尋（2014）.『英語授業における話しことばの学習過程：発話の正確さ・流暢さ・複雑さに基づく検討』. 東京：風間書房.（藤森千尋.（2012）.『英語授業における話しことばの学習過程：発話の正確さ・流暢さ・複雑さに基づく検討』. 東京大学大学院博士学位論文）

藤原顕・遠藤瑛子・松崎正治.（2006）.『国語科教師の実践的知識へのライフヒストリー・アプローチ：遠藤瑛子実践の事例研究』. 広島：溪水社.

平賀優子（2008）.『日本の英語教授法史：文法・訳読式教授法存続の意義』. Unpublished doctoral dissertation 東京大学大学院博士学位論文

平泉渉・渡部昇一.（1975）.『英語教育大論争』. 東京：文春文庫.

一柳智紀（2012）.『授業における児童の聴くという行為に関する研究：バフチンの対話論に基づく検討』. 東京：風間書房.

五十嵐素子（2004）.「学習の測定作業の分析に向けて」. 現代社会理論研究 第14号, 342-35

池田真・渡部良典・和泉伸一（2016）.『CLIL 内容言語統合型学習：上智大学外国語教

育の新たなる挑戦第3巻 授業と教材』. 東京：上智大学出版.
伊村元道（2003）.『日本の英語教育200年』. 東京：大修館書店.
R. K. イン（2011）.『ケース・スタディの方法』.（近藤公彦, Trans.）. 東京：千倉書房.
稲垣忠彦（1995）.『授業の歩み 1960-1995年』. 東京：評論社.
稲垣忠彦・佐藤学（1996）.『授業研究入門』. 東京：岩波書店.
伊藤美和子（2010）.「ヴィゴツキーの発達論を基点に外国語教育の問題を再考する試み」.『ロシア語教育研究 創刊号』, 15-27
岩川直樹（1994）.「教師の実践的思考とその伝承」. In 稲垣忠彦・久冨善之（Eds.）,『日本の教師文化』.（pp. 97-107）. 東京：東京大学出版会.
和泉伸一・池田真・渡部良典（2012）.『CLIL 内容言語統合型学習：上智大学外国語教育の新たなる挑戦第2巻 実践と応用』. 東京：上智大学出版.
川成美香（2011）.「社会文化的アプローチによる第二言語習得」. In 佐野富士子・岡秀夫・遊佐典昭・金子朝子（Eds.）,『第二言語習得：SLA 研究と外国語教育』（pp. 122-132）. 東京：大修館書店.
木村涼子（1999）.『学校文化とジェンダー』. 東京：勁草書房.
木村政子（2005）.「生徒の production につながる Oral Introduction」. お茶の水女子大学研究紀要 51, 143-149.
清田洋一（2011）.「英語科教員の採用、研修、評価の動向」. In 石田雅近・神保尚武・久村研・酒井志延（Eds.）,『英語教師の成長：求められる専門性』.（pp. 107-125）. 東京：大修館書店.
国立教育政策研究所教育課程研究センター（2012）.『特定の課程に関する調査（英語：書くこと）調査結果（中学校）』. http://www.nier.go.jp/kaihatsu/tokutei_eigo_2/tyousakekka.pdf
松井かおり（2012）.『中学校英語授業における学習とコミュニケーション構造の相互性に関する質的研究』. 東京：成文堂.（松井かおり（2010）.『中学校英語授業における学習とコミュニケーション構造の相互性に関する質的研究』. 名古屋大学大学院博士学位論文）
S. B. メリアム（2004）.『質的調査法入門：教育における調査法とケース・スタディ』.（堀薫夫・久保直人・成島美弥, Trans.）. 京都：ミネルヴァ書房.
箕浦康子（1999）.『フィールドワークの技法と実際：マイクロ・エスノグラフィー入門』. 京都：ミネルヴァ書房.
箕浦康子（2009）.『フィールドワークの技法と実際Ⅱ：分析・解釈編』. 京都：ミネルヴァ書房.

三橋功一（2003）.「日本における授業研究の方法論の体系化と系譜に関する開発研究」. In 松下佳代（Ed.）.『平成12〜14年度　科学研究費補助金　基礎研究（B）(1)研究成果報告書』（Publication No. 12480041, pp. 7-23）.

三浦信孝・糟谷啓介（2000）.『言語帝国主義とは何か』. 東京：藤原書店.

宮崎あゆみ（1991）.「学校における「性差役割の社会科」再考―教師による性別カテゴリー使用をてがかりとして. 教育社会学研究 48, 105-123.

村野井仁（2006）.『第二言語習得研究から見た効果的な英語学習法・指導法』. 東京：大修館書店.

村野井仁（2007）.「第二言語習得研究の現在とこれからの英語教育に与える示唆」. ELEC BULLETIN 114, 62-67.

村瀬公胤（2005）.「授業のディスコース分析」. In 秋田喜代美・恒吉僚子・佐藤学（Eds.）,『教育研究のメソドロジー』. (pp. 115-137). 東京：東京大学出版会.

村瀬公胤（2006）.「教室談話と学習」. In 秋田喜代美（Ed.）.『授業研究と談話分析』. (pp. 72-85). 東京：放送大学教育振興会.

文部科学省（1989）.『中学校学習指導要領外国語』. http://www.mext.go.jp/a_menu/shotou/old-cs/1322470.htm

文部科学省（1989）.『高等学校学習指導要領外国語・英語』. http://www.mext.go.jp/a_menu/shotou/old-cs/1322544.htm　http://www.mext.go.jp/a_menu/shotou/old-cs/1322571.htm

文部科学省（2009）.『高等学校学習指導要領外国語・英語』. http://www.mext.go.jp/a_menu/shotou/new-cs/youryou/kou/kou.pdf

文部科学省（2017）.『中学校学習指導要領外国語』. http://www.mext.go.jp/component/a_menu/education/micro_detail/__icsFiles/afieldfile/2017/05/12/1384661_5_2.pdf

中村和夫（1998）.『ヴィゴーツキーの発達論：文化―歴史的理論の形成と展開』. 東京：東京大学出版会.

中村敬（1985）.「英語教科書のイデオロギー」. 成城文藝 111, 22-62.

中村敬（1989）.『英語はどんな言語か』. 東京：三省堂.

中村敬（1993）.『外国語教育とイデオロギー：反＝英語教育論』. 東京：近代文藝社.

中村敬（2001）.「英語教科書の1世紀(1)：「英学史」方法論の再考」. 成城文藝 173, 133-164.

中村敬（2002）.「英語教科書の1世紀(2)：戦後民主主義と英語教科書」. 成城文藝 177, 1-61.

中村敬（2004）.『なぜ英語が問題なのか』. 東京：三元社.

中村敬・峯村勝（2004）.『幻の英語教材：英語教科書，その政治性と題材論』. 東京：三元社.
中村敬・峯村勝・髙柴浩（2014）.『「英語教育神話」の解体：今なぜこの教科書か』. 東京：三元社.
西口光一（Ed.）.（2005）.『文化と歴史の中の学習と学習者』. 東京：凡人社.
西口光一（2006）.「言語的思考と外国語の学習と発達」. ヴィゴツキー学 第7巻, 27-33.
西本有逸（2002）.「ヴィゴツキーと第二言語習得(1)」. ヴィゴツキー学 第3巻, 1-8.
西本有逸（2003）.「ヴィゴツキーと第二言語習得(2)」. ヴィゴツキー学 第4巻, 1-10.
西本有逸（2004）.「ヴィゴツキーと第二言語習得(3)」. ヴィゴツキー学 第5巻, 1-7.
野村和宏（2010）.「タスク中心の指導法」. 大学英語教育学会（監修）山岸信義・高橋貞雄・鈴木政浩（Eds.），『英語授業デザイン：学習空間づくりの教授法と実践』.（pp. 63-72）. 東京：大修館書店.
大石俊一（1997）.『英語帝国主義論：英語支配をどうするのか』. 東京：近代文藝社.
大石俊一（2005）. 『英語帝国主義に抗する理念：「思想」論としての「英語」論』. 東京：明石書店.
大村はま／苅谷剛彦・夏子（2003）.『教えることの復権』. 東京：ちくま新書.
大津由紀雄（Ed.）.（2012）.『学習英文法を見直したい』. 東京：研究社.
斎藤喜博（1964a）.『授業の展開』. 東京：国土社.
斎藤喜博（1964b）.『島小物語』. 東京：麦出版.
斎藤兆史（2007）.『日本人と英語』. 東京：研究社.
斎藤浩一（2010）.「ブリンクリ著『語学獨案内』と斎藤文法：日本における日英比較対象研究の源流」. 日本英語教育史研究 第25号, 1-21.
斎藤浩一（2011）.「明治期英文法排撃論と実業界」. 日本英語教育史研究 第26号, 1-30.
斎藤浩一（2012）.「岡倉由三郎再考」. 日本英語教育史研究 第27号, 1-30.
佐野正之（Ed.）.（2000）.『アクション・リサーチのすすめ：新しい英語授業研究』. 東京：大修館書店.
佐野正之（Ed.）.（2005）.『はじめてのアクション・リサーチ：英語の授業を改善するために』. 東京：大修館書店.
笹島茂（Ed.）.（2011）.『CLIL 新しい発想の授業：理科や歴史を外国語で教える!?』. 東京：三修社.
佐藤郁哉（2004）.『フィールドワークの技法』. 東京：新曜社.
佐藤学（1997）.『教師というアポリア』. 東京：世織書房.
佐藤学（Ed.）.（2003）.『学校を変える：浜之郷小学校の5年間』. 東京：小学館.

佐藤学（2005）．「教室のフィールドワークと学校のアクション・リサーチのすすめ」．In 秋田喜代美・恒吉僚子・佐藤学（Eds.）．『教育研究のメソドロジー』．(pp. 3-13)．東京：東京大学出版会．

佐藤学（2008）．「日本の授業の歴史的重層性について」．In 秋田喜代美・C. ルイス（Eds.），『授業の研究 教師の学習―レッスンスタディへのいざない』．(pp. 43-46)．東京：明石書店．

佐藤学（2012）．『学校を改革する：学びの共同体の構想と実践』．東京：岩波書店．

佐藤学（2016）．「教育改革の中の教師」．In 佐藤学・秋田喜代美・志水宏吉・児玉重夫・北村公人（Eds.）．『学びの専門家としての教師』．(pp. 13-33)．東京：岩波書店．

佐藤学・岩川直樹・秋田喜代美（1990）．「教師の実践的思考様式に関する研究(1)―熟練教師と初任教師のモニタリングの比較を中心に―」．東京大学教育学部紀要30, 177-198．

佐藤雄大（2006）．「第二言語学習における『最近接発達の領域』」．『ヴィゴツキー学』7, 19-26．

柴田義松（2010）．「ことばの意味とその教育について：続・ヴィゴツキーから何を学ぶか」．新英語教育, No. 485．

重松鷹泰（1961）．『授業分析の方法』．東京：明治図書出版．

ショーン, D.（2001）．『専門家の知恵：反省的実践家は行為しながら考える』．(佐藤学・秋田喜代美, Trans.)．東京：ゆみる出版．

白畑知彦（2012）．「海外新刊書紹介」．英語教育 Vol. 60(11) 1月号, 89. 東京：大修館書店．

白畑知彦・冨田祐一・村野井仁・若林茂則（2002）．『英語教育用語辞典』．東京：大修館書店．

白井恭弘（2008）．『外国語学習の科学：第二言語習得論とは何か』．東京：岩波書店．

鈴木政浩（2010）．「英語授業学の視点と大学英語教育への適用」．In 山岸信義・高橋貞雄・鈴木政浩（Eds.），『英語授業デザイン：学習空間づくりの教授法と実践』．(pp. 238-247)．東京：大修館書店．

高橋貞雄（2010）．「『木』も『森』も見る教師」．*TEACHING ENGLISH NOW VOL.18 SUMMER*, 12-13. 東京：三省堂．

高橋貞雄他（Ed.）．(2006). *New Crown English Series New Edition 2*. 東京：三省堂．

高橋貞雄他（Ed.）．(2006). *New Crown English Series New Edition 3*. 東京：三省堂．

高井良健一（2016）．「教師の経験世界：学び続ける教師」．In 佐藤学・秋田喜代美・志水宏吉・児玉重夫・北村公人（Eds.）．『学びの専門家としての教師』．(pp. 83-109)．東京：岩波書店．

竹内理・水本篤 (2012).『外国語教育研究ハンドブック』. 東京：松柏社
玉井健 (2009).「リフレクティブ・プラクティス：教師の教師による教師のための授業研究」. In 吉田達弘・玉井健・横溝紳一郎・今井裕之・柳瀬陽介 (Eds.),『リフレクティブな英語教育をめざして：教師の語りが拓く授業研究』. (pp. 119-190). 東京：ひつじ書房.
東條弘子 (2009).「外国語教育における教室研究の展望と課題：日本の中学校英語科教室談話研究への視座からの検討」. 東京大学大学院教育学研究科紀要 48, 387-395.
東條弘子・吉岡順子 (2010).「中学校 oral introduction の実践：内容理解を促す生徒による『つぶやき』の特徴」. 関東甲信越英語教育学会研究紀要 24, 72-84.
東條弘子・吉岡順子 (2012).「中学校における文法指導の実践：生徒間の協働的な対話の検討」. 関東甲信越英語教育学会研究紀要 26, 67-78.
東條弘子・吉岡順子 (2013).「中学校における生徒の認識を活かした英語授業の実践：教師の発問と意識の変容過程の検討」. 関東甲信越英語教育学会研究紀要 27, 113-126.
津田幸男 (1990).『英語支配への構造：日本人と異文化コミュニケーション』. 東京：第三書館.
津田幸男 (1993).『英語支配への異論：異文化コミュニケーションと言語問題』. 東京：第三書館.
津田幸男 (2003).『英語支配とは何か：私の国際言語政策論』. 東京：明石書店.
恒吉僚子・秋田喜代美 (2005).「質的調査と学校参加型マインド」. In 秋田喜代美・恒吉僚子・佐藤学 (Eds.),『教育学のメソドロジー』. (pp. 77-96). 東京：東京大学出版会.
ヴィゴツキー, L., S. (2001).『思考と言語』. (柴田義松, Trans.). 東京：新読書社.
渡部良典・池田真・和泉伸一 (2011).『CLIL 内容言語統合型学習：上智大学外国語教育の新たなる挑戦第 1 巻 原理と方法』. 東京：上智大学出版.
ワーチ, J. V. (2004).『心の声：媒介された行為への社会文化的アプローチ』. (田島信元・佐藤公治・茂呂雄二・上村佳世子, Trans.). 東京：福村出版.
やまだようこ (2002).「なぜ生死の境界で明るい天空や天気が語られるのか？：質的研究における仮説構成とデータ分析の生成継承的サイクル」. 質的心理学研究 1, 70-87.
山岸信義・高橋貞雄・鈴木政浩 (Eds.). (2010).『英語授業デザイン：学習空間づくりの教授法と実践』. 東京：大修館書店.

山下隆史（2005）.「学習を見直す」. In 西口光一（Eds.）,『文化と歴史の中の学習と学習者』. (pp. 6-29) 東京：凡人社.

吉田達弘（2001）.「社会文化的アプローチによる英語教育研究の再検討」. 言語表現研究 17, 41-51.

吉田達弘・玉井健・横溝紳一郎・今井裕之・柳瀬陽介（Eds.）,（2009）.『リフレクティブな英語教育をめざして：教師の語りが拓く授業研究』. 東京：ひつじ書房.

吉岡順子（2008）.「教育現場に携わる継承者の一人として」. 成城イングリッシュモノグラフ 成城大学大学院文学研究科 40, 475-480.

Allwright, D. (2003). Exploratory practice: Rethinking practitioner research in language teaching. *Language Teaching Research, 7*(2), 113-141.

Allwright, D. (2005). Developing principles for practitioner research: The case of exploratory practice. *The Modern Language Journal, 89*(3), 353-366.

Antón, M. (1999). The discourse of a learner-centered classroom: Sociocultural perspectives on teacher-learner interaction in the second-language classroom. *The Modern Language Journal, 83*(3), 303-318.

Antón, M., & Dicamilla, F. J. (1999). Socio-cognitive functions of L1 collaborative interaction in the L2 classroom. *The Modern Language Journal, 83*(2), 233-247.

Bailey, K. M., & Nunan, D. (Eds.). (1996). *Voices from the language classroom*. Cambridge: Cambridge University Press.

Bakhtin, M. M. (1981). *The dialogic imagination: Four essays by M. M. Bakhtin*. (C. Emerson & M. Holquist, Trans.). Austin, TX: University of Texas Press. (Original work published 1975)

Bakhtin, M. M. (1986). *Speech genres and other late essays* (M. Holquist & C. Emerson, Eds., V. W. McGee, Trans.). (5th ed.). Austin, TX: University of Texas Press. (Original work published 1953)

Bakhtin, M. M. (1994). *The dialogic imagination: Four essays by M. M. Bakhtin*. (C. Emerson & M. Holquist, Trans.). (9th ed.). Austin, TX: University of Texas Press. (Original work published 1975)

Barnes, D. (2008). Exploratory talk for learning. In N. Mercer & S. Hodgkinson (Eds.), *Exploring talk in school*. (pp. 1-15). London: Sage Publications.

Bellack, A. A., Herbert, M., Kliebard, H. M., Human, R. T., & Smith, F. L. Jr. (1966). *The language of the classroom*. NY: Teachers College Press.

Benson, P., Chik, A., Gao, X., Huang, J., & Wang, W. (2009). Qualitative research in language teaching and learning journals, 1997-2006. *The Modern Language Journal, 93*(1), 79-90.

Block, D. (1996). Not so fast: Some thoughts on theory culling, relativism, accepted findings and the heart and soul of SLA. *Applied Linguistics, 17*(1), 63-83.

Block, D. (2003). *The social turn in second language acquisition.* Edinburgh: Edinburgh University Press.

Borg, S. (1999). The use of grammatical terminology in the second language classroom: A qualitative study of teachers' practices and cognitions. *Applied Linguistics, 20*(1), 95-126.

Burns, A. (1999). *Collaborative action research for English language teachers.* Cambridge: Cambridge University Press.

Burns, A. (2010). Teacher engagement in research: Published resources for teacher researchers. *Language Teaching Research, 43*(4), 527-536.

Canagarajah, A. S. (1993). Critical ethnography of a Sri Lankan classroom: Ambiguities in student opposition to reproduction through ESOL. *TESOL Quarterly, 27*(4), 601-626.

Canagarajah, A. S. (1999). *Resisting linguistic imperialism in English teaching.* Oxford: Oxford University Press.

Cazden, C. B. (1988). *Classroom discourse: The language of teaching and learning.* NJ: Heineman.

Cazden, C. B. (2001). *Classroom discourse: The language of teaching and learning.* (2nd ed.). NH: Heinemann.

Chaudron, C. (1988). *Second language classrooms: Research on teaching and learning.* Cambridge: Cambridge University Press.

Chaudron, C. (2001). Progress in language classroom research: Evidence from *The Modern Language Journal*, 1916-2000. *The Modern Language Journal, 85*(1), 57-76.

Cole, K., & Zuengler, J. (2008). *The research process in classroom discourse analysis.* NY: Lawrence Erlbaum.

Collins, A. (2006). Cognitive apprenticeship. In R. K. Saywer. (Ed.). *The Cambridge Handbook of The Learning Science* (pp. 47-60). NY: Cambridge University Press.

Cook, V. (2001). Using the first language in the classroom. *Canadian Modern*

Language Review, 57(3), 402-423.
Darling-Hammond, L., & Bransford, J. (Eds.). (2005). *Preparing teachers for a changing world: What teachers should learn and be able to do.* CA: Jossey-Bass.
Donato, R. (2000). Sociocultural contributions to understanding the foreign and second language classroom. In J. P. Lantolf, (Ed.). *Sociocultural theory and second language learning* (pp. 27-50). Oxford: Oxford University Press.
Duff, P. A. (2002). The discursive co-construction of knowledge, identity, and difference: An Ethnography of Communication in the high school mainstream. *Applied Linguistics, 23*(3), 289-322.
Duff, P. A. (2008) *Case study research in Applied Linguistics.* NY: Lawrence Erlbaum.
Ellis, R. (1994). *The study of second language acquisition.* Oxford: Oxford University Press.
Ellis, N. (2008). Implicit and explicit knowledge about language. In J. Cenoz & N. H. Hornberger (Eds.), *Encyclopedia of language and education 6* (pp. 119-131). NY: Springer.
Ellis, R. (2001). *The study of second language acquisition.* Oxford: Oxford University Press.
Ellis, R. (2006). Current issues in the teaching of grammar: An SLA perspective. *TESOL Quarterly, 40*(1), 83-107.
Ellis, R. (2008). *The study of second language acquisition.* (2nd ed.). Oxford: Oxford University Press.
Ellis, R. (2010). Second language acquisition, teacher education and language pedagogy. *Language Teaching, 43*(2), 182-201.
Ellis, R. (2012). *Language teaching research and language pedagogy.* MA: Wiley-Blackwell.
Firth, A., & Wagner, J. (1997). On discourse, communication, and (some) fundamental concepts in SLA. *The Modern Language Journal, 81*(3), 285-300.
Flanders, N. A. (1970). *Analyzing teaching behavior.* Reading, MA: Addison-Wesley.
Freeman, D. (2007). Research "fitting" practice: Firth and Wagner, classroom language teaching, and language teacher education. *The Modern Language Journal, 91*, 891-904.
Freeman, D., & Richards, J. C. (Eds.), (1996). *Teacher learning in language teaching.*

Cambridge: Cambridge University Press.

Goto Butler, Y. (2005). Content-based instruction in EFL contexts: Considerations for effective implementation. *JALT Journal, 27*(2), 227-245.

Hall, J. K., Vitanova, G., & Marachenkova, L. (Eds.). (2005). *Dialogue with Bakhtin on Second and Foreign Language Learning: New Perspectives.* NJ: Lawrence Erlbaum.

Hawkins, M. R. (2004). *Language learning and teacher education: A sociocultural approach.* Clevedon, UK: Multilingual Matters.

Heigham, J., & Croker, R. A. (2009). *Qualitative research in Applied Linguistics.* London: Palgrave Macmillan.

Hicks, D. (Ed.). (1996). *Discourse, learning and schooling.* NY: Cambridge University Press.

Hood, M. (2009). Case study. In J. Heigham & R. A. Croker (Eds.), *Qualitative research in Applied Linguistics* (pp. 66-90). London: Palgrave Macmillan.

Howatt, A. P. R. (with Widdowson, H. G.). (2005). *A history of English language teaching.* (2nd ed.). Oxford: Oxford University Press.

Hymes, D. H. (1974). *Foundations in sociolinguistics: An ethnographic approach.* NJ: The University of Pennsylvania Press.

Imai, Y. (2010). Emotions in SLA: New insights from collaborative learning for an EFL classroom. *The Modern Language Journal, 94*(2), 278-292.

Johnson, K. E. (2009). *Second language teacher education: A sociocultural perspective.* NY: Routledge.

Johnson, K. E., & Golombek, P. R. (2011). *Research on second language teacher education: A sociocultural perspective on professional development.* NY: Routledge.

Johnson, K. E., & Golombek, P. R. (2016). *Mindful L2 teacher education: A sociocultural perspective on cultivating teacahers' professional dvelopment.* NY: Routledge.

Johnson, M. (2004). *A philosophy of second language acquisition.* London: Yale University Press.

Johnson, K., & Johnson, H. (Eds.). (1998). *Encyclopedic dictionary of Applied Linguistics.* [『外国語教育学大辞典』]. (岡秀夫, Trans.). 東京・大修館書店.

Juzwik, M. M., Borsheim-Black, C., Caughlan, S., & Heintz, A. (2013). *Inspiring dialogue: Talking to learn in the English classroom.* NY: Teachers College Press.

Kaneko, T. (1992). The role of the first language in foreign language classrooms. *Dissertation Abstracts International, 53* (05), 1431. (UMI No. 9227485)

Kato, A. (2005). A Content-based approach to a high school global lesson for students with limited proficiency. In K. Bradford-Watts, C. Ikeguchi, & W. Swanson (Eds.), *JALT 2004 Conference Proceedings* (pp.1012-1020).

Kinginger, C. (2002). Defining the zone of proximal development in US foreign language education. *Applied Linguistics, 23* (29), 240-261.

Kohlberg, J. Y., Yaeger, J., & Hjertholm, E. (1999). Private speech: Four studies and a review of theories. In P. Lloyd & C. Fernyhough (Eds.), *Lev Vygotsky critical assessments* (pp. 185-229). London: Routledge.

Kumaravadivelu, B. (1999). Critical classroom discourse analysis. *TESOL Quarterly, 33*(3), 453-484.

Kumaravadivelu, B. (2001). Toward a postmethod pedagogy. *TESOL Quarterly, 35* (4), 537-560.

Lafford, B. (2007). Second Language Acquisition reconceptualized? The impact of Firth and Wagner (1997). *The Modern Language Journal, 91*, 735-756.

Lampert, M. (1990). When the problem is not the question and the solution is not the answer: Mathematical knowing and teaching. *American Educational Research Journal, 27*(1), 29-63.

Lantolf, J. P. (Ed.). (2000). *Sociocultural theory and second language learning.* Oxford: Oxford University Press.

Lantolf, J. P. (2003). Intrapersonal communication and internalization in the second language classroom. In A, Kozulin, V. S. Ageev, S. Miller, & V. Gindis, (Eds.), *Vygotsky's theory in education in cultural context* (pp. 349-370). NY: Cambridge University Press.

Lantolf, J. P., & Appel, G. (Eds.). (1994). *Vygotskian approaches to second language research.* NJ: Ablex Publication Corporations.

Lantolf, J. P., & Beckett, T. G. (2009). Sociocultural theory and second language acquisition. *Language Teaching, 42*(4), 459-475.

Lantolf, J. P., & Poehner, M. E. (Eds.). (2008). *Sociocultural theory and the teaching of second languages.* London: Equinox Publishing.

Lantolf, J. P., & Poehner, M. E. (Eds.). (2014). *Sociocultural theory and the pedagogical imperative in L2 education*. NY: Routledge.

Lantolf, J. P., & Thorne, S. L. (2006). *Sociocultural theory and the genesis of second language development*. Oxford: Oxford University Press.

Lave, J., & Wenger, E. (1991). *Situated learning: legitimate peripheral participation*. NY: Cambridge University Press.

Lazaraton, A. (2000). Current trends in research methodology and statistics in Applied Linguistics. *TESOL Quarterly, 34*(1), 175-181.

Lazaraton , A. (2003). Evaluative criteria for qualitative research in applied linguistics: Whose criteria and whose research? *The Modern Language Journal, 87*(1), 1-12.

Lazaraton, A. (2009). Discourse analysis. In J. Heigham, & R. A. Croker (Eds.), *Qualitative research in Applied Linguistics* (pp. 242-259). London: Palgrave Macmillan.

Lee, Y-A. (2006). Respecifying display questions: Interactional resources for language teaching. *TESOL Quarterly, 40*(4), 691-713.

Lightbown, P. M. (1985). Great expectations: Second language acquisition research and classroom teaching. *Applied Linguistics, 6*(2), 173-189.

Lightbown, P. M. (2000). Classroom SLA research and second language teaching. *Applied Linguistics, 21*(4), 431-462.

Lin, A. M. Y., & Luk, J. C. M. (2005). Local creativity in the face of global domination: Insights of Bakhtin for teaching English for dialogic communication. In J. K. Hall, G. Vitanova, & L. Marachenkova (Eds.), *Dialogue with Bakhtin on second and foreign language learning: New perspectives* (pp. 77-98). NJ: Lawrence Erlbaum.

Long, M., & Sato, C. (1984). Methodological issues in interlanguage studies: An interactionist perspective. In A. Davies, C. Criper, & A. Howatt (Eds.), *Interlanguage*. Edinburgh: Edinburgh University Press.

Lyle, S. (2008). Learners' collaborative talk. In M. Martin-Jones, A. M. de Mejia., & N. H. Hornberger (Eds.), *Encyclopedia of language and education 3* (pp. 279-290). NY: Springer.

Markee, N., & Kasper, G. (2004). Classroom talks: An introduction. *The Modern Language Journal, 88*(4), 491-500.

McCormick, D., & Donato, R. (2000). Teacher question as scaffolding assistance in an ESL classroom. In J. K. Hall, & L. S. Verplaetse (Eds.), *Second and foreign language learning through classroom interaction* (pp. 183-202). NJ: Lawrence Erlbaum.

Mehan, H. (1979). *Learning lessons*. Cambridge: Harvard University Press.

Mehan, H. (1993). Beneath the skin and between the ears: A case study in the politics of representation. In S. Chaiklin, & J. Lave. (Eds.), *Understanding practice: Perspectives on activity and context* (pp. 241-268). Cambridge: Cambridge University Press.

Mercer, N. (2001). Language for teaching a language. In C. Candlin & N. Mercer (Eds.), *English language teaching in its social context* (pp. 243-257). NY: Routledge.

Mercer, N. (2008). The seeds of time: Why classroom dialogue needs a temporal analysis. *Journal of the Learning Sciences, 17*(1), 33-59.

Mori, J. (2002). Task design, plan, and development of talk-in-interaction: An analysis of a small group activity in a Japanese language classroom. *Applied Linguistics, 23*(3), 323-347.

Nassaji, H., & Wells, G. (2000). What's the use of 'triadic dialogue'?: An investigation of teacher-student interaction. *Applied Linguistics, 21*(3), 376-406.

Negueruela, E. (2008). Revolutionary pedagogies: Learning that leads (to) second language development. In J. P. Lantolf, & M. E. Poehner. (Eds.), *Sociocultural theory and the teaching of second languages* (pp. 189-227). London: Equinox Publishing.

Nunan, D. (1991). Methods in second language classroom-oriented research: A critical review. *Studies in Second Language Acquisition, 13*(2), 249-274.

Nunan, D. (1996). Hidden voices: Insiders' perspectives on classroom interaction. In K. M. Bailey, & D. Nunan, (Eds.), *Voices from the language classroom: Qualitative research in second language education* (pp. 41-56). Cambridge: Cambridge University Press.

Nystrand, M., Wu, L., Gamoran, A., Zeiser, S., & Long, D. (2001). Questions in time: Investigating the structure and dynamics of unfolding classroom discourse. *CELA Research Report*. National Research Center on English Learning and Achievement, University at Albany, State University of New York.

O'Conner, M. C., & Michaels, S. (1996). Shifting participant frameworks:

Orchestrating thinking practices in group discussion. In D. Hicks (Ed.), *Child discourse and social learning* (pp. 63-102). Cambridge: Cambridge University Press.

O'Donnell, A. M. (1996). The role of peers and group learning. In D. C. Berliner, & R. C. Calfee (Eds.), *Handbook of educational psychology* (pp. 781-802). NY: Simon & Schuster Macmillan.

Ohta, A., S. (2001). *Second language acquisition processes in the classroom: Learning Japanese*. Mahwah, NJ: Lawrence Erlbaum Associates.

Pawlak, M., Bielak, J., & Mystkowska-Wiertelak, A. (2013). *Classroom-oriented research: Achievements and challenges*. NY: Springer.

Pennycook, A. (1989). The concept of method, interested knowledge, and the politics of language teaching. *TESOL Quarterly, 23*(4), 589-618.

Pennycook, A. (1994a). *The cultural politics of English as an international language*. Essex: Longman.

Pennycook, A. (1994b). Incommensurable discourses? *Applied Linguistics, 15*(2), 115-138.

Pennycook, A. (1996). Borrowing others' words: Text, ownership, memory, and plagiarism. *TESOL Quarterly, 30*(2), 201-230.

Pennycook, A. (1998). *English and the discourses of colonialism*. London: Routledge.

Pennycook, A. (2001). *Critical Applied Linguistics: A critical introduction*. NJ: Lawrence Erlbaum Associates.

Phillipson, R. (1992). *English imperialism*. Oxford: Oxford University.

Phillipson, R., & Skutnabb-Kangas,T. (1995). Linguistic rights and wrongs. *Applied Linguistics, 16*(4), 483-504.

Piaget, J. (1926). *The language and thought of the child*. London: K. Paul, Trench, Trubner.

Portes, P. R. (1996). Culture and ethnicity in educational psychology in *Handbook of Educational Psychology*. In R. C. Calfee & D. C. Berliner. (Eds.), *Handbook of educational psychology* (pp. 331-357). NY: Simon & Schuster Macmillan.

Richards, J. C., & Farrell, T. C. (2005). *Professional development for language teachers: Strategies for teacher learning*. NY: Cambridge University Press.

Richards, J. C., Platt, J., & Weber, H. (2002). *Longman Dictionary of Applied Linguistics*. [『ロングマン応用言語学用語辞典』]. (山崎真稔, 高橋貞雄, 佐藤久美子,

& 日野信行, Trans.). 東京：南雲堂. (Original work published 1985).
Rymes, B. (2009). *Classroom discourse analysis: A tool for critical reflection*. NJ: Hampton Press.
Rymes, B. (2016). *Classroom discourse analysis: A tool for critical reflection*. (2nd ed.). NY: Routledge.
Sakui, K. (2004). Wearing two pairs of shoes: language teaching in Japan. *ELT Journal, 58*(2), 155-163.
Sawyer, R. K. (Ed.). (2006). Analyzing collaborative discourse. *The Cambridge handbook of the learning sciences* (pp. 187-204). NY: Cambridge University Press.
Seedhouse, P. (1997). Combining meaning and form. *ELT Journal, 51*(4), 336-344.
Seedhouse, P. (2004). *The interactional architecture of the language classroom: A conversation analysis perspective*. MA: Blackwell.
Sheen, R. (2004). Corrective feedback and learner uptake in communicative classrooms across instructional settings. *Language Teaching Research, 8*(3), 263-300.
Sinclair, J., & Coulthard, M. (1975). *Towards an analysis of discourse*. Oxford: Oxford University Press.
Smith, H. J. (2007). The social and private worlds of speech: Speech for inter- and intramental activity. *The Modern Language Journal, 91*(3), 341-356.
Spada, N. (2005). Conditions and challenges in developing school-based SLA research programs. *The Modern Language Journal, 89*(3), 328-338.
Spada, N., & Fröhlich, M. (1995). *COLT- Communicative Orientation of Language Teaching Observation Scheme; Coding Conventions and Applications*. Sydney: National Council for Educational Research and Training.
Sullivan, P. N. (2000). Playfulness as mediation in communicative language teaching in a Vietnamese classroom. In J. P., Lantolf. (Ed.). *Sociocultural theory and second language learning* (pp. 115-131). Oxford: Oxford University Press.
Swain, M. (2000). The output hypothesis and beyond: Mediating acquisition through collaborative dialogue. In J. P. Lantolf. (Ed.), *Sociocultural theory and second language learning* (pp. 97-114). NY: Oxford University Press.
Swain, M. & Deters, P. (2007). "New" mainstream SLA theory: Expanded and enriched. *The Modern Language Journal 91*, 820-836.

Swain, M., Kinnear, P., & Steinman, L. (2010). *Sociocultural theory in second language education: An introduction through narratives*. Bristol: Multilingual Matters.

Thoms, J. R. (2012). Classroom discourse in foreign language classrooms: A review of the literature. *Foreign Language Annals, 45*, 8-27.

Thorne, S. L. (2000). Second language acquisition theory and the truth (s) about relativity. In J. P. Lantolf. (Ed.), *Sociocultural theory and second language learning* (pp. 219-244). NY: Oxford University Press.

Tojo, H., & Takagi, A. (2017). Trends in qualitative research in three major language teaching and learning journals, 2006-2015. *International Journal of English Language Teaching, 4*(1), 37-47.

Toohey, K. (2000). *Learning English at school: Identity, social relations and classroom practice*. Clevedon: Multilingual Matters.

Tsui, A. B. M. (2008). Classroom discourse: Approaches and perspectives. In J. Cenoz. & N. H. Hornberger (Eds.), *Encyclopedia of language and education 6*, 261-272. NY: Springer.

van Lier, L. (1996). *Interaction in the language curriculum: Awareness, autonomy, and authenticity.* NY: Longman.

van Lier, L. (1997). Approaches to observation in classroom research observation from an ecological perspective. *TESOL Quarterly, 31*(4), 783-787.

van Lier, L. (2004). *The ecology and semiotics of language learning: A sociocultural perspective*. MA: Kluwer Academic.

Vološinov, V. N. (1973). *Marxism and the philosophy of language* (L. Matejka & I. R. Titunik, Trans.). NY: Seminar Press. (Original work published 1930)

Vygotsky, L. S. (1962). *Thought and language.* (E. Hanfimann, & G. Vakar, Trans.). Cambridge: M. I. T. Press. (Original work published 1934).

Vygotsky, L. S. (1978). *Mind in society: The development of higher psychological processes.* (M., Cole, V. John-Steiner, S. Scribner, & E. Souberman, Trans.). MA: Harvard University Press.

Walsh, S. (2006). *Investigating classroom discourse*. London: Routledge.

Walsh, S. (2013). *Classroom discourse and teacher development*. Edinburgh, UK: Edinburgh University Press.

Wells, G. (1996). Using the tool-kit of discourse in the activity of learning and

teaching. *Mind, Culture, and Activity, 3*(2), 74-101.
Wells, G. (1999). *Dialogic inquiry: Towards a sociocultural practice and theory of education.* NY: Cambridge University Press.
Wertsch, J. V. (1985). *Vygotsky and the social formation of mind.* MA: Harvard University Press.
Wertsch, J. V. (2002). *Voices of collective remembering.* Cambridge: Cambridge University Press.
Wood, D., Bruner, J., & Ross, G. (1976). The role of tutoring in problem solving. *Journal of Psychology and Psychiatry, 17*(2), 89-100.
Zuengler, J., & Miller, E. M. (2006). Cognitive and sociocultural perspectives: Two parallel SLA worlds? *TESOL QUARTERLY, 40*(1), 35-59.
Zuengler, J., & Mori, J. (2002). Microanalyses of classroom discourse: A critical consideration of method. *Applied Linguistics, 23*(3), 283-288.

付　録

New Crown English Series New Edition 2(2006) pp. 51-53

LESSON 6 Ratna Talks about India

英語を聞いて質問に答えてみよう。

1. _____

2. _____

ラトナが友だちにインドのことを紹介しています。

① Ratna: This is a photo of my sister.
   Ken: Oh. What's she wearing?
   Ratna: A sari.
   Ken: It's beautiful.
   Ratna: Thank you. She likes wearing a sari. And you like wearing a bandanna, don't you?
   Ken: Of course.
   Ratna: The word 'bandanna' is from Hindi, an Indian language.
   Ken: Really?
   Ratna: Yes. There are many Hindi words in English, for example, 'shampoo'.

POINT
I like   soccer.
I like **playing** soccer.   ★「～すること」というとき

CHECK IT—①聞いてみよう ②話してみよう

   ★   Ⓐ   Ⓑ   Ⓒ
            (   )   (   )   (   )

WORDS
photo   wear   ~, don't you?   sari (インドの服)サリー   bandanna バンダナ
[fóutou]   [wɛɔ]   [sάːri]   [bændǽnə]

Hindi ヒンディー語(の)   Indian インドの   shampoo シャンプー
[híndi]   [índiən]   [ʃæmpúː]

fifty-two

Namaste! This means 'hello' and 'goodbye' in Hindi.

Hindi is the major language in India. We have many languages in India.

I use three of them. I will give you some examples. I like speaking Marathi with friends. I enjoy watching movies in Hindi. And I like reading English books. I like using all of my languages.

If you have any questions, please ask me.

多くの言語で書かれた駅の掲示(チェンナイ)

POINT
I will give a card *to you*.
I will give **you** a card.

★「〜に…をあげます」などと説明するとき

CHECK IT—①聞いてみよう ②話してみよう

WORDS
major [méidʒə]   give [giv]   if [if]   question [kwéstʃən]   Marathi マラーティー語 [maráːti]   *Namaste*. こんにちは、さようなら。 [namaste] (ヒンディー語)

謝　　辞

　本研究の完成にあたり，多くの方々のお力添えをいただいた。筆者一人では，とても成し得なかったことから，ここにお世話になった方々のお名前を記して，御礼を申し上げたい。

　最初に，2007年以降5年以上に亘り，継続的に当方に教室を開き，授業観察の機会を与えてくださった吉岡順子教諭と，前任校ならびに現任校の生徒の皆さんに感謝の意を表する。5年間毎週欠かさず，他者に自身の授業実践を開示することは，いかなる授業者にとっても容易ではない。しかし吉岡氏は，どんな時も嫌な顔一つせず，当方への協力を惜しまずに，教室での豊饒なやりとりを展開なさっては，その様相について詳細にご教示くださった。全面的な信頼関係の下に，教室のみならず手持ちの資料を惜しみなく当方に提示くださり，その温かな配慮があったからこそ，本研究は完成を見たと考えられる。研究者として，そして「同僚」の英語教師として，筆者を実りある教育実践を追究する折の同志とみなしてくださったことに，改めて感謝したい。また，教室における異人としての筆者の存在を，吉岡氏との信頼関係の下に寛容に認めてくださった，多くの生徒の皆さまをはじめ，教職員の方々にも御礼を申し上げる。

　次に2006年以降，博士課程を修了するまで，筆者の直感と着想に耳を傾け価値を見出しては，丁寧に学術上の指南をくださった東京大学大学院教育学研究科の秋田喜代美先生に，心から御礼申し上げたい。「教員を研究者に仕立て上げることほど，難しいことはない」と，かつて先生に言わしめたように，現職者である筆者は中学校における授業実践の豊かさの描出を企図する一方で，理論や専門知識に疎く，秋田先生から何度も類似の叱責と激励を頂戴した。ものわかりの悪い筆者をこの間見捨てることなく，秋田先生は学問

の広さと深遠さに加え，ご自身による飽くなき探究心と学術への畏敬の念を，時と場所を選ばず一流の研究者として大いに披露し，導いてくださった。秋田先生のたゆまぬご指導があったからこそ，不出来な筆者が学位論文を執筆できたのであり，先生のお力添えなくしてはとても成し得ぬことであった。

　また，研究室の皆様にも心から御礼申し上げたい。既に大学院を修了なさり，全国各地でご活躍中の先輩方をはじめ，後輩の皆様からも多方面にわたるご助言を頂戴し，学ばせていただいた。同時期に同じ研究室で切磋琢磨する仲間として，筆者を認めていただいたことの幸運を，改めてかみしめている。

　なお，学位論文の審査にあたっては，東京大学大学院教育学研究科の斎藤兆史先生，藤村宣之先生，藤江康彦先生，恒吉僚子先生にご指導いただいた。加えて，2012年に学習院大学大学院に移られるまで，東京大学大学院にて熱心にご指導くださり，温かく見守りご支援いただいた佐藤学先生，ならびに2016年5月に惜しまれつつお亡くなりになった東京大学大学院の三宅なほみ先生にも，要所要所で貴重なご助言を頂戴した。ここに記して，御礼を申し上げる。

　筆者は，幼小中高時代に見識高き恩師との出会いを通じて，また大学を卒業してから今日まで，中学校3校における多くの同僚と生徒に接しながら，日々の教育実践，ならびに教育者としてのあり方を思考してきた。さらに2004年以降は大学院にも籍を置き，多くの優秀な先生方や仲間のご指導を仰いできた経緯がある。ここにお世話になった方々全員のお名前を記すことの代わりに，代表してお二人の名前を挙げることにより，皆様への謝意としたい。

　第一に，筆者の「同僚」であり，対等な対話を絶え間なく続けてくださる，直塚京子氏に御礼を申し上げたい。同じ職場に勤務して以来，吉岡氏を筆者にご紹介くださったのみならず，日々の教育実践における鏡として，筆者が自身のあり方を重ね，モデルとして仰いできたのが，直塚氏による教師像で

あり教育実践の有り様であった。師として，また市民活動家としての直塚氏の存在なくして，今日の筆者の成り立ちを考えることはできない。足許の教育実践を確かな目でみつめ，ゆらぎない信念の下で筆者に先鞭をつけてくださることに，改めて謝意と敬意を表したい。

　第二に，高校以来の恩師であり，筆者の学生・教師・研究生活をいかなる時も温かく見守ってくださる，昭和女子大学学長の金子朝子先生に御礼を申し上げたい。学術研究の奥義を筆者に初めて示してくださったことに加え，良き筆者の理解者であり，どのような決断をも後押しくださる先生がおられるからこそ，離れていても期待に沿うようにと恒常的に自身を律してこられた。ここに改めて，感謝の念を表したい。

　本書を上梓するに際し，独立行政法人日本学術振興会平成29年度科学研究費助成事業（科学研究費補助金）（研究成果公開促進費　課題番号17HP5073）の交付を受けた。さらに風間書房の風間敬子社長，ならびに斎藤宗親氏には，慣れない作業を手掛ける際に多くの貴重なご助言を頂戴し，全面的に頼らせていただいた。

　最後に，筆者の精神上の支えである家族への謝意をもって，本書をここに括る。

2017年11月

東條　弘子

<著者略歴>

東條 弘子（とうじょう ひろこ）

東京都公立中学校の専任英語教諭として，和光中学校・高等学校の非常勤英語講師として20年以上勤める。その間，津田塾大学大学院から文学修士号を取得（2005年），東京大学大学院から教育学修士号を取得（2008年），東京大学大学院教育学研究科から博士（教育学）を取得する（2014年）。2015年4月より順天堂大学国際教養学部助教として勤め，2016年9月より宮崎大学教育学部准教授として現在に至る。

中学校英語科における教室談話研究
──文法指導とコミュニケーション活動の検討──

2018年1月10日　初版第1刷発行

著　者　　東　條　弘　子
発行者　　風　間　敬　子
発行所　　株式会社　風　間　書　房

〒101-0051　東京都千代田区神田神保町1-34
電話03(3291)5729　FAX 03(3291)5757
振替00110-5-1853

印刷　藤原印刷　　製本　高地製本所

©2018　Hiroko Tojo　　　　　　　　　NDC 分類：375
ISBN978-4-7599-2203-5　　Printed in Japan

JCOPY〈(社)出版者著作権管理機構 委託出版物〉
本書の無断複製は，著作権法上での例外を除き禁じられています。複製される場合はそのつど事前に(社)出版者著作権管理機構（電話03-3513-6969，FAX 03-3513-6979, e-mail: info@jcopy.or.jp）の許諾を得て下さい。